向毛泽东学习

XIANG MAOZEDONG XUEXI

（修订本）

谢春涛 — 主编

中共中央党校出版社

图书在版编目（CIP）数据

向毛泽东学习/谢春涛主编．--修订本．--北京：中共中央党校出版社，2023.5 （2023.12 重印）

ISBN 978-7-5035-7484-9

Ⅰ.①向…　Ⅱ.①谢…　Ⅲ.①毛泽东（1893－1976）－人物研究　Ⅳ.①A755

中国国家版本馆 CIP 数据核字（2023）第 022298 号

向毛泽东学习（修订本）

策划统筹	冯　研
责任编辑	王玉兰
责任印制	陈梦楠
责任校对	马　晶
出版发行	中共中央党校出版社
地　　址	北京市海淀区长春桥路 6 号
电　　话	（010）68922815（总编室）　（010）68922233（发行部）
传　　真	（010）68922814
经　　销	全国新华书店
印　　刷	北京盛通印刷股份有限公司
开　　本	710 毫米×1000 毫米　1/16
字　　数	219 千字
印　　张	18.5
版　　次	2023 年 5 月第 1 版　2023 年 12 月第 3 次印刷
定　　价	58.00 元

微信 ID：中共中央党校出版社　　　邮　箱：zydxcbs2018@163.com

版权所有·侵权必究
如有印装质量问题，请与本社发行部联系调换

引 言

向毛泽东学什么

作为一位世界性的伟人,毛泽东一生在多方面取得了巨大的成功。在这些成功背后,则是他的许多过人之处。本书精选了毛泽东值得学习的十四个方面,我们力图用丰富的史实、生动的笔触加以叙述和说明。

一、向毛泽东学战略思维。毛泽东是当之无愧的战略家。他在领导中国人民进行革命和建设的过程中,善于从长远出发,在调查研究的基础上进行科学预见;他也善于从全局出发,进行战略部署,绝不因小失大;他还善于把握中国和世界的关系,及时调整外交战略,最大程度地为中华民族赢得利益。

二、向毛泽东学世界眼光。纵观毛泽东的一生,从来都是"胸怀天下,放眼世界"。少年时代,毛泽东熟读世界英雄传记并以此激励自己的壮志。青年时代,毛泽东指点祖国江山,创办新民学会以"改造中国与世界"为宗旨。延安时期,毛泽东主动与外国友人接触和交流,向外部世界介绍中国共产党及其革命。新中国成立后,顺应世界局势发展变化之趋势,从创建独立自主的新型外交到确立和平共处五项原则,再到提出"三个世界"划分理论，毛泽东总能审时度势，制定出适应国情、世情的中国外交政策。

三、向毛泽东学哲学头脑。作为举世公认的20世纪最为重要的思想家，毛泽东酷爱哲学，他撰写的《矛盾论》《实践论》更是达到了很高的哲学高度。在长期的革命斗争、建设国家生涯中，毛泽东善于运用哲学这一思想武器，从实际出发，辩证分析事物，抓住主要矛盾，很快解决问题。

四、向毛泽东学调查研究。毛泽东既重视书本知识，也注重实际知识；既提倡读有字之书，也提倡读无字之书。他一生注重调查研究，留下了关于调查研究的丰富论述。正是靠着扎实的调查研究，毛泽东才对中国革命和建设的规律了解得全面深刻。

五、向毛泽东学读书学习。回顾毛泽东波澜壮阔的人生，真可谓奇杰。别人出国留学，他偏要留下来研究国情；别人把马列作圣经亦步亦趋，他却能联系中国实际提出创见。就读书来看，古今中外的革命家、军事家、政治家中，像毛泽东这样酷爱读书、广收博览，读有所得、得而能用于治党治国治军的奇人，实属罕见。

六、向毛泽东学政策策略。毛泽东认为，政策和策略是党的生命，党的政策和策略的正确与否，直接关系到革命和建设能否成功。在领导中国革命和建设的长期实践中，毛泽东先后撰写了《论政策》《政策和经验的关系》等一系列文章，并在不同历史时期，根据具体情况，提出了符合实际的政策策略。

七、向毛泽东学工作方法。毛泽东的一生，无论负责何种工作，都非常讲究方法。1934年，在江西瑞金召开的第二次全国工农兵代表大会上，他形象地说："我们不但要提出任务，而且要解决完成任务的方法问题。我们的任务是过河，但是没有桥或没有船就不能过。不解决桥或船的问题，过河就是一句空话。不解决方法问题，任务也只是瞎说一顿。""过河"即工作任务，往往因时因地而不同，而"桥或船的问题"即工作方法，往往具有超时空的示范作用。

八、向毛泽东学统战艺术。统一战线是中国共产党的重要法宝和中国革命胜利的基本经验。毛泽东在统一战线理论形成和实践的过程中，发挥着重要的作用，展现出了高超的统战艺术。他有着坚定的原则，但又同时注意策略的灵活；他又斗争又团结，以斗争达到团结；毛泽东独有的人格魅力，也使许多人站在了共产党这边。

九、向毛泽东学军事才能。无论在中国历史上，还是世界历史上，毛泽东的军事才能都是无与伦比的。他领导了秋收起义，开辟了井冈山根据地，击败了国民党军队的一次次"围剿"；领导红军粉碎了国民党数十万军队的围追堵截，完成了震惊世界的二万五千里长征；领导八路军和新四军抗击了日本帝国主义军队的入侵；领导中国人民解放军打败了国民党的数百万军队，解放了全中国；还领导中国人民志愿军击退了入侵朝鲜的美国军队。毛泽东经历的战争状况之错综复杂、指挥过的战役之多和规模之大，都是前无古人的。

十、向毛泽东学知人善任。毛泽东提出了一个著名的论断："政治路线确定之后，干部就是决定的因素。"毛泽东把"用干部"作为领导者的两大责任之一。1967年6月7日，他向人谈到，汉高祖刘邦得天下，原因之一就在于用人得当。毛泽东还称赞过唐朝的武则天，说"武则天确实是个治国之才，她既有容人之量，又有识人之智，还有用人之术"。其实，这也是他的用人之道，是他个人对"用干部"的总结，他本人正是这样做的，从而才使他成为知人善任的能手。

十一、向毛泽东学廉洁奉公。毛泽东一生对自己的要求非常严格。无论是在条件艰苦的革命战争年代，还是在新中国成立后有条件享受的情况下，他在生活上从来不搞特殊化，并注意以身作则、率先垂范，用自己的行为教育全党。时至今日，国内仍不断掀起"毛泽东热"，人们用各种形式来表达对毛泽东的敬仰之情，这在很大程度上正是出于对他这种崇高无私的人格力量的缅怀。

十二、向毛泽东学百姓情怀。毛泽东一生心系百姓、相信百姓、依靠百姓，百姓的苦与乐、悲与喜、荣与辱，都令他魂牵梦萦、鞠躬尽瘁、倾尽心血。作为党、国家、军队的主要缔造者和领导人，无论在新民主主义革命时期，还是在社会主义革命与建设时期，他都站在劳苦大众的立场上，始终如一地践行着全心全意为人民服务的宗旨，时时刻刻体现着其扎根民众、情系百姓的历史情缘，依靠群众、以民为师的深邃智慧，立足苍生、鱼水情深的博大情怀，质朴无华、终生不变的百姓特质。

十三、向毛泽东学写诗作文。毛泽东不仅是伟大的政治家、军事家、思想家，也是杰出的文学家、诗人。其从少年，到投身于中华民族独立、人民解放的革命斗争，再到领导新中国的社会主义革命和建设，每个时期都留下了灿烂的著作和诗篇。

十四、向毛泽东学人格魅力。习近平总书记在纪念毛泽东同志诞辰120周年座谈会上的讲话中指出："在为中国人民不懈奋斗的光辉一生中，毛泽东同志表现出一个伟大革命领袖高瞻远瞩的政治远见、坚定不移的革命信念、勇于开拓的非凡魄力、炉火纯青的斗争艺术、杰出高超的领导才能。他思想博大深邃、胸怀坦荡宽广、文韬武略兼备、领导艺术高超，心系人民群众、终生艰苦奋斗，为中华民族和中国人民建立了不朽功勋。"这里讲到的"高瞻远瞩的政治远见、坚定不移的革命信念、勇于开拓的非凡魄力、炉火纯青的斗争艺术、杰出高超的领导才能""思想博大深邃、胸怀坦荡宽广、文韬武略兼备、领导艺术高超，心系人民群众、终生艰苦奋斗"，实际都包含和体现着毛泽东的人格魅力。

或许，以上十四个方面并没有完全概括出毛泽东的值得学习之处，但无疑，这些都是需要今天的中国共产党人尤其是领导干部学习的。当然，我们不可能都学到，但哪怕学到十之一二，也会受益无穷。

谢春涛

目 录

引言　向毛泽东学什么　/001

一、向毛泽东学战略思维　/001

　　着眼长远的科学预见　/001
　　胸怀全局的战略部署　/007
　　审时度势的战略调整　/013

二、向毛泽东学世界眼光　/019

　　"秀才不出门，能知天下事"　/020
　　"如果尼克松愿意来，我愿意和他谈"　/025
　　"一切民族、一切国家的长处都要学"　/029

三、向毛泽东学哲学头脑　/035

　　凡事都要坚持实事求是　/035
　　看待事物要有辩证思维　/040
　　解决问题要抓主要矛盾　/043
　　学哲学要成为一种风气　/047

四、向毛泽东学调查研究　/049

　　调查是所高明的大学校　/049

没有调查，没有发言权 ／052
调查就要解决问题 ／056
没有正确的调查，同样没有发言权 ／061

五、向毛泽东学读书学习 ／066

手不释卷，酷爱读书 ／066
兴趣广泛，广收博览 ／070
读有所得，得而能用 ／074
倡导读书，身体力行 ／078

六、向毛泽东学政策策略 ／082

政策和策略是党的生命 ／082
根据国情决定政策 ／087
团结最广泛的同盟者 ／091
战略上藐视敌人，战术上重视敌人 ／096

七、向毛泽东学工作方法 ／101

"只唱一出《香山记》" ／101
学会"弹钢琴" ／107
两个"结合" ／112
善于当"班长" ／119

八、向毛泽东学统战艺术 ／125

原则性与灵活性相统一 ／125
辩证看待团结和斗争的关系 ／130
以人格魅力感染人 ／135

九、向毛泽东学军事才能 /141

　　熟读中国古代兵法 /142
　　看了不少外国战争的书 /147
　　"从具体的现实出发" /153
　　"马克思主义者不是算命先生" /159

十、向毛泽东学知人善任 /168

　　识人之智 /169
　　用人之术 /174
　　容人之量 /182

十一、向毛泽东学廉洁奉公 /187

　　廉洁自律的典范 /187
　　雷厉风行反腐败 /192
　　筑牢防腐的堤坝 /198

十二、向毛泽东学百姓情怀 /206

　　扎根民众，情系百姓 /206
　　依靠群众，以民为师 /210
　　立足苍生，鱼水情深 /214
　　质朴无华，终生不变 /220

十三、向毛泽东学写诗作文 /224

　　博学于文 /224
　　从天下国家万事万物而学之 /228

文章须蓄势　/230
要有真情实感　/234
诗贵自然　/239
主题要鲜明　/243
要朴实活泼生动　/247
文章一定要自己写　/251

十四、向毛泽东学人格魅力　/254

信仰坚定，理想崇高　/254
意志坚强，独立自主　/257
勤奋好学，务实重行　/263
虚怀若谷，胸襟博大　/269
艰苦朴素，严于律己　/274

后　记　/281

向毛泽东学战略思维

毛泽东是当之无愧的战略家。他在领导中国人民进行革命和建设的过程中，善于从长远出发，在调查研究的基础上进行科学预见；他也善于从全局出发，进行战略部署，绝不因小失大；他还善于把握中国和世界的关系，及时调整外交战略，最大程度地为中华民族赢得利益。

着眼长远的科学预见

毛泽东曾经说："坐在指挥台上，如果什么也看不见，就不能叫领导。坐在指挥台上，只看见地平线上已经出现的大量的普遍的东西，那是平平常常的，也不能算领导。只有当还没有出现大量的明显的东西的时候，当桅杆顶刚刚露出的时候，就能看出这是要发展成为大量的普遍的东西，并能掌握住它，这才叫领导。"① 这可谓对毛泽东战略思维的最好注脚。

---

① 《毛泽东文集》第 3 卷，人民出版社 1996 年版，第 394—395 页。

1927年大革命失败后，中国共产党领导的革命斗争进入了最艰苦的时期，一时处于低潮，而反革命力量却异常强大。蒋介石的南京国民政府建立后，用各种手段残酷镇压革命行动。在这样的情况下，许多优秀的党员干部，成千上万的工人、农民、知识分子倒在了血泊之中。

中国共产党人不甘于坐以待毙，发动了一系列的武装斗争。但是反革命的力量异常强大，红军在强敌的"围剿"之下处于危险境地。面对这种敌强我弱的严峻局面，时任红四军第一纵队司令员的林彪以及党内其他一些同志对红军的前途感到悲观失望，发出了"红旗到底打得多久"的疑问。

毛泽东分析了当时的形势，从长远出发，对中国革命的发展做出了"星星之火，可以燎原"这一科学预见。1930年1月5日，他给林彪的回信，就是以后收入《毛泽东选集》的那篇《星星之火，可以燎原》。

在信中，毛泽东除对右倾悲观思想做了批评外，更多的是阐发关于中国革命要"以乡村为中心，以农村根据地促进全国革命高潮"的思想。毛泽东写道："他们这种全国范围的、包括一切地方的、先争取群众后建立政权的理论，是于中国革命的实情不适合的。他们的这种理论的来源，主要是没有把中国是一个许多帝国主义国家互相争夺的半殖民地这件事认清楚。"[1] 认清了这一点，"就会明白相应于全世界只有中国有统治阶级内部长期混战的一件怪事而产生出来的另一件怪事，即红军和游击队的存在和发展，以及伴随着红军和游击队而来

---

[1] 《毛泽东选集》第1卷，人民出版社1991年版，第97—98页。

的，成长于四围白色政权中的小块红色区域的存在和发展（中国以外无此怪事）"。①他强调指出，红军与无产阶级领导下的农民苏维埃"无疑义地是促进全国革命高潮的重要因素"。在信的最后，毛泽东以诗一般的语言和激情描绘了一幅令人鼓舞的前景，目的是勉励林彪及其他一些红军指战员振作精神，克服悲观心理，激起他们对于在农村创造大片红色割据局面的热情，迎接革命高潮的到来。毛泽东写道："我所说的中国革命高潮快要到来，决不是如有些人所谓'有到来之可能'那样完全没有行动意义的、可望而不可即的一种空的东西。它是站在海岸遥望海中已经看得见桅杆尖头了的一只航船，它是立于高山之巅远看东方已见光芒四射喷薄欲出的一轮朝日，它是躁动于母腹中的快要成熟了的一个婴儿。"②

历史已经证明，中国革命的胜利，正是走了毛泽东所领导的"工农武装割据"的道路。如果没有毛泽东这种科学预见，就不能回答当时广大指战员心中的疑惑，就不会有后来中央革命根据地和四次反"围剿"的胜利，也不可能使中国革命在符合本国实际情况的条件下胜利发展。杨尚昆在《中国出了个毛泽东》一书中说道："中国革命的正确道路是什么？中国革命用什么方法才能取得胜利？长期以来，我们党包括中央大多数政治局委员都不能回答这个问题。"是毛泽东首先回答了这个问题。我们常说历史选择了毛泽东，其实从另一个角度说，是毛泽东以其深邃的历史眼光顺应了历史潮流。抗战时期，美军驻延安的观察组成员谢伟思曾经提出这样一个有趣的问题："为什么毛主席能够成功地战胜他的众多对手而成为公认的领袖？"通过接

---

① 《毛泽东选集》第1卷，人民出版社1991年版，第98页。
② 《毛泽东选集》第1卷，人民出版社1991年版，第106页。

触和深入的了解，他认为自己找到了答案："他目光远大。"

抗日战争爆发后，面对日本帝国主义的强大武力，中华民族能不能抵挡住日本帝国主义的武装侵略，将敌人赶出国门，这在当时引起了人们的疑虑。"亡国论"和"速胜论"颇为流行。国民党亲日派到处扬言"亡国论"，说什么"中国武器不如人，战必败"。而共产党和革命阵营内部的盲目乐观派则低估了日本帝国主义的力量，鼓吹"速胜论"，甚至认为"只要打三个月，国际局势一定变化，苏联一定出兵，战争就可以解决"。为了揭露"亡国论"与"速胜论"的错误，指导抗日战争取得胜利，毛泽东在抗战初期撰写了军事名篇《论持久战》。毛泽东通过考察、分析、比较敌我双方的实际情况，提出了"持久战"的思想，并描绘出抗日战争战略由防御到相持最后到反攻三个阶段的蓝图，坚定了中国人民战胜日本帝国主义的决心和信心。1945年9月2日，在日本投降正式签订投降书的当天，美国的一家报纸发表了这样的文章《这就是毛泽东——中国共产党的领袖》。文章说，在预测中国会发生什么事情的时候，毛泽东永远都是正确的；毛泽东的科学预见就像总设计师似的准确，而抗日战争的进程和结局也雄辩地证明了毛泽东的审时度势、高瞻远瞩。

第二次世界大战结束后，特别是随着重庆谈判的进行，中国一度出现了和平局面。但是自恃拥有美国现代化武器装备的蒋介石政府不顾全国人民的反对，很快发动了内战。当时蒋介石的兵力，包括陆军的正规军、非正规军，海军、空军、特种部队以及后方机关、军事院校，总数达430万人；而中国共产党方面，只有61万的正规军、66万的地方部队和后方机关人员，总数127万，双方兵力对比悬殊。

蒋介石对发动这场大规模的战争充满了自信。1946年6月，他在

一、向毛泽东学战略思维

一次会议上说："我们部队的长处是什么呢？就是我们有特种兵以及空军、海军，而共产党没有这些兵种。"他还提出了"速战速决"的战略方针，声称"因为我们有空军、有海军，而且有重武器和特种兵，而他们匪军则是绝对没有的"，因此"我们就一定能速战速决，把奸匪消灭"。

战争是敌对双方实力的竞赛。面对国共双方这样悬殊的力量对比，中国人民解放军能不能战胜蒋介石军队的大规模进攻？这是作为中共中央主席的毛泽东首先需要向全党全军和全国人民作出回答的问题。

毛泽东科学分析了当时的形势，揭露了蒋介石和美帝国主义的虚弱本质。他在和美国记者安娜·路易斯·斯特朗的谈话中进行了简明扼要的概括，得出了"一切反动派都是纸老虎"的著名论断。

1946年8月6日下午3时，雨后初晴的延安空气格外清新。在毛泽东居住的杨家岭，斯特朗见到了毛泽东。看到客人来了，毛泽东走出窑洞，来到院子里迎接。为了表示对客人的礼貌，他那天特意穿了一件稍好的蓝布衣服。他们一起坐在窑洞门前苹果树下的一张石桌旁，娓娓而谈。

毛泽东回答了斯特朗提出的很多问题。他谈话的中心点就是"一切反动派都是纸老虎"。毛泽东列举了俄国沙皇、德国希特勒、意大利的墨索里尼以及日本帝国主义的例子，来说明这些反动力量从表面看是强大的、可怕的，但从长远的观点看，从本质看，"真正强大的力量不是属于反动派，而是属于人民"。[①] 当斯特朗十分担心地问毛泽东对美国使用原子弹的看法时，毛泽东爽朗地回答说："原子弹是美

[①] 《毛泽东选集》第4卷，人民出版社1991年版，第1195页。

国反动派用来吓人的一只纸老虎，看样子可怕，实际上并不可怕。"①原子弹当然是一种大规模杀伤性武器，"但是决定战争胜败的是人民，而不是一两件新式武器"。毛泽东最后又谈到蒋介石发动这场大规模内战的前景。他十分坚定地告诉斯特朗："拿中国的情形来说，我们所依靠的不过是小米加步枪，但是历史最后将证明，这小米加步枪比蒋介石的飞机坦克还要强些。虽然在中国人民面前还存在着许多困难，中国人民在美帝国主义和中国反动派的联合进攻之下，将要受到长期的苦难。但是这些反动派总有一天要失败，我们总有一天要胜利。这原因不是别的，就在于反动派代表反动，而我们代表进步。"

毛泽东关于"一切反动派都是纸老虎"的论断，关于"小米加步枪比蒋介石的飞机加坦克还要强些"的论断，一提出来，立刻传遍国内外，产生了意想不到的巨大力量。后来历史的发展证明，毛泽东这种预见是多么正确。1960年，斯特朗在《一个现时代的伟大真理》这篇文章中，怀着深厚的感情回忆起这次谈话。文章说："毛主席是十四年前在延安时说帝国主义和一切反动派都是纸老虎的。现在这已成为有历史意义的历史名言了。""毛主席一针见血的语句、渊博的知识、敏锐的分析和诗人的想象力，使他的谈话成为我一生中听到的最有启发性的谈话。"

从某种意义上说，毛泽东的一生，就是在革命和建设实践中不断面对现实、回顾历史、预见未来的一生。他在不同的历史时期，着眼长远，都对革命和建设的未来发展趋势和前景做出过科学预见。这些科学预见，作为行动的先导，一次又一次使中国人民看清了前进的方

---

① 《毛泽东选集》第4卷，人民出版社1991年版，第1194—1195页。

向。邓小平说:"没有毛主席,至少我们中国人民还要在黑暗中摸索更长的时间。"

胸怀全局的战略部署

战略思维要求着眼大局、胸怀全局,不能只盯着局部,只有这样才能够不因小失大。毛泽东也曾经说:"没有全局在胸,是投不下一着好棋的。"① 在井冈山时期,在黄洋界的荷树下,原来有一块小草坪,每当毛泽东和战士们挑着粮食从宁冈登上黄洋界在草坪上歇脚的时候,战士们总是喜欢围坐在毛泽东的身边听他讲革命道理。有一次,他问战士,站在荷树下能看多远。有的战士回答说:"站在这里可以看到江西。"有的说:"还可以看到湖南。"毛泽东接着大家的话说:"对,我们革命者就是要站得高看得远,站在井冈山,不仅要看到江西、湖南,还要看到全中国、全世界。"毛泽东的开阔胸襟、全局视角、战略思维溢于言表。

抗日战争胜利后,中国共产党曾经一度对和平比较乐观。但是形势的发展促使中共中央很快就把注意力转到了准备对付国民党发动全面内战上来。在这个过程当中,毛泽东对经营东北分外重视。因为东北地区东、北、西三面同朝鲜、苏联、蒙古接壤;南面,陆上同华北地区衔接,海上隔渤海同山东半岛相望,人口3000余万人,资源丰富,重工业比较发达,战略地位十分重要。

1945年党的七大期间,毛泽东就曾经指出,从我们党,从中国革

---

① 《毛泽东选集》第1卷,人民出版社1991年版,第221页。

命最近将来的前途看，东北是特别重要的。如果我们现有的一切根据地都丢了，只要我们有了东北，那么中国革命就有了巩固的基础。现在我们的基础是不巩固的，不要以为很巩固了。为什么不巩固呢？我们的根据地，现在在经济上还是手工业的，没有大工业，没有重工业，在地域上也没有打成一片。

但是抗战时期，由于受到条件的限制，中共中央并没有派遣更多的部队进入东北。苏联红军进入东北后，根据延安总部的命令，冀热辽军区司令员李运昌就近组织部队挺进辽宁，配合苏联红军作战。中共中央还决定由晋绥军区政治委员林枫率领千余干部先行进入东北，抓紧时间开展工作；命令原属东北军的山东军区万毅支队等向热河急进，待查明情况后准备进入东北。1945年8月23、26日的两次中央政治局会议，毛泽东都谈到了东北问题。

毛泽东赴重庆谈判后，主持中央工作的刘少奇在同毛泽东以及同在重庆的周恩来研究后，制定了以发展东北和热察两省为中心的"向北发展，向南防御"的战略方针，并决定从关内各解放区抽调大批主力部队昼夜兼程，进入东北。毛泽东对东北部队的调动情况和干部的情况十分关注。他多次起草报告和指示，对进占东北做出战略部署。毛泽东明确指出，只要我们党的干部和部队到了东北，发动群众，依靠群众开展斗争，就能站稳脚跟，逐步把根据地建立起来。为了争取时间，方便赶路，甚至可以丢下武器，只要人到了东北，就会有武器的。同时，他还详尽指示了各部队的具体路线、行动方针等，要求各部队以最快的速度争取和控制东北。在毛泽东的具体部署下，各路部队或乘船渡海、或轻装徒步，日夜兼程、不远万里，陆续到达东北的战斗部队有11万人、干部2万人；党的七大选出来的中共中央委员和候补委员有20人进入东北。这充分显示了毛泽东全力争取东北以奠定中国革命胜利基础的极大战略决心。

由于过度劳累，毛泽东病倒了。12月28日，病休中的毛泽东仍然不放心东北，抱病为中共中央起草了《建立巩固的东北根据地》的指示，明确指出，我党现时在东北的任务是建立根据地，是在东满、北满、西满建立巩固的军事政治的根据地。建立这种根据地必须经过艰苦奋斗。在国民党已占或将占东北的大城市和交通干线的情况下，这种根据地应建立在"距离国民党占领中心较远的城市和广大乡村"，而在靠近国民党占领区的游击区内，"应当做充分的工作，在军事上建立第一道防线，决不可轻易放弃"。[①] 指示强调，适应东北的实际情况，必须在工作上有一个大的转变。全党"必须人人下决心，从事最艰苦的工作，迅速发动群众，建立根据地"，必须"将正规军的相当部分，分散到各军分区，从事发动群众，消灭土匪，建立政权，组织游击队、民兵和自卫军，以便稳固地方，配合野战军，粉碎国民党的进攻"。毛泽东的这个指示极富远见，明确了东北工作的方向，对日后全国解放战争的发展产生了深远的影响。

毛泽东从全局出发做出的战略部署，使得八路军、新四军在国民党军队没有进入东北前，已经在东北地区得到了很大的发展。1945年10月，这些部队和东北抗日联军合编，组成东北人民自治军，1946年1月7日又改称东北民主联军。东北民主联军根据中共中央的决定，乘苏军从中长铁路撤军而国民党军队还滞留在西满的有利时机，在1946年3月中旬占领了四平，4月中下旬先后攻占长春、哈尔滨、齐

[①] 《毛泽东选集》第4卷，人民出版社1991年版，第1179页。

齐哈尔等重要城市。至此，中长铁路的开原以北段已经全部处在东北民主联军的控制下，形成了背靠北满、依靠内线迎击大举北上的国民党军队的有利战略态势。

共产党的 10 多万部队和 2 万干部在最短的时间内进入东北，从苏军手中获取了一定的重要战略物资，更重要的是抢占了进入东北的先机。尽管随后赶到的国民党军队由于实力优势把东北民主联军挤出了沈阳、长春等大城市，甚至在内战全面爆发后一度把民主联军逼到了松花江以北，但我们党终究还是站稳了脚跟。民主联军在控制的广大农村进行了土改，喜气洋洋的农民分到了梦寐以求的土地。获得土地的农民踊跃参军，保卫胜利果实。抢占东北的成功，为与国民党大决战的第一战役——辽沈战役的胜利，乃至全国的胜利奠定了坚实的基础。

抗日战争和解放战争时期，延安是中共中央所在地，被誉为"革命圣地"。清清延河水、巍巍宝塔山，吸引着无数热血青年和爱国民主人士，但是也成了蒋介石集团的眼中钉、肉中刺。解放战争进行到 1947 年，就在中国人民解放军即将转入战略进攻之际，蒋介石下令一定要对"匪军老巢"延安实行"犁庭扫穴，切实占领"。

国民党军队用来进攻陕甘宁边区的总兵力共 34 个旅约 25 万人。由胡宗南直辖的 15 个旅由宜川、洛川向北推进，担任主要突击任务；以马步芳、马鸿逵、邓宝珊部辅助突击，企图一举攻占延安，摧毁中共中央，或者逼迫中共中央东渡黄河，再在华北同人民解放军进行决战。

当时在陕北战场的人民解放军不论在数量上还是在装备上与进攻的国民党军队相比都处于绝对的劣势。彭德怀、习仲勋所部六个旅

2.6万余人,另三个地方旅和一个骑兵师1.6万余人,① 武器装备也没法和敌人相比,一时延安面临的形势十分严峻。

面对来势汹汹的敌人,该怎么办?经过对形势的分析,毛泽东坚定认为,蒋介石在其进攻能力快要枯竭的时候,下这么大力气来占领延安,自以为得计,实际上完全无损人民战争胜利的大局,并不能挽救其走向灭亡的命运。但是同时也应该看到,此次进攻延安,蒋介石是下了赌注的,不仅投入了自己的大量嫡系部队,还在西安集中了近100架飞机,这些飞机占到了国民党空军的3/5。而我陕甘宁边区,无论在人数上还是在武器装备上,都和敌人相差甚大。经过认真研究,中共中央、毛泽东决定放弃延安,全部撤出,留下一座空城。

毛泽东要放弃延安?为什么要放弃延安?这是当时延安的许多军民都想不通的,从感情上不能接受。当时的中央书记处办公室主任师哲就想不通。他回忆说:"在延安保卫战打响后的一天晚上,我特地从枣园骑马急行几十里赶到王家坪去见毛主席。""我忧心忡忡地问主席备战工作到底应该怎么做?一定要疏散吗?可否设法保住延安而不撤退?""主席点燃了一支烟,转过来微笑着打开了话匣子:你的想法不高明,不高明。不应该拦挡他们进占延安。你知道吗?蒋介石的阿Q精神十足,占领了延安,他就以为自己胜利了。但实际上只要他一占领延安,他就输掉了一切。首先,全国人民以至全世界就都知道了是蒋介石背信弃义,破坏和平,发动内战,祸国殃民,不得人心。这是主要的一面。不过,蒋委员长也有自己的想法:只要一占领延安,他就可以向全国、全世界宣布:'共匪巢穴'共产党总部已被捣毁,现在只留

---

① 《中国共产党历史(1921—1949)》第一卷(下册),中共党史出版社2011年版,第731页。

下'股匪',而他只是在'剿匪',这样,也就可以挡住外来的干预。不过这只是蒋委员长自己的想法,是他个人的打算,并非公论。但此人的特点就在这里。他只顾想他自己的,而别人在想什么,怎么想的,他一概不管。另外须知,延安既然是一个世界名城,也就是一个沉重的包袱。他既然要背这个包袱,那就让他背上吧。而且话还得说回来,你既然可以打到延安来,我也可以打到南京去。来而不往非礼也嘛。"

当地的老乡更是想不通,毛泽东用更加通俗的语言耐心做他们的工作。"譬如有一个人,背个很重的包袱,包袱里尽是金银财宝,碰见了个拦路打劫的强盗,要抢他的财宝。这个人该怎么办呢?如果他舍不得暂时扔下包袱,他的手脚很不灵便,跟强盗对打起来,就不会打赢,要是被强盗打死,金银财宝也就丢了。反过来,如果他把包袱一扔,轻装上阵,那就动作灵活,能使出全身武艺和强盗对拼,不但能把强盗打退,还可能把强盗打死,最后也就保住了金银财宝。我们暂时放弃延安,就是把包袱让给敌人背上,使自己打起仗来更主动,更灵活,这样就能大量消灭敌人,到了一定的时机,再举行反攻,延安就会重新回到我们的手里。"

毛泽东还鼓励广大战士说,我们打仗,不在一城一池的得失,而在于消灭敌人的有生力量。存人失地,人地皆存;存地失人,人地皆失。敌人进延安是握着拳头的,到了延安,他就要把指头伸开,这样就便于我们一个一个地切掉它。要告诉同志们,少则一年,多则两年,我们就要回来,我们要以一个延安换取全中国。

1947年3月18日黄昏,毛泽东从容地吃过晚饭,同周恩来一道撤离延安。在主动放弃延安后的一个半月里,西北人民解放军以2.6万人的兵力,按照毛泽东提出的"蘑菇战术",同比自己多达10倍的国民党军队从容周旋，三战三捷，消灭国民党军1.4万多人，拖住了胡宗南这支蒋介石的战略预备部队，有效地策应了其他战场的人民解放军，并为西北战场和整个解放战争的胜利奠定了基础，真正实现了毛泽东所说的用一个延安换取全中国。

美国政府在1949年发表的《白皮书》，对这段历史有着这样的评价：国民党军"攻占延安曾经宣扬为一个伟大的胜利，实则是一个既浪费又空虚的、华而不实的胜利"。1959年，台湾编写的《戡乱战史》也说：在西北战场上，"战斗进行中，我军因情报搜集无法进入匪区……影响于指挥及部署之行动不小"。而共军则"始终凭借其严密的情报封锁，灵活之小后方补给，以避实击虚，钻隙流窜……不行主力决战。尤以陕北原已人烟寥落，匪复利用其地方组织，将仅有之人与物资等可资利用之力量全部撤离，使我军行动之区，渺无人迹；行军作战，均发生极大之困难"，"我军主力始终被匪牵制于陕北，一无作为，殊为惋惜"。这些事隔几年、十几年后所作的评论，倒是多少说出了一些真情，也更加证明了毛泽东这位战略大师当初主动撤离延安决策的正确性。

审时度势的战略调整

世界上永恒不变的就是变，任何事物都是处在不断发展变化的过程当中的。随着客观形势的不断变化，已经做出的战略部署可能不适应已经变化了的形势，在这种情况下，就要审时度势，及时进行战略部署的调整。

毛泽东在领导党和人民缔造并建设中华人民共和国的进程中，根据世界各种基本矛盾、政治力量及国际格局的变化，根据中国的历史和现状，提出一系列外交战略思想。从新中国成立初期的"一边倒"到"反帝、反修"的外交战略，到联美遏苏的"一条线"和"一大片"的外交战略，这些纵横捭阖的外交战略构想，是毛泽东审时度势，捕捉时机，当机立断，及时进行战略调整的结果，是毛泽东战略思维的结晶。

国际形势在第二次世界大战结束后发生了深刻变化，各种国际政治力量之间的对比发生了重大变化。资本主义势力受到了严重削弱，社会主义力量显著增长。战后，美国和苏联成为世界上的两大强国，分别代表资本主义和社会主义两大力量。面对这样的国际格局，新生的中华人民共和国将如何着手建立外交关系，能否在对抗的两大阵营面前不做倾向性的选择？

毛泽东清醒地看到，这种可能性是不存在的。中国不能走资本主义的道路，因为资产阶级共和国的方案早已被中国人民所抛弃。中国共产党领导的新民主主义革命，其前途是社会主义。这种社会制度上的倾向性，决定了新中国外交战略上必然是倒向以苏联为首的社会主义阵营一边。

此外，当时美苏处于对峙的态势，任何国家要想从其中的一方获得强有力的国际援助，就必须有明朗的外交态度，想采取左右逢源的外交政策，显然行不通。只有明朗的外交态度，才有可能赢得强有力的国际援助。

除了以上这些历史和现实的因素，毛泽东还知道，以中国和美苏关系的实际情况而言，中国也只能倒向苏联。中国共产党曾一度真诚希望各抗日盟国尤其是美国能帮助中国避免内战，促进战后中国的和平民主建设，然而，这种愿望很快被美国采取的扶蒋反共政策所打消。

一、向毛泽东学战略思维

1949年春夏,中国共产党又一度怀着希望同美国外交官进行短暂接触,但最后无果而终。由于美国长期顽固地坚持错误的对华政策,把中国推向与美国对抗的地位,倒向以苏联为首的社会主义阵营一边就成为历史的必然。

以上因素的综合,促使毛泽东在新中国诞生前夕,在《论人民民主专政》一文中,明确提出站在以苏联为首的和平民主阵营之内的"一边倒"的国际战略。

历史表明,毛泽东提出联苏抗美的"一边倒"的外交战略,是符合国家安全和建设的需要的。在这一外交战略的指引下,新中国成功地建立和巩固了同以苏联为首的社会主义国家的关系,从而在艰难的条件下,为新中国的社会主义革命和建设赢得了一个相对有利的国际环境。1956年9月,毛泽东在接见阿尔巴尼亚劳动党代表团时非常坦率地说:"苏联给我国的援助是非常大的。苏联革命成功后遭十几国干涉,而我国革命胜利的时候,帝国主义并未干涉我们,并不是怕我国人民,主要是有苏联存在,这对我们鼓励很大。当时若无苏联存在,美国一定要来的。它不仅在台湾,还要到大陆来。"

但是随着国际局势的变化,到了20世纪50年代后期和60年代中期,毛泽东逐渐改变了新中国既定的外交战略。

此时,主导世界冷战格局的美苏关系进入了一个时而紧张时而又有所缓和的阶段,美苏双方既要争霸,又试图在某些领域进行合作,把紧张局势控制在这两个国家能够控制的范围内,以便维护自己的国家利益。这时,无论是社会主义阵营还是资本主义阵营,其各自内部的矛盾已经逐渐暴露了出来。苏联同其他社会主义国家之间、美国同其他资本主义国家之间,出现了不同程度的控制与反控制斗争。

在苏联，赫鲁晓夫主政期间，从追求同美国平起平坐共同主宰世界的外交战略出发，一心想把中国纳入其战略体系，并为此不断对中国施加种种压力，致使意识形态的分歧扩大到国家关系上，中苏之间控制与反控制的斗争日趋激烈。面对苏方不尊重中国主权的态度，为了维护国家主权、民族尊严，毛泽东不再争取同苏联维持友好关系，毅然放弃联苏抗美的"一边倒"国际战略，提出在世界范围内建立"反帝、反修"统一战线的国际战略。

1960年12月，毛泽东在会见委内瑞拉加拉斯加市议会代表团时，第一次把修正主义、帝国主义和国内反动派列在一起斥为"三个鬼"，以后又作为"三种坏人"和"国际上有三个口号"，把上述三者加以罗列。1964年1月，毛泽东会见日共中央政治局委员听涛克己时说，在反对修正主义问题上，我们的矛头主要对准赫鲁晓夫；在反对帝国主义问题上，我们集中力量反对的是美帝国主义。同年3月，毛泽东在会见朝鲜外相朴成哲和日共访华代表团时，先后提出"两条战线"和"两条统一战线"的概念，即"反帝"的统一战线和"反修"的统一战线。

在美苏夹击的严峻形势下，毛泽东毅然提出建立"反帝、反修"统一战线，表现出了大无畏的民族气概。为了顶住美、苏的压力，毛泽东一方面寻求建立国际统一战线，另一方面则侧重于增强本国实力，以加重中国与美、苏抗衡的战略地位。在这一时期与外宾的谈话中，毛泽东希望中国甩掉经济弱国的帽子，成为工业化强国的心情，表现得尤为强烈和迫切。

随着世界形势的变化，毛泽东准确把握时代的脉搏和潮流，再次提出了新的外交战略，那就是"一条线"和"一大片"的战略。

一、向毛泽东学战略思维

20世纪60年代末70年代初，毛泽东敏锐观察到旧有的国际格局已经发生了变动。美苏军事力量的对比发生了重要变化，从以往美国对苏联占明显优势到20世纪60年代末期双方形成均势。此外，随着西欧和日本的复兴，美国在西方联盟中的统治地位有所削弱，而东欧国家对苏联的离心倾向也在发展。

1967年秋天，毛泽东注意到，正准备竞选美国总统的尼克松在美国《外交季刊》上发表了一篇文章。在这篇文章中，尼克松耐人寻味地写道："从长远来看，我们简直经不起永远让中国留在国际大家庭之外……在这个小小的星球上，容不得十亿最有才能的人民生活在愤怒的孤立状态之中。"据此观察，如果尼克松上台，美国有可能改变对华政策。

而此时的中苏关系却发生了恶化。1968年夏季苏军入侵捷克斯洛伐克的事件发生以后，中国认为苏联已经堕落成"社会帝国主义"，由此进一步提高了对苏联扩张和侵略的警惕。1969年3月，珍宝岛事件的发生，使原本已经十分紧张的中苏关系更加恶化。此后，苏联又鼓吹建立"亚洲集体安全体系"。在中苏公开处于敌对的状态下，中国调整外交战略的任务就变得更加紧迫。

1969年尼克松入主白宫后，感到苏联已成为美国最强有力的竞争者。于是，急迫地想通过改善同中国的关系以增强美国对苏联的力量，进而维持全球均势，保持美国的领导地位。毛泽东作为一个富有远见的政治家，当然注意到美方所作出的姿态，在经过慎重考虑之后，毛泽东不失时机地作出恰如其分的反应。1970年10月1日，毛泽东引人注目地在天安门城楼上会见了他的老朋友、美国记者埃德加·斯诺及其夫人。次日会见的照片赫然出现在《人民日报》上。这些事情的发生当然不是偶然的。同年12月18日,毛泽东再次会见斯诺,向斯诺透露了欢迎尼克松来华的意思。1971年7月,基辛格秘密访华。翌年2月尼克松亲访中国,并在上海签订了《联合公报》。中美关系的逐步恢复,不仅使双方放弃了敌对立场,而且为两国联合抗苏提供了现实的基础。

毛泽东敏锐观察到国际局势发生的变化:中国对外关系中的主要矛盾已发生变化,由于美国的削弱和与中国关系的改善,中美矛盾已从主要矛盾降到次要矛盾;而苏联的扩张和武装挑衅,则使它与中国的矛盾激化,由次要矛盾升为主要矛盾。为此,毛泽东改变了20世纪60年代"反帝、反修"而主要是"反帝"的国际战略,适时地提出联美遏苏的"一条线"和"一大片"的外交战略。

1973年2月17日,毛泽东在会见美国基辛格博士时,提出"一条线"的思想。1974年1月5日,毛泽东在会见日本外务大臣大平正芳时,又提出"一大片"的思想。所谓"一条线"是指从中国、日本经巴基斯坦、伊朗、土耳其、欧洲到美国的这条线;"一大片"是指这条线周围的所有国家。"一条线"和"一大片"的思想是毛泽东新的外交战略,其主旨就是要团结这"一条线"和"一大片"中的所有国家,即包括美国在内的国际上一切可以团结的力量,共同反对苏联霸权主义。这是毛泽东根据20世纪60年代末70年代初美苏战略态势和中、美、苏三国关系的变化所作出的新的国际战略抉择。

新中国成立后,基本上是按照毛泽东的外交战略开展外交工作的。中国的外交实践表明,毛泽东制定的各个时期的外交战略虽然具有一定的历史局限性,但总的来说是顺应国际形势及世界格局变化的,也符合国内政策的需要。

向毛泽东学世界眼光

1935年10月,中央红军走完长征最后一段行程,即将到达陕北,毛泽东登上岷山峰顶,眺望远处莽莽昆仑,心中涌起无尽遐想,即兴赋诗一首:

> 横空出世,莽昆仑,阅尽人间春色。
> 飞起玉龙三百万,搅得周天寒彻。
> 夏日消溶,江河横溢,人或为鱼鳖。
> 千秋功罪,谁人曾与评说?
> 而今我谓昆仑:不要这高,不要这多雪。
> 安得倚天抽宝剑,把汝裁为三截?
> 一截遗欧,一截赠美,一截还东国。
> 太平世界,环球同此凉热。

一首《念奴娇·昆仑》,具有穷尽八荒、涵盖寰宇之气魄,把中国愿与世界各国交往、中华民族愿与世界人民共享大自然和人类文明智慧成果的思想抒发得淋漓尽致,毛泽东的世界眼光在诗中展露无遗。

"秀才不出门,能知天下事"

毛泽东一生仅出国两次,却对世界情况了如指掌,他这种关注世界、心忧天下的情怀,早在青少年时代即已养成。

1910年秋,17岁的毛泽东第一次离开家乡韶山冲,来到离家50里路远的东台山下,进入湘乡县一所"新学堂"——东山高等小学堂学习。在那里,毛泽东接触到许多西方"新知识"。一次,毛泽东见到同学萧三手里拿着一本《世界英雄豪杰传》,便借来阅读。过了几天,还书时,他很抱歉地对萧三说:"对不起,我把书弄脏了!"萧三打开一看,整册书都被毛泽东用墨笔打了许多圈点,圈得最密的便是华盛顿、拿破仑、彼得大帝、迦德邻女皇(即俄国沙皇叶卡捷琳娜二世)、惠灵吞(即英国威灵顿公爵)、格兰斯顿(即英国首相格莱斯顿)、卢梭、孟德斯鸠和林肯等人的传记。毛泽东激动地对萧三说:"中国也要有这样的人物,我们应该讲求富国强兵之道,才不致蹈安南、高丽、印度的覆辙。"顿了一会儿后,他又说:"中国积弱不振,要使她富强,独立起来,要有很长的时间,但是时间长,不要紧,你看,华盛顿经过了八年艰苦战争之后,才得到胜利,建立了美国……"

西方"新知识"为少年毛泽东打开了一扇天窗,让他看到了更大更远的世界。一年后,毛泽东离开东山高等小学堂,省城长沙成了他的目的地。经过几番辗转,1912年起,毛泽东决定在湖南省立图书馆进行自学。自学期间,毛泽东第一次大量学习和接受西方思想文化,较为系统地接受了西方近代思想文化的启蒙教育。1936年,毛泽东与斯诺谈及这段往事时回忆说:"在这段自修的时期内,我读了许多书

二、向毛泽东学世界眼光

籍，读到世界历史和世界地理。在那里，我以极大的兴趣第一次阅读了世界的舆图。我读了亚当·斯密士的《原富》和达尔文的《物种原始》（即《物种起源》）和约翰·斯陶德·密尔（即约翰·斯图尔特·穆勒）所著的一本关于伦理学的书。我读了卢骚（即卢梭）的著作，斯宾塞的《逻辑学》和孟德斯鸠所著的一本关于法学的书。我将古希腊的诗歌、罗曼史、神话和枯燥的俄、美、英、法等国的史地混合起来。"①

1914 年，进入湖南第一师范学校求学时，毛泽东已经成长为一个时刻关注国内外政治军事形势的进步青年。湖南第一师范学校背倚山林，出学校大门不远，还有修好不久的粤汉铁路的一段——长株路。晚饭过后，学生们常常到山上或者顺着铁路去散步。在散步时，毛泽东向同学们诉说中国以及世界的新闻，有条有理，了如指掌。那时正处于第一次世界大战时期，毛泽东就像是给同学们做每周的国际国内军事政治的时事报告：奥国的太子怎样被杀死，威廉第二怎样出兵，凡尔登如何难攻，英法如何联盟，美国如何"参战"发财，日本如何趁火打劫，提出灭亡中国的"二十一条"……同学们都惊叹于毛泽东的脑袋，同样是看报，毛泽东对世界局势的分析却是如此清晰。②

除了通过报纸了解世界局势变动，从而认知世界、了解世界，毛泽东的恩师杨昌济对他的影响巨大。杨昌济在海外留学 10 年，学贯中

---

① 〔美〕埃德加·斯诺等著，刘统编注：《早年毛泽东》，生活·读书·新知三联书店 2011 年版，第 15 页。

② 〔美〕埃德加·斯诺等著，刘统编注：《早年毛泽东》，生活·读书·新知三联书店 2011 年版，第 75 页。

西，主张以西方所得的民主与科学思想，来批判中国封建伦理，决心改造中国的旧思想、旧学术，曾明确提出要用"新时代之眼光来研究吾国之旧学"。在杨昌济的介绍下，毛泽东接触到陈独秀主编的《新青年》。《新青年》杂志高举民主和科学的旗帜，把西方资产阶级思想文化以前所未有的规模引入中国社会，毛泽东是《新青年》杂志最热心的读者。毛泽东在广泛接触西方思想文化的同时，深深感受到向外国学习的必要性，指出"我觉得我们要有人到外国去，看些新东西，学些新道理，研究些有用的学问，拿回来改造我们的国家"[①]。

1918年，毛泽东和蔡和森等人组织"新民学会"，以"改造中国与世界"为宗旨，主张"向外发展"，争取到国外去了解世界的大势。毛泽东酝酿组织"留俄队"到俄国勤工俭学，学习苏联和欧洲的经验。直到1921年9月，毛泽东还计划在国内做三四年的准备，然后"赴外国求学，至少五年，地点在俄国"。[②]

这一切都为毛泽东接受马克思主义思想打下基础。毛泽东在成为马克思主义者之后，深刻认识到"在资本主义时代，特别是在帝国主义和无产阶级革命时代，各国在政治上、经济上和文化上的相互影响和互相激励，是极其巨大的"[③]。他认定中国是世界的一个组成部分，应当同世界各国有广泛的联系，取得国际援助，同时又要对世界事务作出自己应有的贡献。这便是毛泽东观察世界、认知世界后得出的一个结论。

[①] 《毛泽东大辞典》，广西人民出版社1992年版，第9页。
[②] 《毛泽东传（1893—1949）》，中央文献出版社1996年版，第46页。
[③] 〔美〕埃德加·斯诺：《西行漫记》，生活·读书·新知三联书店1979年版，第77页。

二、向毛泽东学世界眼光

1935年,当中国工农红军历经艰难险阻到达延安之后,毛泽东身居窑洞、眼观世界,深入研究中国革命和世界革命的关系。"中国革命是世界革命的一部分"成为毛泽东《新民主主义论》的立论前提。之前,毛泽东就已经认识到"自从帝国主义这个怪物出世之后,世界的事情就联成一气了,想要割开也不可能了"①。在《新民主主义论》中,毛泽东对这一思想又作了进一步阐释,指出"第一次帝国主义世界大战和第一次胜利的社会主义十月革命,改变了整个世界历史的方向,划分了整个世界历史的时代","在这以后,中国资产阶级民主主义革命,……则属于世界无产阶级社会主义革命的一部分了"②。他的这一马克思主义中国化的代表作,是利用世界眼光来分析中国革命的特点和规律的典范,为中国共产党夺取中国革命的最终胜利奠定了理论基础。

新中国成立后,毛泽东依然没有放松对世界形势的学习和研究,一天几万字的《参考消息》是他每日必看的重要刊物。《参考消息》是一份汇集各国情况的报纸。毛泽东十分重视这个内部刊物,认为这是"天下独一无二的报纸",《参考消息》成为他制定国际战略和对外政策的重要参考材料之一。有重要内容的,他常常批给别人去看或印发会议。除了重要新闻,毛泽东对《参考资料》上所刊登的西方资产阶级政治活动家的回忆录也很感兴趣。他说,这些回忆录里有很多过去我们不知道的帝国主义国家内部的矛盾和斗争的情况,很值得看看。他不仅自己认真阅读,还推荐身边的同志也要多阅读,并且多次强调,"我们的人要见世面,要懂得外界的事情"。

---

① 《毛泽东选集》第1卷,人民出版社1991年版,第161页。
② 《毛泽东选集》第2卷,人民出版社1991年版,第667页。

毛泽东对于世界各国的历史、地理、政治、社会动态的了解程度，让许多外国人士感到惊讶。20世纪30年代，美国记者王安娜在延安采访，惊叹于毛泽东对于外部世界的了解："毛素有博览群书之称，看来是有根据的。他让我看斯宾诺莎、康德、黑格尔和罗素著作的译本。""毛泽东的言谈是农民与学者、普通知识与高度智慧的结合，他的话对我充满着魅力。他一次也没到过国外，也不像朱德和周恩来那样能说外语。可是，他对外国的制度和风俗习惯却很有兴趣。""毛泽东好几次和我讲到他对外国有趣的见解，这些见解是从以前的西欧小说和历史书上得来的。"

斯诺在《西行漫记》中也提道，"毛泽东读过许多关于印度的书，对于那个国家也有一定的看法。他问到我关于甘地、尼赫鲁、查多巴蒂亚以及我所知道的其他印度领袖的情况。他知道一些美国的黑人问题，把黑人和美国印第安人所遭受的待遇，跟苏联对待少数民族的政策相对照"。

美国记者安娜·路易斯·斯特朗在回忆她1946年同毛泽东的那次谈话时说，"他首先问我美国的情况。美国发生的事有许多他知道得比我还详细，这使我惊讶，……他像安排打仗的战略那样仔细地安排知识的占有。……主席对世界大事的知识是十分完备的"。

1973年，毛泽东接见过澳大利亚总理惠特拉姆。据惠特拉姆事后回忆："我们的谈话范围涉及历史、当前问题、亚洲地区、文学和当代的一些人物。他很熟悉情况，知道西方世界正在发生的事情，乐意对一些人物和问题发表意见。交换意见，显然使他感到高兴。听到来自不同社会的一个陌生人的意见，他从中可能得到某种刺激，不论我的看法多么错误。他的智慧和历史感深邃而又明晰。"

二、向毛泽东学世界眼光

毛泽东对纷繁复杂的国际形势和发展趋势的预见性以及观察国际动向的敏锐性，同他所具备的丰富的国际情况知识储备是分不开的，而这种知识储备又与他自青少年时代起，即关注世界、心忧天下，始终学而不厌地、主动地了解世界、认识世界是息息相关的。在毛泽东身上，真正体现了中国那句老话——"秀才不出门，能知天下事"。

"如果尼克松愿意来，我愿意和他谈"

1936年7月16日，在陕北中央红军所在地保安（今志丹县），毛泽东接见了美国记者埃德加·斯诺、美国医生马海德，并接受了斯诺的采访。7月至10月间，毛泽东和斯诺一共进行了十余次谈话，毛泽东向斯诺讲述了苏维埃政府的政策、抗日战争的形势方针、抗日民族统一战线以及他自己的家庭和他的前半生。斯诺离开陕北后，将自己的采访笔记整理成书，于1937年10月在伦敦出版《红星照耀中国》一书。该书出版后反响巨大，吸引了大批外国记者、医生、作家来到延安。此后，包括美国记者史沫特莱、美国外交政策协会远东问题专家比森、美国《太平洋事务》杂志主编拉铁摩尔、美国《美亚》杂志主编贾菲、美国记者王公达、美国军人卡尔逊、德国作家兼记者汉斯·希伯等相继来到延安，毛泽东均亲切接见，向其宣传中共的性质、中共的抗日政策、中共抗战的决心，并就国际局势进行讨论。毛泽东与外国友人的"亲密接触"，让美国乃至世界了解了中共及中共领导下的中国革命，开启了中共"公共外交"的大门。

1944年7月，美国政府派出军事观察组进驻延安。其间，毛泽东与美国军事观察组的成员频繁接触，双方广泛了解并交换意见。据军事观察组政治负责人谢伟思回忆，毛泽东在谈话中，多次强调中国共产党对美国的政策是寻求美国对中国的了解和友谊，中美两国经济上可以互相取长补短。在与以毛泽东为代表的中国共产党人充分接触，对"共产党中国"有了切实了解后，军事观察组向美国政府提出了一条现实主义的对华政策建议，即放弃片面同蒋介石政府的错误政策，更加灵活地对待中国共产党，以降低把美国利益同蒋介石的命运牢牢捆在一起的危险性。遗憾的是，这一政策最终没有为美国政府所接受。不过，在中国共产党的外交史上，这无疑是一次重大且成功的探索。

1949年初，解放战争胜利在即，为了使新中国成立后获得更多的国际承认和援助，中国共产党面临着制定外交方针政策的重大问题。苏联作为中国共产党思想认识上有着最亲近关系的国家，对中国革命的态度起着至关重要的作用。然而苏联与中国共产党的关系并非一直和谐无间，由于对中国共产党领导下的人民解放军的势力估计不足、对中国革命形势的不了解，苏联一度出现了徘徊于国共两党之间的暧昧态度。毛泽东凭借着他对世界局势的充分把握，于1949年春审时度势地提出"另起炉灶""打扫干净屋子再请客"和"一边倒"的三大外交政策。

1949年2月，毛泽东在河北西柏坡会见斯大林特使——苏共中央政治局委员米高扬时，向其阐明了新中国的外交政策。毛泽东说："我们这个国家，如果形象地把它比作一个家庭来说，它的屋内太脏了，柴草、垃圾、尘土、跳蚤、臭虫、虱子什么都有。解放后，我们必须好好加以整顿。等屋内打扫清洁干净，有了秩序，陈设好了，再

二、向毛泽东学世界眼光

请客人进来。我们的真正朋友,可以早点进屋子来,也可以帮助我们做点整理工作,但别的客人得等一等,暂时还不能让他们进门。"① 这便是"打扫干净屋子再请客"的内涵,向苏联表明了立场。1949年6月30日,毛泽东发表著名的《论人民民主专政》一文,正式提出"一边倒"的战略方针,宣布中华人民共和国将坚定不移地站在以苏联为首的社会主义阵营一边。

"一边倒"的外交政策让新生的人民政权稳住了阵脚。为了结交更多的国际朋友,毛泽东和周恩来等共产党人又发挥智慧,提出适用于处理一切国家关系的和平共处五项原则,作为新中国外交的一项长期战略方针。1954年10月,印度总理尼赫鲁访问中国,毛泽东在会见尼赫鲁时提出,将和平共处五项原则推广到所有国家关系中去。毛泽东说:"我们在合作方面得到一条经验:无论是人与人之间、政党与政党之间、国与国之间的合作,都必须是互利的,而不能使任何一方受到损害。如果任何一方受到损害,合作就不能维持下去。正因为这个原因,我们的五项原则之一就是平等互利。"1954年12月,毛泽东在接见缅甸总理吴努时再次指出:"五项原则是一个大的发展,还要根据五项原则做些事情。我们应该采取些步骤使五项原则具体实现,不要使五项原则成为抽象的原则,讲讲就算了。现在在世界上就有两种态度,一种是讲讲就算了,另一种是要具体实现。英美也说要和平共处,但是它们是讲讲就算了的,真正要和平共处,它们就不干了。我们不要那样,我们认为,五项原则是一个长期的方针。"② 中国政府积极倡导和宣传和平共处五项原则,并很快得到世界各国的广泛承认

---

① 《毛泽东与外国首脑及记者会谈录》,台海出版社2012年版,第43页。
② 《毛泽东与外国首脑及记者会谈录》,台海出版社2012年版,第66、69页。

和肯定。1955年，亚非会议正式通过了《关于促进世界和平和合作宣言》，宣言中很好体现了和平共处五项原则精神。毛泽东的世界眼光再次发挥智慧效用。

到了20世纪六七十年代，世界上各种势力经过"大动荡、大分化、大改组"后，新的战略格局形成。美国因深陷越战泥潭，在美苏争霸中逐渐处于守势；苏联则在国际事务中愈发表现出咄咄逼人之势，对中国构成很大威胁。毛泽东敏锐地捕捉到世界格局的这一巨大变化，开始重新审视中美关系，并且利用美国的急切需要，推动中美关系走向缓和。1970年8月，毛泽东再次邀请老朋友斯诺来华做客，斯诺成为"文化大革命"开始后第一个被允许进入中国的西方记者。10月1日，毛泽东邀请斯诺夫妇登上天安门城楼并亲自接见。第二天，一张毛泽东与斯诺夫妇的合影照片刊登在了《人民日报》的显著位置，这张照片可以看作毛泽东向美国政府发出的含蓄而又饶有深意的信号。12月18日，斯诺被毛泽东请进中南海，这次谈话中，毛泽东明确表示愿意同美国改善关系。毛泽东说："尼克松愿意来，我愿意和他谈，谈得成也行，谈不成也行，吵架也行，不吵架也行，当作旅行者来谈也行，当作总统来谈也行。总而言之，都行。"[①] 1971年2月，斯诺离开中国，在意大利刊物上发表了他和毛泽东的谈话，引起美国和全世界的巨大反响。随后，毛泽东导演乒乓外交，中美关系大门打开。1972年2月21日，美国总统尼克松抵京访华。当天，毛泽东便在中南海接见了尼克松一行，对峙长达四分之一世纪的两个大国，开始实现关系正常化。

---

① 《毛泽东与外国首脑及记者会谈录》，台海出版社2012年版，第246页。

二、向毛泽东学世界眼光

随着中国和美国关系的逐步改善，一个新的世界政治地图的轮廓开始形成。在这一背景之下，1974年2月22日，毛泽东在会见赞比亚总统卡翁达时，首次提出划分三个世界的观点。毛泽东说："我看美国、苏联是第一世界。中间派，日本、欧洲、加拿大，是第二世界。咱们是第三世界。"毛泽东划分三个世界的战略对于维护中国国家安全、保卫世界和平具有重要意义，对于发展中国对外关系也产生积极效果，"三个世界"划分理论和中国永不称霸的承诺，引起第三世界国家的强烈反响和热烈欢迎，在国际上产生了深刻而持久的影响，大大提高了中国在国际舞台上的地位和声望，再次展示了中国作为一个大国的良好风范。

延安时期，毛泽东主动与外国友人接触和交流，向外部世界介绍中国共产党及其革命，开启我们党"公共外交"之门；新中国成立后，毛泽东继续审时度势，把握世界局势发展变化之趋势，制定出适应国情、世情的外交政策。这种接触世界、对接世界的气魄是毛泽东世界眼光的体现，为新中国"结交"到更多的国际友人、融入国际社会作出了巨大贡献。

"一切民族、一切国家的长处都要学"

早在延安时期，毛泽东就意识到学习国外事务的重要性。1940年1月，他在《新民主主义论》中专门就吸收外国进步文化进行论述，提出要"大量吸收外国的进步文化，作为自己文化食粮的原料"[①]。毛

[①] 《毛泽东选集》第2卷，人民出版社1991年版，第706页。

泽东认为外国的进步文化，凡属于我们用得着的东西，我们都应该吸收。毛泽东对学习方法也加以探讨，主张学习外国文化"如同我们对于食物一样，必须经过自己的口腔咀嚼和胃肠运动，送进唾液胃液肠液，把它分解为精华和糟粕两部分，然后排泄其糟粕，吸收其精华，才能对我们的身体有益，决不能生吞活剥地毫无批判地吸收"①。

1944年7月，毛泽东在会见美国记者莫里斯·武道时，再次谈到批判地学习国外事务的问题，他说道："我们批判地接受中国长期的传统——继承那些好的传统，而扬弃那些坏的传统。我们以同样的态度对待来自国外的事物。我们曾经接受了诸如达尔文主义、以华盛顿和林肯为范例的民主政治、18世纪法兰西哲学、费尔巴哈的唯物主义、来自德国的马克思主义以及来自俄国的列宁主义。我们接受一切来自国外的、对中国有益和有用的东西，我们扬弃坏的东西，例如法西斯主义。"他最后总结说，在接受和评价中国历史和外国条件时，采用适当形式极其重要，不可盲从。②

这种批判地学习、不可盲从的思想一直贯穿至新中国成立后。1956年4月25日，毛泽东在中央政治局扩大会议上发表的《论十大关系》报告，是他长期思考后的一个总结。文中专章论述了"中国与外国的关系"，明确提出："我们的方针是，一切民族、一切国家的长处都要学，政治、经济、科学、技术、文学、艺术的一切真正好的东西都要学。"③ 毛泽东认为，向外国学习的口号提得是对的，只不过现在有些国家的领导人不愿提、不敢提。提这种口号是需要有一点勇气

---

① 《毛泽东选集》第2卷，人民出版社1991年版，第707页。
② 《毛泽东与外国首脑及记者会谈录》，台海出版社2012年版，第23页。
③ 《毛泽东著作选读》下册，人民出版社1986年版，第740页。

二、向毛泽东学世界眼光

的,提的时候"要把戏台上的那个架子放下来"。① 毛泽东长期以来所持的"向外国学习"的思想在《论十大关系》中得到了很好的体现。

至于怎样向外国学习,也就是学习的方法问题,毛泽东在文中也做了充分论述,将其主要归结为三点:一是有分析有批判地学。毛泽东认为:向外国学习必须有分析有批判地学,不能盲目地学,不能一切照抄,机械搬运。他们的短处、缺点,当然不要学。对外国的自然科学,我们也要有批判地学。"在技术方面,我看大部分先要照办,因为那些我们现在还没有,还不懂,学了比较有利。但是,已经清楚的那一部分,就不要事事照办了。"② 二是要和中国的实际相结合地学。毛泽东认为,学习马列主义,要学习属于普遍真理的东西,并且学习一定要与中国实际相结合,即一方面要坚持并在实践中应用马克思主义基本原理,另一方面要在马克思主义指导下,总结自己的实践经验和吸收外国的实践经验,不断丰富和发展马克思主义。形式主义地吸收外国的东西是要吃大亏的。要把中国和外国的东西有机结合起来,而不能简单套用国外的东西。三是变为己用地学。毛泽东主张:"要向外国学习科学的原理。学了这些原理,要用来研究中国的东西。"③ 换言之,不仅要简单学习,还要学会运用,并且要中国化地运用。毛泽东曾打比喻说,学外国织帽子的方法,要织中国的帽子。外国有用的东西都要学到,用来改进和发扬中国的东西,创造中国独特的新东西。向外国学习,目的还是要创作中国的东西,创造出中国自己的、有独特民族风格的东西。

---

① 《毛泽东著作选读》下册,人民出版社1986年版,第743页。
② 《毛泽东著作选读》下册,人民出版社1986年版,第740、742页。
③ 《毛泽东著作选读》下册,人民出版社1986年版,第748页。

对外国进行学习和借鉴也是毛泽东世界眼光中的一个重要组成部分。毛泽东曾说，我们要熟悉外国的东西，读外国书，但是并不等于中国人要完全照搬外国办法办事，并不等于中国人写东西要像翻译的一样，中国人还是要以自己的东西为主。向国外学习，包括学不学、学什么、怎么学，毛泽东既体现了对中国的坚守，又体现出了宽广的世界视野。毛泽东从来不吝啬对国外的学习，但保持了难得的清醒，一方面他说"一切国家的好经验我们都要学，不管是社会主义国家的，还是资本主义国家的"；另一方面他也说"对外国资产阶级的一切腐败制度和思想作风，我们都要坚决抵制和批判"。他是这么说的，也是这么做的。

新中国成立后，国内一穷二白、百废待兴。1949年12月，毛泽东亲自率领代表团访问苏联，争取苏联对中国经济建设的援助。毛泽东的这次访苏之行，不仅为中国带来了3亿美元贷款的经济援助，还为中国带来了援建50家企业的技术支持。到1955年，中国确定向苏联引进的项目达到156个。除引进先进设备外，毛泽东也很重视人才智力的引进。据统计，自1949年8月刘少奇从苏联带回第一批专家开始，到1960年苏联全部撤走专家为止，援华的苏联专家总人数超过了1.8万人。而前往苏联学习的中国人人数更为庞大，1950年至1960年间，苏联共接受3.8万多名中国公民前去学习或实习，1949年至1966年，苏联的学院和研究机构共培养中国大学生、研究生和实习生1.1万多人。① 这群留学生中很多人学成归国后成长为各条战线的领军人物，江泽民、李鹏等还走上了党和国家领导人的岗位。

---

① 沈志华：《苏联专家在中国（1948—1960）》，新华出版社2009年版，第316—318页。

二、向毛泽东学世界眼光

在向外国学习先进器物方面，毛泽东的眼光宏大而深远。1956年4月10日，毛泽东在会见丹麦驻华大使时指出，中国虽然地域广博，拥有6亿人口，但是力量还很弱。中国不会向别人翘尾巴。中国愿意向丹麦学习，也愿意向世界上所有国家学习。如果美国人愿意的话，我们也愿意向他们学习。每个国家都有值得学习的长处，我们也愿意向冰岛学习。如果我们有翘尾巴的行动，你们可以批评我们。①

20世纪60年代中苏关系破裂后，中国开始将对外贸易和引进技术的重点转向西方。"四三方案"是毛泽东"策划"的又一个杰作。所谓"四三方案"是指中国在20世纪70年代初向美国、联邦德国、法国、日本、荷兰、瑞士、意大利等西方国家大规模引进成套技术设备的计划。这是中国继20世纪50年代引进苏联援助的"156项工程"之后，第二次大规模的技术引进。

1972年1月22日，李先念、纪登奎、华国锋联名提交了国家计划委员会《关于进口成套化纤、化肥技术设备的报告》，报告中建议引进4亿美元的化纤、化肥设备，得到毛泽东批准。同年8月6日，国家计划委员会根据李先念的批示，提出了《关于进口一米七连续式轧板机问题的报告》，设备价值约为4亿美元，也得到了毛泽东批准。同年11月7日，国家计划委员会再次提出《关于进口成套化工设备的请示报告》，建议进口价值6亿美元的22套化工设备，毛泽东批示要求国家计划委员会采取一个一体化的更大规模的进口方案。1973年1月5日，国家计划委员会提交了《关于增加设备进口，扩大经济交流的请示报告》，建议利用西方国家经济危机的时候，在今后3至5年内引

---

① 《毛泽东与外国首脑及记者会谈录》，台海出版社2012年版，第91页。

进 43 亿美元的成套设备，包括 13 套大型化肥设备、4 套大型化纤设备、3 套石油化工设备、43 套综合采煤机组、3 个大电站等大型项目，计划总额为 43 亿美元，"四三方案"即得名于此。之后在这个方案的基础上又追加了一批项目，计划总额 51.4 亿美元。中国利用"四三方案"引进的设备，结合国产设备配套，兴建了 26 个大型工业项目，总投资约 200 亿元人民币，至 1982 年全部投产，成为 20 世纪 80 年代中国经济发展的重要基础。"四三方案"的制定与实施都是在毛泽东的直接指示和领导下完成的。

开放式学习既是一种理念，也是一种实践，毛泽东是二者兼而有之：既有对中国与外国关系的深度思考，又有从苏联引进 156 项重要项目、与西方国家签订"四三方案"的具体实践，毛泽东的世界眼光在"向外国学习"的命题中折射出智慧的光芒。

纵观毛泽东的一生，从来都是"胸怀天下，放眼世界"。少年时代，毛泽东熟读世界英雄传记并以此激励自己的壮志。青年时代，毛泽东指点祖国江山，创办新民学会以"改造中国与世界"为宗旨。延安时期，毛泽东主动与外国友人接触和交流，向外部世界介绍中国共产党及其革命。新中国成立后，顺应世界局势发展变化之趋势，从创建独立自主的新型外交到确立和平共处五项原则，再到提出"三个世界"划分理论，毛泽东总能审时度势，制定出适应国情、世情的中国外交政策。毛泽东大胆提出"向外国学习"的口号，并且提出"一切民族、一切国家的长处都要学"，正是在他的倡导下，中国大规模引进外国先进技术，夯实了中国的经济基础。具有世界眼光是毛泽东领导中国革命、建设，开创中国外交事业取得成功的重要因素。

二

向毛泽东学哲学头脑

美国记者斯诺在《西行漫记》中曾写道:"毛泽东是个认真研究哲学的人。我有一阵子每天晚上都去见他,向他采访共产党的党史,有一次一个客人带了几本哲学新书来给他,于是毛泽东就要求我改期再谈。他花了三四夜的功夫专心读了这几本书,在这期间,他似乎是什么都不管了。"作为举世公认的20世纪最为重要的思想家,毛泽东确实酷爱哲学,他撰写的《矛盾论》《实践论》更是达到了很高的哲学高度。在长期的革命斗争、建设国家的过程中,毛泽东善于运用哲学这一思想武器,从实际出发,辩证分析事物,抓住主要矛盾,很快解决问题。正是有了哲学的头脑,靠着科学的思维,中国共产党才赢得了革命的胜利,并在建设社会主义现代化进程中取得重大成就。

凡事都要坚持实事求是

中国古代《汉书》里有句"修学好古,实事求是"。毛泽东结合革命实践的新鲜经验,对实事求是进行了新的解释,使之成为中国共产党的思想路线。毛泽东说:"'实事'就是客观存在着的一切事物,

'是'就是客观事物的内部联系,即规律性,'求'就是我们去研究。我们要从国内外、省内外、县内外、区内外的实际情况出发,从其中引出其固有的而不是臆造的规律性,即找出周围事变的内部联系,作为我们行动的向导。而要这样做,就须不凭主观想象,不凭一时的热情,不凭死的书本,而凭客观存在的事实,详细地占有材料,在马克思列宁主义一般原理的指导下,从这些材料中引出正确的结论。"[①] 实事求是是毛泽东思想的精髓,也是毛泽东在革命和建设时期践行的重要行事准则。

中国共产党刚成立时,才 50 多名党员。他们大多数是知识分子,革命经验薄弱。毛泽东后来回忆说,他是一个小学教员,又没有学过军事,怎么懂得打仗呢?在这种情况下,驻在苏联的共产国际对中国革命事业产生了巨大影响。在共产国际的建议下,中共选择了国共合作这条路。但共产党在大革命期间的迅猛发展引起了国民党内部分人的激烈反对。国民党发动对共产党人的屠杀后,共产党的队伍从五六万人锐减至一万多人。这个时候,中共虽召开紧急会议,制定了武装反抗国民党的策略,但显然,如何革命成为中共必须思考的重大问题。

在这个问题上,有人对共产国际发来的指示亦步亦趋,主张搞城市暴动。毛泽东从中国实际出发,在领导湘赣边界秋收起义的过程中,果断停止进攻大城市,以减少不必要的伤亡,决定向敌人部署薄弱的井冈山进发。就是在井冈山,中共建立了可以立足的革命根据地。在毛泽东眼里"根据地对于红军就像人的屁股",一个人如果没有机会坐下来休息,很快就会因筋疲力尽而垮掉。毛泽东的这一做法,起初

[①] 《毛泽东选集》第 3 卷,人民出版社 1991 年版,第 801 页。

并未得到中共中央的认可,还被免去了中央委员的职务。派来的代表还讥笑说山沟里怎么可能有马克思主义。正如美国毛泽东研究专家特里尔所说,从马克思的观点看,的确是不可能有。但是中国的现实才是毛泽东毫不动摇的视角。① 正是从中国的国情出发,毛泽东逐步探索出农村包围城市的革命道路,尽管探索过程中受到来自各方面的压力,但事实证明,这条道路的确是符合中国国情的正确的革命道路。

为反击"山沟沟里出不了马克思主义"的指责,毛泽东一边干革命,一边发奋读书,读马列著作,读哲学书籍,提高自己的理论水平。在革命斗争的间隙,他写下了《反对本本主义》《星星之火,可以燎原》《中国的红色政权为什么能够存在?》等著名篇章。革命队伍的壮大,印证了毛泽东对于革命事业的判断,不少以前不相信毛泽东的同志,开始逐渐向毛泽东靠拢。尤其是长征胜利后到了延安,毛泽东更是花大量时间用来读书学习,写出了更多的哲学色彩浓厚的大部头文章。毛泽东用文章和革命两方面的业绩回应了一些从苏联留学回来的布尔什维克们的指责。

不仅如此,毛泽东还提出了马克思主义中国化的重大命题。马克思主义是党的指导思想,是革命的指南,但马克思主义产生有它自身的历史条件,照搬到中国来,不仅不会起到应有的指导作用,还会给中国革命带来伤害。革命前期,中国共产党经常犯错误,一方面是因为没有经验,另一方面就是因为照搬照抄马克思主义。教条主义者生怕离开马克思主义经典著作半步,靠几个"条条"来搞革命,因此遭遇重大挫折不可避免。毛泽东从中国实际出发,明确指出中国革命还

---

① 〔美〕罗斯·特里尔:《毛泽东传》,中国人民大学出版社2012年版,第128页。

得靠熟悉中国情况的中国同志来领导。对于马克思主义，毛泽东活学活用，学马克思主义的立场、观点、方法，并把这些立场、观点、方法用到革命斗争中去，取得了极大的效果。根据中国实际情况写就的恢宏理论，也被称为马克思主义中国化的第一次飞跃——毛泽东思想。

正是因为探索出了一条中国特色革命道路，形成了符合中国国情的马克思主义中国化的成果，中国革命才取得成功。中国共产党终于在 1949 年成为中国的执政党。此后，毛泽东虽然提出向苏联学习建设经验，但很快就提出走自己的道路。因为毛泽东很清楚，虽然都是建设社会主义，但中国和苏联的国情不同。中国一穷二白，人多地少，底子薄。中国还是一个农业国，飞机大炮轮船统统不会造。在探索中国社会主义建设道路过程中，毛泽东积累了不少心得体会，但也犯了不少错误。他在总结"大跃进"教训的七千人大会上，毫不避讳地作了自我批评，说他作为中央主席必须承认错误。还说，对于经济来说，他不太懂，刘少奇、周恩来懂得多点，陈云懂得更多。尽管在探索中犯了错误，但毛泽东这种一切从中国实际出发的实事求是的态度是值得学习的。

1965 年，毛泽东在接见越洋归来的李宗仁时，告诉李宗仁说他是靠总结经验吃饭的。这是毛泽东实事求是态度的表现。1956 年 9 月 10 日，毛泽东在党的八大预备会议第二次全体会议上说："我的那些文章，不经过北伐战争、土地革命战争和抗日战争，是不可能写出来的，因为没有经验。所以，那些失败、那些挫折，给了我们很大的教育，没有那些挫折，我们党是不会被教育过来的。"

1962 年 1 月，他再次谈到经验的问题。他说："在民主革命时期，经过胜利、失败、再胜利、再失败，两次比较，我们才认识了中国这个客观世界。在抗日战争前夜和抗日战争时期,我写了一些论文,例如《中国革命战争的战略问题》、《论持久战》、《新民主主义论》、《〈共产党人〉发刊词》,替中央起草过一些关于政策、策略的文件,都是革命经验的总结。那些论文和文件,只有在那个时候才能产生,在以前不可能,因为没有经过大风大浪,没有两次胜利和两次失败的比较,还没有充分的经验,还不能充分认识中国革命的规律。"

他还指出,如果有人说,有哪一位同志,比如说中央的任何同志,比如说我自己,对于中国革命的规律,在一开始的时候就完全认识了,那是吹牛,你们切记不要信,没有那回事。过去,特别是开始时期,我们只是一股劲儿要革命,至于怎么革法,革些什么,哪些先革,哪些后革,哪些要到下一个阶段才革,在一个相当长的时间内,都没有弄清楚,或者说没有完全弄清楚。我讲我们中国共产党人在民主革命时期艰难地但是成功地认识中国革命规律这一段历史情况的目的,是想引导同志们理解这样一件事:对于建设社会主义的规律的认识,必须有一个过程。必须从实践出发,从没有经验到有经验,从有较少的经验到有较多的经验,从建设社会主义这个未被认识的必然王国,到逐步克服盲目性、认识客观规律、从而获得自由,在认识上出现一个飞跃,到达自由王国。

毛泽东坚持实事求是,不仅在对待总结革命历史上,还反映在处理具体问题上。延安整风期间,作家丁玲请教毛泽东说:"为什么你在文章里批评人,人家服气,我写文章批评人,人家就不高兴呢?"毛泽东告诉她说:批评同志要实事求是,讲点辩证法,人家有优点要肯定嘛。缺点,有几分说几分,要恳切,不要刻薄。你不肯定人家的优点,缺点又说得过分,当然人家不高兴。这番话,说出了批评的方法即实事求是的方法。1959年6月25日,毛泽东在新中国成立后第一次回到故乡韶山冲。第二天,他到群众家里做客聊天时,问前来的群众,今年亩产多少稻谷。当时正处于"大跃进"期间,韶山冲的乡亲们不好回答这样的问题。有位农民说亩产800斤。毛泽东摇摇头说,能产800斤?依我看平均亩产500斤就谢天谢地了。要实事求是,要革命种田,要计划种田,要科学种田。针对当时的浮夸风,毛泽东强调要讲真话、实事求是。

看待事物要有辩证思维

毛泽东的女儿李讷毕业时,他把自己喜爱的四句话赠给李讷:一是,天将降大任于斯人也,必先苦其心志,劳其筋骨,饿其体肤,空乏其身,行拂乱其所为,所以动心忍性,增益其所不能;二是,彻底的唯物主义者是无所畏惧的;三是,道路是曲折的,前途是光明的;四是,在命运的迎头痛击下头破血流,但仍不回头。这四句话充满了哲理,透露出辩证思维的光芒,反映了毛泽东的内心世界和他对年轻人的殷切期许。回看毛泽东的一生,他总是满怀信心,以百折不挠、宁折不弯的意志,来迎接人生旅途和革命征途上的一个又一个挑战。

在日常起居方面,毛泽东的话语和行事充满了哲学智慧。在吃的方面,毛泽东十分简朴,从不追求山珍海味,尤其是厌烦宴会。他常对身边的工作人员们说,我们生活在这个世界上,不是为了吃世界,而是为了改造世界。这才是人,人跟其他动物就有这个区别。毛泽东对那些在别人眼里的稀罕之物并不太看重,在他眼里,所谓高级的东西,并没有什么特殊之处,只不过是物以稀为贵。有些人有一种特殊

三、向毛泽东学哲学头脑

心理，似乎某些食品皇亲国戚吃了，它的名望就高贵起来，甚至高不可攀，神乎其神。

毛泽东很喜欢吃苦瓜、苦菜，也包括山野菜。偶尔毛泽东也会谈起吃苦瓜的好处："苦瓜这种菜，我的家乡很多，房前屋后都可以种，好种也好活。有些人吃不习惯，是怕它的苦味。我不但吃得惯，还一生都吃，从小就爱吃，就图它这个苦味。我这个人一生没少吃苦，看来是苦惯了，以苦为乐了。"在晚年，毛泽东还说："凡苦的东西，对人体都有些好处，苦能去火明目嘛。人吃五谷杂粮，难免上火。有时生气也上火，这叫虚火。这种人吃点苦很有必要，我这个人也爱上火，所以命中注定要吃苦，不如主动去吃，免得火气太大。火气太大了，不是伤人，就是伤己噢。至于明目，更是它的大好处，我现在有点老眼昏花了，时时吃一点，免得看不清事理。"从这里看，毛泽东的饮食也充满了制衡和辩证的因素。

在带兵打仗方面，毛泽东特别强调辩证分析形势，运用哲学思维化劣势为优势。1946年8月，蒋介石集中了30万兵力，由白崇禧、陈诚在河南开封坐镇指挥，向晋冀鲁豫解放区进攻而来。蒋介石企图用三倍于解放军的优势兵力，将解放军歼灭在陇海路以北、老黄河以南的狭窄地区。在敌人大军压境的情况下，毛泽东打电报给刘伯承、邓小平，让他们率领的中原野战军集中在陇海路以北休整，诱敌深入，择机歼灭敌人。根据毛泽东的指示，刘、邓分析敌情时认为，气势汹汹的来敌中只有整编三师是蒋介石嫡系部队，其余都是杂牌部队。如果把整三师诱到预定战场以优势兵力围歼，敌人内部派系矛盾重重，其他杂牌军不会积极支援，就可以先歼敌一部，再歼敌一部，实现各个击破。敌整三师果然中了刘、邓诱敌深入的计策，向北猛进，钻进了布置好的口袋中。经过激烈的战斗，整三师在运动中被歼灭。其余敌军在仓皇撤退中又被追歼一部分。蒋介石的计划彻底落空。

毛泽东在军事斗争中，善于把劣势转化为优势，这是哲学思维的胜利。1949年5月，毛泽东与柳亚子同游颐和园，泛舟昆明湖。柳亚子问毛泽东，人民解放军渡江成功，不知用的什么妙计。毛泽东回答说："打仗没有什么妙计，如果说有妙计的话，那就是知己知彼，根据实际情况，作出正确的决策。还有，就是先生说的，人民的支持是最大的妙计。"1964年5月，毛泽东在一次谈话中谈到了打仗的诀窍问题。他说："打仗没有什么巧妙，简单说就是两句话，打得赢就打，打不赢就走。你们听说过吗？大体就是这样：你打得赢就打，打不赢还打吗？有两条腿可以走嘛！打得赢就是集中优势兵力消灭敌人……那么打不赢呢？就走，走得远一点，使敌人不知你到哪里去了。"毛泽东把军事辩证法运用得炉火纯青，在战略上藐视敌人，在战术上重视敌人；多谋善断，不失时机；留有余地；从坏处着想，从好处入手……在艰苦的战争岁月里，靠着十六字诀和简单务实的十大军事原则，把蒋介石的800万军队打得落花流水，败退台湾。

在用人处事方面，毛泽东更是讲究辩证法。他在《中国共产党在民族战争中的地位》一文中指出："必须善于识别干部。不但要看干部的一时一事，而且要看干部的全部历史和全部工作，这是识别干部的主要方法。"毛泽东识别干部的方法具体地说就是客观地、全面地、辩证地、发展地看待干部，只有全部的历史和全面的工作，才是干部的全部的实际情况，表现着干部德才的全貌。以全部历史和全部工作为根本依据，并将其一时一事联系起来，才能防止片面性，避免表面性，透过表面现象甚至是假象去识别干部。

在分析形势看待问题时，毛泽东也经常借助哲学思维。如1955年3月31日，毛泽东在谈到形势时说："帝国主义拿来吓唬我们的原子弹和氢弹，也没有什么可怕。世界上的事情，总是一物降一物，有一个东西进攻，也有一个东西降它。看《封神榜》就知道，哪有一个'法宝'是不能破的呀？那样多的'法宝'都破了。我们相信，只要依靠人民，世界上就没有攻不破的'法宝'。"毛泽东不是不知道原子弹和氢弹的杀伤力，但他在面对强大的敌人时，总能战略上藐视，并以哲人般的理性思维断言。这段话充满了辩证法的智慧，给中国人奋斗的信心和力量。

毛泽东曾以"松柳之喻"告诫共产党人要既有原则性又有灵活性。有次讲话时，毛泽东说：共产党员要像柳树一样，到处插下去就可以活，长起来。柳树也有缺点，容易顺风倒，所以还要学松树，挺而有劲。柳树有机动性，松树有原则性；柳树可亲，松树可靠。我们共产党人就是要可亲、要可靠。在毛泽东眼里，打麻将也充满了辩证法。他说，有人一看到手上的"点数"不好，就摇头叹气，这种态度，我看不可取。世界上一切事物都不是一成不变的。打麻将也是这样，就是最坏的"点数"，只要统筹调配，安排使用得当，也会以劣代优，以弱胜强。相反，胸无全局，调配失利，再好的"点数"拿在手里，也会转胜为败。最好的可能转变成最坏的，事在人为！

解决问题要抓主要矛盾

没有矛盾就没有世界。矛盾的观点是唯物辩证法的根本观点。矛盾规律即对立统一规律是唯物辩证法的实质与核心。矛盾揭示了事物发展的源泉和动力，提供了理解一切现存事物的自己运动的钥匙。矛盾分析法是认识世界和改造世界的根本方法。在革命和建设时期，毛泽东善于站在哲学高度分析问题，并准确抓住主要矛盾和矛盾的主要方面，问题解决自然顺利得多。

　　皖南事变发生后，在如何对待蒋介石的问题上，党内产生了不同意见。有的人主张全面反击。毛泽东从抗日大局出发，举《三国演义》中的例子来让大家冷静下来。他说："三国时期，荆州失守，蜀军进攻东吴，被东吴将领陆逊火烧连营七百里，打得大败，其原因就在于刘备没有区分和处理好主要矛盾与次要矛盾的关系，在谋略中没有抓住主要矛盾。诸葛亮在《隆中对》中所确定的战略方针是'东联孙吴，北拒曹操'。曹刘是主要矛盾，孙刘是次要矛盾。孙刘的矛盾是统一战线内部的矛盾。所以，当孙权数次讨荆州时诸葛亮总是一再推诿软磨，而不硬抗，直到最后才让出荆州的部分地方。刘备不了解这一点，派了根本不执行'联吴为根本，争夺荆州要有理有节'方针的关羽去驻守荆州……结果最终导致兵败身亡。"毛泽东认为中日之间的矛盾是主要矛盾，其他矛盾是次要矛盾，一切要从抗日大局出发考虑问题，解决问题。毛泽东由此指出，要抓住主要矛盾，分清主次与轻重缓急，很快统一了全党对皖南事变的认识。

　　中国共产党为什么能取得革命的胜利，取得全国政权呢？在毛泽东眼里，是因为有广大人民的支持。当年渡江战役，解放军100万部队要渡江，没有兵舰、轮船，如果没有人民的大力支持，是不能成功的。靠人民用土办法，靠木船、木排筏子，在漫长的江面上，几万只木船一齐出动，直奔对岸，加上有很多大炮掩护，很快就过去了30万

三、向毛泽东学哲学头脑

军队。像这样的情况,蒋介石是估计不足的,他心里想的是长江天险、美国的援助。

人民战争思想是毛泽东军事思想的核心,是克敌制胜的传家宝。毛泽东曾指出,革命战争是群众的战争,只有动员群众才能进行战争,只有依靠群众才能进行战争。兵民是胜利之本。战争的伟力之最深厚的根源,存在于民众之中。在毛泽东眼里,战争胜利的取得,最根本的是靠广大士兵,靠人民群众。"真正的铜墙铁壁是什么?是群众,是千百万真心实意地拥护革命的群众。这是真正的铜墙铁壁,什么力量也打不破的,完全打不破的。"[①] 农民是群众的主体。为了获取占全国最大多数人口的农民的支持,毛泽东认为要把农民视为命根子的土地分给农民。中国共产党采取了很多办法,不断完善自己的土地政策,使得农民紧紧跟共产党站在了一起。

新中国成立后,面对一穷二白、百废待举的国情,毛泽东带领共产党人制定了不要四面出击的战略策略。毛泽东在中共七届三中全会上作报告时指出:我们当前的总方针就是肃清国民党残余、特务、土匪,推翻地主阶级,解放台湾、西藏,跟帝国主义斗争到底。在即将开始的推翻整个地主阶级的土地改革中,我们的敌人是够大够多的。面对这样复杂的斗争,我们现在跟民族资产阶级的关系搞得很紧张,工人、农民、小手工业者和知识分子中都有一部分人不满意我们。为了孤立和打击当前的敌人,就要把人民中间不满意我们的人变成拥护我们。因此,"我们不要四面出击"。四面出击,全国紧张,很不好。我们绝不可以树敌太多,必须在一个方面有所让步,有所缓和,集中

[①] 《毛泽东选集》第1卷,人民出版社1991年版,第139页。

力量向另一个方面进攻。我们一定要做好工作，使工人、农民、小手工业者都拥护我们，使民族资产阶级和知识分子中的绝大多数人不反对我们。这样，帝国主义、地主阶级、国民党反动派及其残余等几方面的敌人就在我国人民中间孤立了。这一方针的提出，体现了毛泽东在纷繁复杂局势下，抓住矛盾主要方面，解决问题的高超智慧。

新中国成立时，中国还不会造飞机、坦克、大炮，只会造初级的物品，如桌子、凳子、茶碗、茶壶。老百姓希望新的社会带来新的生活。1956年8月召开的中共八大明确指出，国内的主要矛盾，是人民对于建立先进的工业国的要求同落后的农业国的现实之间的矛盾，已经是人民对于经济文化迅速发展的需要同当前经济文化不能满足人民需要的状况之间的矛盾。这一矛盾的实质，在我国社会主义制度已经建立的情况下，也就是先进的社会主义制度同落后的社会生产力之间的矛盾。党和人民当前的主要任务，就是要集中力量来解决这个矛盾，把我国尽快地从落后的农业国变为先进的工业国。这个论断，尽管理论上还不尽完善，但提出了主要任务是发展生产力，反映了党探索社会主义建设道路进程中抓住了要害。

毛泽东还于1957年2月发表了《关于正确处理人民内部矛盾的问题》。针对国内大量的矛盾，毛泽东把矛盾分为两类：一类是人民内部矛盾，一类是敌我矛盾，并认为国内政治生活的主题应该是正确处理人民内部矛盾。这一思想也反映了毛泽东关于如何处理社会矛盾问题的新思考。可惜的是，由于反右派斗争严重扩大化，毛泽东改变了对国内主要矛盾的判断，认为无产阶级和资产阶级之间的矛盾是国内主要矛盾，从而使得探索社会主义建设之路走向曲折。

三、向毛泽东学哲学头脑

学哲学要成为一种风气

毛泽东不仅处处从哲学高度考虑问题和用哲学思维分析问题，延安时期还亲自讲哲学，鼓励干部学习哲学。1937年8月到9月间，哲学研究者郭化若从庆阳到延安时，毛泽东在陕北公学讲授哲学课的高潮已经过去。郭化若听到的反映是，毛泽东讲课很受欢迎，讲哲学深入浅出，讲得生动活泼。当郭化若去毛泽东处谈到这个情况时，毛泽东说他花了四夜三天的时间，才准备好讲课提纲，讲矛盾统一法则，哪知不到半天就讲完了。岂不折本了吗？这当然是在开玩笑。毛泽东在讲完哲学课后，总政治部把讲课的记录稿整理了出来，经毛泽东同意，打印若干份，分发给大家学习。后来，毛泽东根据讲课记录稿，整理加工成为《实践论》《矛盾论》。

毛泽东曾指出，哲学，要在我们党内形成风气。首先，中央、中央局、省这三级每次开会时，第一把手都要讲一讲哲学、讲一讲辩证法。要结合当前工作讲，要用劳动人民的语言讲，每次不超过一个小时，最好是半小时以内，讲长了就没人听了。……总而言之，任何时候都要尊重唯物论，尊重辩证法。他号召在党内形成讲哲学的风气。[1]延安时期，一段时间，在杨家岭毛泽东办公的窑洞里，每到星期三晚上，总有七八个人围在一张桌子面前，漫谈马列主义的新哲学。这个会由毛泽东组织，并且每次都由他来主持。参加者有他的秘书，也有部分研究人员和党内高级干部。毛泽东很高兴有那么多人参加这一座

---

[1] 转引自陶鲁笳：《毛主席教我们当省委书记》，中央文献出版社1996年版。

谈，他倡导建立"新哲学会"，由艾思奇等主持，具体工作由郭化若来做。新哲学会请毛泽东做演讲，参加人数达200多。毛泽东很高兴，所以在西北饭馆摆了几桌酒菜，费用出自毛泽东的稿费。毛泽东首先举杯庆祝新哲学年会的成功，号召大家积极学习马列主义的新哲学，把新哲学进一步传播开来。毛泽东还到每桌敬酒，并和每一个人碰杯。

毛泽东特别注重普及哲学的工作。他认为：关于辩证唯物论的通俗宣传，过去做得太少，而这是广大工作干部和青年学生的迫切需要。应当加强这项工作。当李达致力于哲学大众化工作时，他还收到来自毛泽东的信。毛泽东说："你的文章通俗易懂，这是很好的。在再写文章时，建议对一些哲学的基本概念，利用适当的场合，加以说明，使一般干部都能够看懂。要利用这个机会，使成百万的不懂哲学的党内外干部懂得一点马克思主义的哲学。"1957年11月，毛泽东又强调辩证法需要做广泛的宣传。辩证法应该从哲学家的圈子走到广大人民群众中间去。他还建议要在党的各级地方委员会上谈这个问题。他还说，不要把哲学看得太难和神秘，那么神圣不可侵犯，把它看得太黑暗，就不容易进门，还是要破除迷信。让哲学从哲学家的课堂上和书本里解放出来，变为群众手里的有力武器。

毛泽东不仅是政治家，还是哲学家。他有哲学头脑，还有丰富的哲学思想。他的哲学思想带有鲜明的中国特色，能接地气，为广大百姓所喜爱。向毛泽东学哲学头脑，要学他看待事物的哲学穿透力，学他的哲学观点、哲学思想。

四
向毛泽东学调查研究

　　毛泽东既重视书本知识，也注重实际知识；既提倡读有字之书，也提倡读无字之书。他一生注重调查研究，留下了关于调查研究的丰富论述。正是靠着扎实的调查研究，毛泽东才对中国革命和建设的规律了解得全面深刻。如邓小平所说，毛泽东从参加共产主义运动、缔造我们党的最初年代开始，就一直提倡和实行对于社会客观情况的调查研究，就一直同理论脱离实际、一切只从主观愿望出发、一切只从本本和上级指示出发而不联系具体实际的错误倾向作坚决的斗争。

调查是所高明的大学校

　　向社会学习、向实际学习、向群众学习的思想在青年时代的毛泽东头脑里就已经萌生。1913 年，20 岁的毛泽东就在《讲堂录》里写道："闭门求学，其学无用。欲从天下国家万事万物而学之，同汗漫九垓，遍游四宇尚已。"在湖南第一师范读书期间，毛泽东发表议论说，以往思想界"很少踏着人生社会的实际说话"，结果"凑热闹成了风"，"不容易引入实际去研究实事和真理"。因此，他认为要了解实际,就要实地考察。

在求学期间,毛泽东曾进行过三次游学。第一次,1917年7月中旬至8月中旬,他邀请同学萧子升一起,历时一个多月,行程900余里,游历了长沙、宁乡、安化、益阳、沅江五县城乡,沿途接触了城乡各阶层人员,了解了当地风土人情,记下了许多笔记和心得,获得了许多新鲜知识。萧子升和毛泽东曾是关系密切的同学,他们都是杨昌济的得意门生,曾经一同怀着救国之志,纵论天下大事,寻求强国之路。他们一起创办"新民学会",一起组织留法勤工俭学。

据萧子升回忆,1917年暑假,毛泽东和他在游学过程中,一起化装成乞丐,深入社会底层,广泛接触各阶层人士。1936年毛泽东也曾对斯诺谈起此事:"(1917年)夏天,我开始在湖南徒步旅行,游历了五个县。一个名叫萧子升的学生与我同行。我们走遍了这五个县,没有花一个铜板。农民们给我们吃的,给我们地方睡觉;所到之处,都受到款待和欢迎。"[①] 这段不寻常的经历使萧子升终生难忘,后来他用五万字的篇幅详细叙述了考察的全过程。

萧三在《毛泽东同志的青年时代》对此也有记述:"一个夏天,毛泽东同志利用暑假期间,游历湖南各县。身上一个钱也不带,走遍了许多地方。遇到政府机关、学校、商家,他就作一副对联送去;然后人们给他吃饭,或打发几个钱,天黑了就留他住宿。这在旧社会叫做'游学'。没有出路的'读书人',又不肯从事体力劳动生产,就靠写字作对联送人,'打秋风'以糊口。毛泽东同志却用这个办法来游历乡土,考察农民生活,了解各处风俗习惯——这是他这个举动的现

[①] 〔美〕埃德加·斯诺:《西行漫记》,生活·读书·新知三联书店1979年版,第122页。

四、向毛泽东学调查研究

实主义的一面。"

第二次游学是在 1917 年寒假，毛泽东步行到浏阳文家市，在铁炉冲陈赞周家住了几天，和农民一起挑水、种菜，到了晚上，就同附近农民谈心，了解他们的生活状况和关心的问题。

第三次是在 1918 年春天，由于学校驻兵，学生被迫停课。毛泽东和同学蔡和森徒步洞庭湖南岸和东岸，经湘阴、岳阳、平江、浏阳等县，游历半个多月，了解农村的实际情况。

经过几次游学，毛泽东初步了解了农村的状况、贫富的差距、土地的占有状况以及部分农民的思想状况，这为他接受马克思主义提供了现实基础。而毛泽东求学期间这种注重实际考察的做法，也为他以后继续调查研究打下了基础。

在国内形成留学热潮，眼睛向外寻找救国救民之路时，毛泽东也积极参与到组织青年学生留学中来，但他并没有跟着出国，而是选择留下来。1920 年 3 月 14 日，毛泽东在写给周世钊的一封信中表露了自己的想法。他说，他觉得求学实在没有"必要在什么地方"的理，"出洋"两字，在好些人只是一种"迷"。中国出过洋的总不下几万乃至几千万，好的实在很少。多数呢？仍旧是"糊涂"，仍旧是"莫名其妙"。"吾人如果要在现今的世界稍微尽一点力，当然脱不开'中国'这个地盘。关于这地盘内的情形，似不可不加以实地的调查及研究。这层功夫，如果留在出洋回来的时候做，因人事及生活的关系，恐怕有些困难。不如现在做了。"[①] 可见，毛泽东不准备出洋留学主要是为了留在国内熟悉中国的实际情况。毛泽东一共出过两次国，还都

[①] 《毛泽东早期文稿（1912 年 6 月—1920 年 11 月）》，湖南人民出版社 2008 年版，第 428 页。

是苏联。谁也不会想到，就是没有出过国的毛泽东，最熟悉中国国情，他成长为中共最高领导人，成为新中国的主要缔造者。

1921年7月参加中共一大后，毛泽东考虑问题的重心虽转到在城市干革命，做宣传鼓动工作，但他依然关心中国广大农民的实际情况。1924年12月，毛泽东离开上海到家乡韶山养病。在家乡的半年时间里，毛泽东一边养病，一边利用走亲访友的机会进行社会调查，其间他还特地到安化县考察社会和革命斗争情况。在这个过程中，毛泽东积累了不少社会情况的资料，他以此为基础，写出了《中国佃农生活举例》一文，这是目前保存下来的毛泽东用文字写成的最早的一篇调查材料。① 1925年12月1日，毛泽东发表《中国社会各阶级的分析》，文章把主体为农民的"半无产阶级"划分为半自耕农、贫农、小手工业者、店员、小贩等五种。1926年1月1日，毛泽东又发表了《中国农民中各阶级的分析及其对于革命的态度》，其分析之仔细，在党内并不多见。无疑他在韶山期间的调研，为他的分析提供了依据。

青年时期的游学和注重向实际学习的习惯，让毛泽东在接触到马克思主义之后，能带着中国眼光打量这西方来的思想，较好地让这一思想尽可能与中国结合，这与不少本本主义者截然不同。

没有调查，没有发言权

毛泽东青年时的调研为以后的调查研究打下了良好基础。在1930年间，毛泽东写出了他的名作《调查工作》。这篇文章曾在红四军中

---

① 罗平汉：《中国共产党农村调查史》，福建人民出版社2009年版，第16页。

四、向毛泽东学调查研究

和中央革命根据地印成小册子分发，后因敌人多次"围剿"而失传了。直到1957年2月，福建省上杭县茶山公社官山大队农民赖茂基把自己珍藏多年的一本《调查工作》献了出来，才使得这篇重要历史文献失而复得。毛泽东得知后更是喜出望外。1964年6月，《调查工作》收入《毛泽东著作选读》一书时，改名为《反对本本主义》。这篇4000多字的文章是毛泽东多年从事调查研究的理论总结。

文章一开头，就提出一个重要的命题："没有调查，没有发言权。"文章说："你对于某个问题没有调查，就停止你对于某个问题的发言权。这不太野蛮了吗？一点也不野蛮。你对那个问题的现实情况和历史情况既然没有调查，不知底里，对于那个问题的发言便一定是瞎说一顿。瞎说一顿之不能解决问题是大家明了的，那末，停止你的发言权有什么不公道呢？许多的同志都成天地闭着眼睛在那里瞎说，这是共产党员的耻辱，岂有共产党员而可以闭着眼睛瞎说一顿的吗？"

毛泽东对那些不注意调查研究就瞎做结论的做法给予多次批评。他说，"瞎子摸鱼"，闭起眼睛瞎说一顿，这种作风，是应该废弃的了。"没有调查就没有发言权"，或者说，"研究时事问题须先详细占有材料"，这是科学方法论的起码一点，并不是什么"狭隘经验论"。他批评说，有许多人，"下车伊始"，就哇喇哇喇地发议论、提意见，这也批评，那也指责，其实这种人十个有十个要失败。因为，这种议论或批评，没有经过周密调查，不过是无知妄说。1941年10月30日，毛泽东在西北局高级干部会议上作报告时还说，许多人未经调查研究、未经分析，个把星期，就发一道命令、决议，经常有指示，指示信长得连篇累牍，夸夸其谈，结果都是一纸空文。

毛泽东认为，一切实际工作者必须向下作调查。对于只懂得理论不懂得实际情况的人，这种调查工作尤有必要，否则他们就不能将理论和实际相联系。我们的调查工作要面向下层，而不是幻想。同时，我们又相信事物是运动的，变化着的，进步着的。因此，我们的调查，也是长期的。今天需要我们调查，将来我们的儿子、孙子，也要作调查，然后才能不断地认识新的事物，获得新的知识。不调查研究的危害很大。毛泽东认为，不调查研究就不得了，就要亡国亡党亡头。中国搞了 20 年，当然有成绩，但对敌人从来缺乏调查研究分析。这种不调查、不分析、不研究，不知道敌人和自己，就叫作粗枝大叶，这是一种危险。从如何做好领导的角度，毛泽东指出，我们现在很多同志，还保存着一种粗枝大叶、不求甚解的作风，甚至全然不了解下情，却在那里担负领导工作，这是异常危险的现象。对于中国各个社会阶级的实际情况，没有具体的了解，真正好的领导是不会有的。

正确的策略只能从实践经验中产生，只能来源于调查研究。一句话，系统的周密的社会调查是决定政策的基础。天天忙于决定这个、决定那个，很少调查研究实际情况，这种工作方法必须改变。早在 1929 年 12 月，毛泽东就指出，要"使党员注意社会经济的调查和研究，由此来决定斗争的策略和工作的方法，使同志们知道离开了实际情况的调查，就要坠入空想和盲目的深坑"。在 1931 年 1 月兴国调查结束之后，毛泽东在撰写兴国调查前言时说："实际政策的决定，一定要根据具体情况，坐在房子里面想象的东西，和看到的粗枝大叶的书面报告上写着的东西，决不是具体的情况。倘若根据'想当然'或不合实际的报告来决定政策，那是危险的。"[①]

[①]《毛泽东文集》第 1 卷，人民出版社 1993 年版，第 254 页。

四、向毛泽东学调查研究

延安整风期间，毛泽东在向广大干部作的关于改造我们的学习报告中，提出"要引导同志们的眼光向着这种实际事物的调查和研究。就要使同志们懂得，共产党领导机关的基本任务，就在于了解情况和掌握政策两件大事，前一件事就是所谓认识世界，后一件事就是所谓改造世界。就要使同志们懂得，没有调查就没有发言权，夸夸其谈地乱说一顿和一二三四的现象罗列，都是无用的"。

毛泽东在20世纪60年代还曾形象地说，水是浑的，有没有鱼不知道。要大兴调查研究之风，要把浮夸、官僚主义、不摸底这些东西彻底克服掉。过去几年不大讲调查研究了，是损失。不根据调查研究来制定方针、政策是不可靠的，很危险，心中也无数，数字也许知道，实际情况并不知道。他还指出，现在我们中央搞的文件，如果没有具体措施也是不可能实现的。要有正确的措施，就要做调查研究工作。正确的策略只能从实践经验中产生，只能来源于调查研究。毛泽东还要求，各级党委，不许不做调查研究工作。绝对禁止党委少数人不作调查，不同群众商量，关在房子里，制定出害死人的主观主义的所谓政策。

毛泽东不仅重视调查研究，还把调查研究作为转变党的作风的基础一环，强调必须有系统地改善各级领导机关的工作方法，使领导工作人员有足够的实践深入群众，善于运用典型调查的方法，研究群众的情况、经验和意见，而不是像现在这样，把绝大部分时间用在坐办公室、处理文件、在领导机关内部开会上面。应该缩小领导机关，减少领导机关的层次，尽可能地把多余的工作人员腾出来派到下面去，使留在领导机关的工作人员必须亲自处理实际工作，防止领导机关官僚化。

1962年1月，在扩大的中央工作会议上，毛泽东指出："调查研究，我们从前做得比较好，可是进城以后，不认真做了。1961年我们又重新提倡，现在情况已经有所改变。但是，在领导干部中间，特别是在高级领导干部中间，有一些地方、部门和企业，至今还没有形成风气。有一些省委书记，到现在还没有下去蹲过点，如果省委书记不去，怎么能叫地委书记、县委书记下去蹲点呢。这个现象不好，必须改变过来。"可见，毛泽东强调搞调查研究，领导必须带头。现在又何尝不是呢？

调查就要解决问题

毛泽东一直强调，调查不只是认识世界，而且要改造世界，调查的目的是解决问题。如他所说，调查就像"十月怀胎"，解决问题就像"一朝分娩"。调查就是解决问题。毛泽东还说："我的经验历来如此，凡是忧愁没有办法的时候，就去调查研究，一经调查研究，办法就出来了，问题就解决了。打仗也是这样，凡是没有办法的时候，就去调查研究。在第二次反'围剿'的时候，兵少觉得很不好办，开头不了解情况，每天忧愁。我跟彭德怀两个人到白云山上跑了一天，察看地形，看了很多地方。我对彭德怀说，红一军团的四军、三军打正面，打两路，你的三军团全部打包抄，敌人一定会垮下去。如果不去看呢？就每天忧愁，就不知道如何打法。"[①]

毛泽东在革命年代通过搞调查研究，摸清了中国的阶级状况，

[①] 《毛泽东文集》第8卷，人民出版社1999年版，第261页。

四、向毛泽东学调查研究

提出了革命的对象；摸准了中国农村情况，提出了土地政策，探索出一条农村包围城市的革命道路。大革命失败后，毛泽东选择了上井冈山打游击。一到井冈山，毛泽东就进行了详细调查，写下了宁冈调查和永新调查两篇调查报告，可惜后来在行军时忘记带走，散失掉了。即使如此，通过调查，毛泽东发现，湘赣边界地区的土地占有情况极不合理，要发动农民起来革命，就必须解决土地问题。1928年三四月间，毛泽东带领工农革命军在桂东县等地发动群众，插牌分田。这年夏天，朱德率部来到井冈山与毛泽东会合，井冈山根据地发展到了全盛时期，边界各县搞起了分田运动。在这个基础上，毛泽东起草了《井冈山土地法》，规定没收一切土地归苏维埃所有，将土地分配给农民个别耕种或共同耕种。其缺陷是没收一切土地而不是只没收地主的土地，容易侵犯中农利益；土地归政府所有而不是归农民所有，农民只有使用权。但尽管如此，贫苦农民因为分得了土地，革命和生产积极性都大大提高，从各方面支持根据地发展。

农民把土地看作命根子，要把农民拉到共产党这边来，必须解决土地问题。1929年初，毛泽东率领红四军离开井冈山，前往赣南、闽西开辟新的革命根据地。4月，毛泽东率红四军第三纵队进驻兴国县城。他在这里抓住机会做了详细周密的兴国调查，调查了兴国的政治、经济情况，翻阅县志并向群众了解兴国的历史及现状。在调研基础上，毛泽东主持制定了《兴国土地法》。与《井冈山土地法》相比，《兴国土地法》把"没收一切土地"改为"没收公共土地及地主阶级的土地"，这虽然只有几个字的变化，但这样就集中打击了地主，得到了农民的拥护。毛泽东在上杭指导工作时，不辞辛劳，深入群众，做了大量调查研究。其间，他还曾建议中共闽西第一次代表大会推迟开一周，把情况摸清楚了再开。他积极展开调研，那次大会通过的土地问题决议案，规定对大小地主都要区别对待，对地主也酌量分给他们土地；对富农手里的地就没收自食以外的多余部分，不过分打击；对中农不让其有任何损失。这显然在土地政策上又前进了一步。

1930年5月，红四军攻克寻乌县城，并在县城停留了一个月时间。毛泽东充分利用这段宝贵时间，在古柏的帮助下，接连开了十多天的座谈会，进行社会调查。这是他以前还没有过的大规模的社会调查。寻乌县地理位置特殊，处在福建、广东、江西三省交界之处，明了这个县的情况，就会大致了解周围几个县的情况。毛泽东这次调查目的十分明确，就是为了解决中国的富农问题和小城市的商业问题。参加调查会的有一部分中级干部，一部分下级干部，一个穷秀才，一个破了产的商会会长，一个在知县衙门管钱粮的已经失业的小官吏，共11人。十多天的辛勤工作后，毛泽东写成了一篇共5章、39节，长达8万多字的《寻乌调查》。这个调查涉及寻乌的地理位置、历史沿革、政治区划、自然风貌、水陆交通、土特产品、商业往来、商品种类、货物流向、税收制度、人口成分、土地关系、阶级状况、剥削方式、土地斗争等，内容丰富全面。

这次调查，对于中共形成正确的土地革命路线，起到了重要作用。毛泽东后来曾回忆说："到井冈山之后，我作了寻乌调查，才弄清了富农与地主的问题，提出解决富农问题的办法，不仅要抽多补少，还要抽肥补瘦，这样才能使富农、中农、贫农、雇农都过活下去。假若对地主一点土地也不分，叫他们去喝西北风，对富农也只给一些坏田，使他们半饥半饱，逼得富农造反，贫农、雇农一定陷于孤立。当时有

四、向毛泽东学调查研究

人骂我是富农路线，我看在当时只有我这办法是正确的。"①

此后，毛泽东还写出了《调查工作》一文，强调调查研究的目的是明晰中国阶级状况，提出中国革命斗争的胜利要靠中国同志了解中国情况。1930年6月，红四军前委和闽西特委在福建省长汀县南阳召开联席会议，会议通过了毛泽东审改后的《富农问题》，对土地分配除原有的"抽多补少"原则外，还应实行"抽肥补瘦"，使得土地革命政策得到进一步完善。1930年10月，红军中来了不少兴国县前来参军的农民。毛泽东趁机找了八位农民，开了一星期的调查会。这次调查会比较深入，作了八个家庭的调查，调查了各阶级在土地斗争中的表现。这次调查让毛泽东感叹：实际政策的决定，一定要根据具体情况，坐在房子里想象的东西，和看到的粗枝大叶的书面报告上写的东西，决不是具体的情况。倘若根据"想当然"或不合实际的报告来决定政策，那是危险的。过去红色区域弄出了许多错误，都是党的指导与实际情况不符合的缘故。所以详细的科学的实际调查，乃非常之必需。

土地革命战争时期，毛泽东是党内领导干部中调查活动进行得最多、形成的成果最显著的。这些调研，使毛泽东对中国农村的现状、农村的各阶级阶层情况、农村各阶级的经济地位和政治态度、党的土地政策的贯彻落实及面临的问题，有了透彻了解，为他形成与发展农村包围城市、武装夺取政权的理论，提供了丰富的实践素材。后来，党内逐渐形成了调查研究的好传统。

新中国成立后，毛泽东也号召党的干部要经常进行调查研究。为

---

① 《毛泽东农村调查文集》，人民出版社1982年版，第22页。

了更好地推进社会主义建设，1956年4月毛泽东发表了《论十大关系》，这篇著名文章是他用2个多月的时间听取国务院35个部委汇报后形成的。1956年1月，毛泽东从外地回京后听说刘少奇正在召开座谈会听取各部门汇报工作，表现出极大兴趣。他对薄一波说："这很好，我也想听听。你能不能替我也组织一些部门汇报？"在薄一波等人的组织安排下，从2月14日起，毛泽东开始了他在新中国成立后规模最大、时间最长的对经济工作的系统调查。毛泽东按照重工业、轻工业、交通邮电、农林水利、财贸金融这个顺序进行。到4月11日，毛泽东先后听取了34个经济部门的工作汇报，整整用了37天。随后，他又连续6天参观机械工业展览。从4月18日起，毛泽东又用6天时间，听取国家计委关于第二个五年计划的汇报。这次调查研究，用了一个半月时间。在34个部委汇报开始不久，毛泽东还接受建议，通知工交部门200个至300个重要工厂、建设工地分别向中央写一书面汇报。在这些调研基础上，毛泽东发表了经典讲话——《论十大关系》。

"大跃进"期间，毛泽东1958年8月上旬对河北、河南、山东三省农村进行了调查，还提出"人民公社这个名字好"。但这次调研，毛泽东并未对农村"大跃进"的情况有更多全面深入的了解，因此才有了后来的大办人民公社，使得社会主义建设走了弯路。

发现问题后，为了避免犯类似错误，在1961年1月中旬召开的中共八届九中全会上，毛泽东谈到了调查研究问题，说这几年我们吃了不调查研究的亏，重申1961年要成为"实事求是年""调查研究年"。在此前的中央工作会议上，毛泽东说："这些年来，我们的同志调查研究工作不做了。要是不做调查研究工作，只凭想象和估计办事，我们的工作就没有基础。所以，请同志们回去后大兴调查研究之风，一切从实际出发，没有把握就不要下决心。"他还说："建国以来，特别是最近几年，我们对实际情况不大摸底了，大概是官做大了。我这个人就是官做大了，我从前在江西那样的调查研究，现在就做得很少了。今年要做一点，这个会开完，我想去一个地方，做点调查研究。"①

会后，毛泽东致信田家英，要他和陈伯达、胡乔木各带一个调查组，分别去浙江、湖南、广东三省农村，以10天到15天的时间，各调查一个最好的队和最差的队，然后直接向他汇报。随后，毛泽东也离京南下，亲自调查研究。这次调查研究，以及其他中央领导人的调研，使得中央对于人民公社的问题有了较深入的了解，由此中央把基本核算单位从大队定为生产队，较好地处理了生产大队内部的平均主义问题，制定出"农业六十条"。

没有正确的调查，同样没有发言权

毛泽东特别注重调查的效果，所以他专门研究了调查研究的方法，并且提出"没有正确的调查同样没有发言权"的著名论断。如何做到这一点呢？

要亲自出马。毛泽东认为领导干部亲自出马做系统调查是具有发言权的基础。他在1930年写就的《反对本本主义》中说，凡担负指导工作的人，从乡政府主席到全国中央政府主席，从大队长到总司令，从支部书记到总书记，一定都要亲自从事社会经济的实际调查，不能

---

① 《毛泽东文集》第8卷，人民出版社1999年版，第237页。

单靠书面报告，因为二者是两回事。1958年1月，他在起草《工作方法六十条（草案）》时，还说：中央和省、直属市、自治区两级党委的委员，除了生病的和年老的以外，一年一定要有四个月的时间轮流离开办公室，到下面去作调查研究，开会，到处跑。应当采取走马看花、下马看花两种方法。哪怕到一个地方谈三四个小时就走也好。要和工人、农民接触，要增加感性知识。中央的有些会议可以到北京以外的地方去开，省委的有些会议可以到省会以外的地方去开。① 后来，中央作出关于调查研究的规定，领导干部每年要有四个月离开北京外出，下去调查。毛泽东在1958年举行的最高国务会议第十四次会议前写的讲话提纲中指出："我这个脑筋不产生任何东西，没有原料。蹲在北京使人闷得慌，官气太厉害，一跑出去就觉得有点东西。原料都是从工人、农民中间来的，我们可以加工，我们是个制造工厂。"毛泽东在1961年号召大兴调查研究之风，强调领导带头，说："省委第一书记要亲自做调查研究，我也是第一书记，我只抓第一书记。其他的书记也要做调查研究，由你们负责去抓。只要省、地、县、社四级党委的第一书记都做调查研究，事情就好办了。"②

要做系统的由历史到现状的调查研究。在兴国调查中，毛泽东不但对农民的家庭生活情况作了详细的了解，而且对旧有的土地关系、土地革命中各阶级的表现、土地的分配情况等也做了细致的调查。通过调查，毛泽东发现，在永丰区，地主富农人数不过6%，占有的土地却高达80%。其中富农占有土地30%，而公堂土地又有许多掌握在富农手中。如果不分富农的土地，多数人土地不足的问题就无法解决。

---

① 《毛泽东文集》第7卷，人民出版社1999年版，第354页。
② 《毛泽东文集》第8卷，人民出版社1999年版，第252页。

四、向毛泽东学调查研究

在土地革命前的农村，广大贫苦农民不仅占有的土地很少，而且还要受到各种形式的剥削，包括地租剥削、高利剥削、捐税剥削等。毛泽东还发现，地主多数反对革命，富农阶层则比较复杂，中农由于革命就有"话事权"，所以参加革命很勇敢，贫雇农是参加革命的主干和基础。毛泽东这次调查中还发现区乡政府工作人员中存在不少弊端：一是官僚主义，摆架子，不喜欢接近群众；二是没收了反对派的东西，不发给贫民，而是拿去卖钱；三是调女子到政府办事，还调那些长得好看，又会说话的女子。毛泽东的调查非常系统，非常深入。

调查研究要有正确的态度和方法。态度方面，毛泽东说没有满腔的热忱，没有眼睛向下的决心，没有求知的渴望，没有甘当小学生的精神，调查研究是一定做不好的；要真正联系群众，和群众做朋友。

关于调查研究的方法和技术，毛泽东从自己调研经历中总结了不少，在《反对本本主义》等文章中列举了不少。一是要开调查会，作讨论式的调查。只有这样才能近于正确，才能得出结论。那种不开调查会，不作讨论式的调查，只凭一个人讲他的经验的方法，是容易犯错误的。那种只随便问一下子，不提出中心问题在会议席上经过辩论的方法，是不能做出近于正确的结论的。"开调查会，是最简单易行又最忠实可靠的方法。"那调查会要请哪些人参加呢？毛泽东说要让那些深切明了社会经济情况的人参加。老年人，经验丰富，不但懂得现状，而且明白因果。年轻人，有进步的思想，有锐利的观察。从职业来看，工人、农民、商人、知识分子也要。有时候兵士、流氓也要。自然，调查某个问题时，和那个问题无关的人不必在场。到底多少人参加调查会合适呢？毛泽东说善于指挥的调查人，可以十几个人或二十几个人参加调查会。究竟人多人少，要依调查人的情况决定，但是至少需要三人，不然会囿于见闻，不符合真实情况。

二是确定调查纲目和自己作记录。纲目要事先准备，调查人按照纲目发问，不明了的，有异议的，提起辩论。所谓"调查纲目"，要有大纲，还要有细目。毛泽东特别注重作记录，说调查不但要自己当主席，适当地指挥调查会的到会人，而且要自己作记录，把调查的结果记下来，假手于人是不行的。

三是要找调查的典型。调查的典型可以分为三种：先进的、中间的、落后的。如果能依据这种分类，每类调查两三个，即可知一般的情形了。研究好的和坏的典型例子所用的时间，有时是几个星期，有时是几个月，有时甚至是几年。虽然用的时间比较多，但这种方法却使我们能同现实情况始终保持密切联系，能了解人民的愿望和需要，能向党内外工作出色的人学习。

毛泽东主张搞调查研究要用两种方法，一种是走马看花，一种是下马看花。走马看花，不深入，因为有那么多的花嘛。还必须用第二种方法，就是下马看花，过细看花，分析一朵"花"，解剖一个"麻雀"。毛泽东还说："麻雀虽然很多，不需要分析每个麻雀，解剖一两个就够了。""这就叫做'解剖学'。"实际上，毛泽东眼里的解剖麻雀是从个别问题深入调查研究。在这些方法里面，都离不开三个步骤，即观察、分析、综合。

就调查研究经验来看，毛泽东强调调查研究工作要有耐心地、有步骤地去做，不要性急。他说他自己认识农村，就是经过好几年功夫的。他说，自己做了四个月的农民运动，得知了各阶级的一些情况，可是这种了解是异常肤浅的，一点不深刻。后来，他调查了长沙、湘潭、湘乡、衡山、醴陵五县，才认识到农民运动并不是有些人所说的

四、向毛泽东学调查研究

那样"过火",而是必然的。

调查时如何让别人跟你说真话呢?毛泽东说,各人特点不同,因此,要采取的方法也各不相同。但是主要的一点是要和群众做朋友,而不是去做侦探,使人家讨厌。群众不讲真话,是因为他们不知道你的来意究竟是否于他们有利。要在谈话过程中和做朋友的过程中,给他们一些时间摸索你的心,逐渐地让他们能够了解你的真意,把你当作好朋友看,然后才能调查出真情况来。群众不讲真话,不怪群众,只怪自己。① 毛泽东曾回忆说:"我在兴国调查中,请了几个农民来谈话。开始时,他们很疑惧,不知我究竟要把他们怎么样。所以,第一天只是谈点家常事,他们脸上没有一点笑容,也不多讲。后来,请他们吃了饭,晚上又给他们宽大温暖的被子睡觉,这样使他们开始了解我的真意,慢慢有点笑容,说得也较多。到后来,我们简直毫无拘束,大家热烈地讨论,无话不谈,亲切得像自家人一样。"②

在毛泽东眼里调查研究还要经常搞。他说,在民主革命阶段,要进行调查研究,在社会主义革命和社会主义建设阶段,还是要进行调查研究,一万年后还是要进行调查研究。

---

① 《毛泽东农村调查文集》,人民出版社 1982 年版,第 26—27 页。
② 《毛泽东文集》第 2 卷,人民出版社 1993 年版,第 384 页。

五
向毛泽东学读书学习

很多人不知道毛泽东早年有个外号，叫作毛奇。关于这个外号的来历，有两种说法：一说是因为他崇拜当时的德国元帅毛奇；一说是因为他常对人说要为天下奇，就是说要读奇书、交奇友、创奇事、做奇男子。回顾毛泽东波澜壮阔的人生，真可谓奇杰。当别人出国留学，他偏要留下来研究国情；当别人把马列作圣经亦步亦趋，他却能联系中国实际提出创见……就读书来看，古今中外的革命家、军事家、政治家中，像毛泽东这样酷爱读书、广收博览，读有所得、得而能用于治党治国治军的奇人，实属罕见。

手不释卷，酷爱读书

毛泽东酷爱读书，他曾说过："我一生最大的爱好是读书。""饭可以一日不吃，觉可以一日不睡，书不可以一日不读。"无论是在风华正茂的学生时代，在艰苦奋斗的战争岁月里，还是在日理万机的社会主义革命和建设时期，毛泽东总是找时间、挤时间读书。

幼年时的毛泽东，聪慧过人。八岁前，他一直在外婆家寄居。外

五、向毛泽东学读书学习

婆家是一个四世同堂的大家庭,家中曾开馆授徒,童年毛泽东常去"旁听"。他背书写字,好学懂事,深得外婆家大人们的喜爱。八岁后,毛泽东被接回韶山冲读书。1936年,他在陕西接见美国记者斯诺时回忆说:"我八岁那年开始在本地一个小学堂读书,一直读到十三岁。早晚我到地里干活。白天我读孔夫子的《论语》和'四书'。"小学发蒙渐渐激起了毛泽东读书的兴趣。他的父亲毛顺生为了家庭发展,也支持他读书,特别是读一些像经书那样有用的东西,可以帮着干活,甚至打官司也能用。随着年龄的增长,毛泽东对乡村私塾的教学方式和内容渐渐失去兴趣,开始把眼光投向更广阔的空间,自己找书读。

1906年时,毛泽东已经13岁,他停学三年在家里帮助父亲料理农活。然而繁重的体力劳动没有磨灭少年毛泽东的读书志向。为避免父亲干扰,每当夜深人静的时候,毛泽东就悄悄从床上爬起来,关闭窗户,点上油灯,偷偷阅读他设法找来的一切书籍,常常读到深夜,甚至黎明。《盛世危言》《曾文正公家书》《曾文正公日记》等书就是在这个阶段读的。正是因为读了《盛世危言》,才激起毛泽东恢复学业的愿望。他甚至不顾父亲的反对,离家出走。

1912年下半年,到湖南省立第一中学读书的毛泽东仅仅学了一个学期就主动退了学,主要原因是他不喜欢学校里的一些私办课程与对学生约束甚严的校规。他认为,在学校读书还不如自己看书。于是,他就搬到新安巷湘乡试馆,订了一个自修计划,每天到省立图书馆看书。毛泽东认真执行自己的读书计划,"每天早晨图书馆一开门我就进去。中午仅仅休息片刻,买两块米糕吃。这就是我每天的午餐。我每天在图书馆里一直阅读到闭馆的时候"。毛泽东自认那时"读了很多书,学习了世界地理和世界历史"。

到北京大学图书馆做图书管理员期间，毛泽东更是像找到了宝藏，如饥似渴地读书，还结识了很多名人。这个阶段，他开始接触马列和哲学了。毛泽东在《自传》里还写道，"我第二次到北平时，我读了许多关于苏联的事情，同时热烈地寻找当时中国所能见到的一点共产主义书籍。三本书特别深印在我的脑子里，并且建立了我对于马克思主义的信仰，我一旦接受它是历史的正确解释后，此后丝毫没有动摇过"。此后他走上了职业革命家的道路。

参加革命以后，爱书如命的毛泽东在战争环境下常常无书可读，因此只要有机会他就会找书来读。毛泽东对抗大三期二大队讲话时（1938年5月3日）曾回忆井冈山时期读书的情景：从前我在井冈山时，想到土豪家里去看看有没有《三国演义》之类的书。有一位农民说："没有了！没有了！昨天共了产。"此后，毛泽东立下了一个规定，以后凡是打下一个地方，要组织人把图书馆看起来，要寻找报刊。

大革命时期和土地革命时期，毛泽东作为实践家，经常感到精神饥渴。特别是大革命失败以后，毛泽东主要在偏远的农村带兵打仗，开辟革命根据地，经常因为找不到书读而苦闷。他给当时上海的党中央写信说，"我知识饥荒到十分"，让上海的同志无论如何要给他搞一些书，还开了一批书单。"我们望得到书报如饥如渴，务请勿以小事弃置"。1932年，毛泽东带领红军打下福建漳州时弄到一批书，其中有列宁的《两种策略》和《共产主义运动中的"左派"幼稚病》。他读完《两种策略》之后还推荐给彭德怀看，写信说此书要是在大革命期间读到，就不会犯错误。

毛泽东还爱看通俗类的宣传马列的书。1936年10月22日，毛泽东给叶剑英发电报，让他购置一批书给干部阅读，"要买一批通俗的社会科学自然科学及哲学书","要经过选择真正是通俗的而又有价值的（例如艾思奇的《大众哲学》，柳湜的《街头讲话》之类)"。长征结束后，尤其是延安时期，毛泽东读书有了相对稳定的环境，他以超乎寻常的热情和精力来读书，并提倡党内外同志读书。这时，他也开始写起了日记，他的日记实际上是读书日记，记录他哪天读了哪本书，读了多少页。从毛泽东的日记看，1938年二三月间，他读过李达撰写的《社会学大纲》，这本书长达850多页。克劳塞维茨的《战争论》也读过了。梁漱溟访问延安时，毛泽东读了他写的《乡村运动论》，还花了好几个晚上同梁漱溟讨论。这个阶段，毛泽东通过各种渠道，尽一切可能，从国民党统治区购买各类书报。他的书逐渐多了起来，并由专人替他管理。他的书籍开始放在离住处不远的一排平房里，后因为日机轰炸，搬到一个很深的窑洞里，保护起来。

毛泽东十分爱惜自己的书。有一次，他的一些书被别人搞丢了，他非常生气，这件事他一直没有忘记。1947年从延安撤退时，别的东西丢下了很多，但是他的书，除一部分在当地埋藏起来以外，大部分，特别是他写了批注的那一些，经过千辛万苦，辗转千里，最后搬到了北京。

新中国成立后，条件逐渐好转，毛泽东读书的劲头更大了。即使出国访问、去外地开会或视察工作，也是千方百计挤时间读书。外出前，他常常自己挑选要带的书，有时实在忙得没时间，就告诉工作人员或亲自开个书单，一带就是几箱子。1949年出访苏联前夕，他亲手挑选了几本马列著作、唐诗宋词、名人字画、中国和世界地图、鲁迅的著作以及有关苏联政治、经济的书籍。在前往莫斯科的途中，除了批阅文件、和有关同志谈沿途风情外，其余的时间都用来读书。

毛泽东一生与书为伴，以此为乐。革命年代和建设年代都是如此。直到20世纪70年代，躺在病床上，甚至在生命进入抢救状态的时候，他仍然以惊人的毅力坚持读书学习。毛泽东晚年患有白内障，1975年7月手术后眼睛一时不能看书，他就让工作人员为他读书。一周后，摘掉了蒙眼的纱布，一只眼睛能看清楚东西了，他就借助刚治好的那只眼睛不停读书。医生劝他不要看太多，不要使眼睛太疲劳，可是他还是读个不停。在有的书的封面上，他还用铅笔写下了"1975.8 再阅"字样。1976年9月初，毛泽东身体已经很不好了。病危期间，他仍坚持看文件、读书。根据医疗组的记录，9月8日这一天，毛泽东看文件、看书十一次，共2小时50分钟。他是在抢救的情况下读书的，上下肢插着静脉输液导管，胸部安有心电监护导线，鼻子里插着鼻饲管，文件和书是别人用手托着。毛泽东这种酷爱读书、生命不息、读书学习不止的精神真是值得我们学习！

兴趣广泛，广收博览

毛泽东住在中南海颐年堂里面的一个院子，叫作菊香书屋。他逝世后，保存在菊香书屋里的书多达9万余册。不能说所有的藏书毛泽东都读过，但这些书是他多年积累起来的，有4000多册书留下了他的批注和圈画。读书不可谓不博。有研究者认为，毛泽东的阅读范围，可以概括为马克思主义、哲学、自然科学、社会政治、经济、军事、历史、文学、书法、报纸杂志、丛书工具等十一类。

共产党以马克思主义作为自己的指导思想，读马列的书那是必需的。在相当长时间内，我们党这方面的理论准备不足，读马列是打好书底子的迫切要求。为了系统总结中国革命经验，指导中国革命和建设，反驳"山沟沟里出不了马克思主义"的错误论调，也为了从理论上清理"左"和右的错误，毛泽东曾集中精力、发愤攻读马列主义的书，包括马恩列斯的原著和阐述马克思主义的哲学、经济学方面的作品。延安时期，毛泽东阅读了大量相关书籍，其中圈画并作了批注的马列著作，主要有《资本论》《社会主义从空想到科学的发展》《列宁选集》等。对于经典名篇《共产党宣言》，毛泽东说他读了至少一百遍，可见下功夫之深。解放战争时期，《国家与革命》《共产主义运动中的"左派"幼稚病》等书成为毛泽东案头上的必备书。1948年4月，毛泽东在《共产主义运动中的"左派"幼稚病》一书的封面上做了个批语："请同志们看此书的第二章，使同志们懂得必须消灭现在我们工作的某些严重的无纪律状态或无政府状态。"中央宣传部在6月1日发出毛泽东这一指示，要求全党学习。全国解放后，毛泽东又多次读《政治经济学批判》《资本论》《政治经济学教科书》等书，并下功夫研究了斯大林的《苏联社会主义经济问题》，仅批注过的就有四个本子。在读书的过程中，他还提出了要懂得社会主义商品生产重要性的新观点，这一观点与斯大林的观点并不相同，表明毛泽东读书思考的深度。

毛泽东不仅精读马列，还十分爱读中国文史类书籍。正如在毛泽东身边工作过的逄先知所说，"中国古书，从经史子集到稗官小说，毛泽东几乎无所不读"。毛泽东对中国史书读得最多，4000万字左右的《二十四史》就通读过，有些部分还读了不止一遍。《资治通鉴》《续资治通鉴》等书也通读了。《红楼梦》是中国四大名著之一，毛泽东就很喜欢读、反复读，也劝人反复读。他多次谈过应该怎样读《红楼梦》。1964年8月18日,毛泽东在北戴河说,《红楼梦》他至少读了五遍,他是把它当历史来读的,开始当故事读,后来当历史读。他读到了很深的层次。实际上,毛泽东早就对《红楼梦》十分关注,1938年他在延安鲁迅艺术学院的一次演讲中就指出,《红楼梦》这部书,现在许多人鄙视它,不愿意提到它,其实《红楼梦》是一部很好的小说,特别是它有极丰富的社会史料。① 1961年,在他同刘少奇的一次谈话中,刘少奇说《红楼梦》讲到很细致的封建社会情况。毛泽东也说,《红楼梦》"写的是很细致的、很精细的社会历史"。1965年,毛泽东对他身边的人说:"你要不读一点《红楼梦》,你怎么知道什么叫封建社会?"毛泽东还多次读了《西游记》,《西游记》里有则故事说,在印度取来的经让黑鱼精给吞进肚子里去了,每敲一下它就吐出一个字。毛泽东在1962年曾说"不要和黑鱼精一样采取这种态度",实际上是指党的领导人不该吞吞吐吐地说话。可见,毛泽东读书是带着问题和对社会的观照读书的。

对鲁迅的书,毛泽东也非常爱读。一部1938年在上海出版的20卷本的《鲁迅全集》,辗转多路,毛泽东得到了一套。对这套全集,他非常珍爱。他转移、行军到哪里,就把它带到哪里。在战争年代,毛泽东的不少书籍和用品都丢了,可是这套全集却一直陪伴着他。1976年9月,毛泽东逝世前夕,他卧室的床上还摆着一套大字本的《鲁迅全集》。

毛泽东是个大诗人,对中国古代诗词也是百读不厌,经常诵念。他之所以能填出一首脍炙人口、人们争相传诵的《沁园春·雪》,和

---

① 《毛泽东文集》第2卷,人民出版社1993年版,第123—124页。

他潜心阅读大量中国古代史书、古典小说、诗词曲赋等各种形式的作品有很大关系。

　　毛泽东不仅爱读文史类的书，还注重读自然科学的书。延安时期，毛泽东搜集的藏书里有不少自然科学书籍，如商务印书馆出版的汤姆生的《科学大纲》、辛垦书店出的《科学到何处去》等。1941 年 1 月 31 日，毛泽东写给在苏联上学的两个儿子毛岸英、毛岸青的信中，就劝他们多读些自然科学的书。信中说："惟有一事向你们建议，趁着年纪尚轻，多向自然科学学习，少谈些政治。政治是要谈的，但目前以潜心多习自然科学为宜，社会科学辅之。将来可倒置过来，以社会科学为主，自然科学为辅。总之注意科学，只有科学是真学问，将来用处无穷。"[①] 新中国成立后，毛泽东还号召大家读科技类的书。在党的八大二次会议上，毛泽东提出："中央委员会中应该有许多工程师，许多科学家。现在的中央委员会，我看还是一个政治中央委员会，还不是一个科学中央委员会。所以，有人怀疑我们党能领导科学工作、能领导卫生工作，也是有一部分道理的，因为你就是不晓得，你就是不懂。现在我们这个中央的确有这个缺点，没有多少科学家，没有多少专家。"[②] 毛泽东常说，一个人的知识面要宽一些。1958 年 9 月，张治中陪同他一起外出视察工作。有一天，在行进的列车中，毛泽东正在聚精会神地看一本冶金工业的书。张治中诧异地问他："你也要钻研科技的书？"毛泽东说："是呀，人的知识面要宽些。"毛泽东经常告诫身边工作人员，要多读书。1957 年，他就给英文秘书林克写信说，"钻到看书看报看刊物中去，广收博览"。1973 年 7 月、1974 年 5

[①] 《毛泽东书信选集》，中央文献出版社 2003 年版，第 152 页。
[②] 《毛泽东文集》第 7 卷，人民出版社 1999 年版，第 102 页。

月，毛泽东分别会见杨振宁、李政道时，还请教他们物理学的一些知识，并谈了自己的看法。

据林克撰文回忆，学英语是毛泽东读书生活的一部分，毛泽东历来重视外国语言的学习。1958年1月，毛泽东还建议在自愿的原则下，中央和省市的负责同志学一种外国文，争取在五到十年的时间内达到中等程度。1959年庐山会议初期，他重申了这一建议。在20世纪70年代，他还提倡60岁以下的人要学习英语。20世纪五六十年代，是毛泽东学英语兴致最高的时候。他在国内巡视工作期间，无论在火车上还是轮船上，随时都挤时间学英语，有时哪怕仅有个把小时也要加以利用。1960年5月27日，毛泽东在上海会见蒙哥马利，两人谈得很融洽，休息时还读了会儿英语。在四届全国人大召开前就人事决策时，毛泽东还说，邓小平的politics比王洪文强。

读有所得，得而能用

"不解决问题，读书干什么？"毛泽东在与《反杜林论》的译者吴黎平交谈读书体会时如此说。毛泽东身体力行，强调不要读死书、死读书，而是要联系实际、有所体悟。毛泽东在郑州会议期间关于读书的建议信中指出，"要联系中国社会主义经济革命和经济建设"读书，"使自己获得一个清醒的头脑，以利指导我们伟大的经济工作"。毛泽东发奋读书、广收博览的同时，自己的思想也日渐系统，并运用到带兵打仗、治党治国治军中来。

毛泽东常说，读历史的人，不一定是守旧的人。他喜爱读历史书，但并未陷入其中，常常借古说今、古能今用。1954年冬，有一天毛泽东与吴晗谈起整理、标点《资治通鉴》时说："《资治通鉴》这部书写得好，尽管立场观点是封建统治阶级的，但叙事有法，历代兴衰治乱本末毕具，我们可以批判地读这部书，借以熟悉历史事件，从中吸取经验教训。"由此可见，毛泽东读古代典籍的一个重要目的是古为今用。

想古为今用和能古为今用还不是一回事。毛泽东能够把古籍中的东西娴熟运用于治国理政中来，就显出了读书的功底。大家熟悉的"实事求是""惩前毖后，治病救人""兼听则明，偏信则暗""凡事预则立，不预则废""多谋善断"等古语，因为被毛泽东发掘出来而广为人知。实事求是在毛泽东新解之后还成为我们党的思想路线的重要内容。1956年12月，在我国社会主义改造基本完成的时候，毛泽东在同民建中央和全国工商联负责人谈话时，借用韩愈的《送穷文》，表达了中国人民要求摆脱贫困落后的意志和愿望。他说："我们要写'送穷文'。中国要几十年才能将穷鬼送走。"毛泽东古为今用的例子不胜枚举，没有马克思主义观点，没有渊博的学识和丰富的革命实践经验，要做到对历史典故运用自如，难以想象。

读马列要精，要管用。毛泽东研读马列实际上也是这么做的。毛泽东读马列是带着疑问和问题读。1939年底，毛泽东在延安对一位进马列学院学习的同志说："马列主义的书要经常读，当然不必要一律都精读，而是遇到实际问题，就去请教马列主义，时常翻阅，从理论上进行分析。"他还说："遇到问题，我就翻阅马克思的《共产党宣言》，有时只阅读一两段，有时全篇都读，每阅读一次，我都有新的启发。我写《新民主主义论》时，《共产党宣言》就翻阅过多次。读马克思主义理论在于应用，要应用就要经常读，重点读，读些马列主义经典著作，还可以从中了解马克思主义发展过程，在各种理论观点的争论和批判中，加深对马克思主义普遍真理的认识。"[1]

毛泽东善于活学活用马列经典。《共产党宣言》里有句"共产党人认为隐蔽自己的观点与意图是可耻的事"，毛泽东就曾结合高饶事件指出："我们共产党人，更不待说是党的高级干部，在政治上都要光明磊落，应该随时公开说出自己的政治见解，对于每一个重大的政治问题表示自己或者赞成或者反对的态度，而绝不可以学高岗、饶漱石那样玩弄阴谋手段。"毛泽东经常借力列宁著作表达自己的观点。如毛泽东读完列宁的《共产主义运动中的"左派"幼稚病》一书，就借用该书强调党的铁的纪律的这个观点，常说："身为党员，铁的纪律就非执行不可，孙行者头上套的箍是金的，列宁论共产党的纪律说纪律是铁的，比孙行者的金箍还厉害，还硬，这是上了书的，《共产主义运动中的'左派'幼稚病》上就有。"随着经济建设的展开，毛泽东开始关注斯大林关于社会主义经济建设的书。他在 1958 年仔细研读《苏联社会主义经济问题》一书时，常常结合中国建设实际批注，"看来还得商品生产""我国的经济计划也没有完全反映客观的经济规律"等都是读书心得，体现了他对治国理政的探索和思考。

毛泽东爱读哲学书，《实践论》《矛盾论》就是在大量阅读哲学书籍，结合中国实际进行深入思考基础上的精神结晶。毛泽东在青年时期就爱读哲学类书籍。参加革命后更是积极寻找哲学书来读。苏联出版的《辩证法唯物论教程》被李达和他的学生翻译过来。1936 年 8 月，毛泽东在写给朋友的信中提到了这本书，还说："我读了李之译

---

[1] 陈晋：《毛泽东读书笔记解析》，广东人民出版社 1996 年版，第 242—243 页。

著，深表同情，有便乞为致意，能建立友谊通信联系更好。"毛泽东对这部书用力很大，下了苦功夫，在这本书上的批注文字多达1.2万余字。据郭化若回忆，西安事变后，他在毛泽东办公室内曾看到桌面上放着一本《辩证法唯物论教程》，翻开一看，开头和其他空白处都有墨笔小字和旁批，……这些旁批后来发展成为毛泽东的光辉著作《实践论》。

毛泽东读书下苦功夫，认真钻研哲学等著作，和他身处的环境有关。中国革命经历了"左"倾、右倾错误的血的教训，怎样才能从深层次上总结经验教训，找出错误的病根，肃清教条主义、本本主义的严重危害，成为中国共产党人面临的大问题。毛泽东在阅读苏联出版的《辩证唯物论和历史唯物论》时说，"哲学的研究不是为着满足好奇心，而是为改造世界。认识世界的规律性，找到正确的理论，为着有效的指导实践，改造世界"。毛泽东在批注这本书的2600多字里面，"实践是真理的标准""实践之观点是认识论第一的观点"等批注中的观点成为《实践论》的重要内容。后来，毛泽东在读哲学书籍时，还提到"一切大的政治错误没有不是离开辩证唯物论的"。这说明毛泽东试图从哲学的高度来总结中国革命的经验教训。历史表明，毛泽东这一总结的方式方法是科学而准确的。

毛泽东读小说也能读出心得，使其转化到工作中来。在他读鲁迅著作时，就爱用鲁迅的话来鼓励大家进行斗争、进行工作。毛泽东《在延安文艺座谈会上的讲话》中说："鲁迅的两句诗，'横眉冷对千夫指，俯首甘为孺子牛'，应该成为我们的座右铭。"并号召一切共产党员，一切革命家，一切革命的文艺工作者，"都应该学鲁迅的榜样，做无产阶级和人民大众的'牛'，鞠躬尽瘁，死而后已"。毛泽东还经常读鲁迅写的小说，特别是常常提到《阿Q正传》，并推荐多看这篇小说。他在讲话、谈话、报告中多次提到这一小说，并教育全党正确对待犯错误的干部，要准许别人革命，不要当假洋鬼子，不准阿Q革命。他还提倡写文件要像《阿Q正传》那样通俗化、口语化。

毛泽东之所以能够读有所得、得而能用、用而出彩，和他坚持独立思考有着密切的关系。他曾说："领导革命必须实事求是，独立思考；搞科学研究，也必须实事求是，独立思考。千万不能把自己的脑袋长在别人的脖子上。对老师不要迷信，青出于蓝，而胜于蓝。老师的成绩和优点，应该学习，应该继承发扬，老师的缺点和错误，要善意地批评指出。"

倡导读书，身体力行

毛泽东积极倡导活到老、学到老，且身体力行。1938年8月，毛泽东在中央党校的讲话中曾说道：你学到一百岁，人家替你做寿，你还是不可能说"我已经学完了"，因为你再活一天，就能再学一天。你死了，你还是没有学完，而由你的儿子、孙子、孙子的儿子、孙子的孙子再学下去。新中国成立后，他依然倡导大家学习。1957年10月，毛泽东在一次讲话中强调指出："我们要振作精神，下苦功学习。下苦功，三个字，一个叫下，一个叫苦，一个叫功，一定要振作精神，下苦功。我们现在许多同志不下苦功，有些同志把工作以外的剩余精力主要放在打纸牌、打麻将、跳舞这些方面，我看不好。应当把工作以外的剩余精力主要放在学习上，养成学习的习惯。"

毛泽东勤于读书、善于学习在全党全军是闻名的，行军间隙、出差路上、会议中间都会找书来读。井冈山时期，毛泽东带领一支队伍到五斗江。休息期间，他坐在一块大石头上，翻开手上的书就读了起来。由于天气多变，一会儿下起了毛毛细雨。战士们都戴上了斗笠，毛泽东依然在看书。直到有人给他戴斗笠时，他才感觉到并把书收了起来。

他读书的方法也值得学习，一是经典反复读。《红楼梦》他读了五遍，《共产党宣言》读了不下百遍。二是注重比较着读。1957年，他要求领导干部读书要对照着读，还说，要读蒋介石的书，了解里面反面的东西。我们有些共产党员、共产党的知识分子的缺点，恰恰是对于反面的东西知道得太少。读了几本马克思的书，就那么照着讲，比较单调，讲话，写文章，缺乏说服力。三是注重讨论式阅读。1959年，他专门组织读书小组到杭州研读苏联出版的《政治经济学教科书》，读了两个月。参加这个小组的人，后来根据毛泽东的讲话记录，整理出两大本《毛泽东读社会主义政治经济学批注和谈话》。单就读报来说，毛泽东也堪称党内值得学习的典范。他有时把读报看得比读书更重要、更紧迫。毛泽东有句名言是"一天不读报是缺点，三天不读报是错误"。据逄先知说，有几次因为没有把当天收到的报纸及时送阅，毛泽东就不高兴了，说："我是要看新闻，不是要看旧闻。"这一尖锐的批评一直印在逄先知的脑子里，鞭策着他的工作。

毛泽东不仅率先垂范，而且经常向大家推荐阅读书目，有时亲自开列书单，让大家阅读学习。毛泽东早在湖南读师范的时候，就曾开列77种经史子集给同学，认为是国学研究的必读书目。大革命时期，他曾担任国民党中央宣传部代部长，后来做农民运动，其间他认真编了两套书，即国民运动丛书和农民运动丛书，让参加革命和从事农民运动的人读。1937 年 5 月，李达将刚刚出版的《社会学大纲》寄给毛泽东一本，请他指正。毛泽东收到后，仔细阅读并给予好评。据郭沫若回忆，毛泽东在延安的一次小型会议上说："李达同志给我寄了一本《社会学大纲》，我已看了十遍。我写信请他再寄十本来，让你们也可以看看。"毛泽东还向延安抗日军政大学和哲学研究会推荐，说这是一本好书，在十年反动时期能有这样的一部书问世十分难得。

毛泽东不仅自己读马列的书，也建议别人读马列。延安整风结束后，他曾提议组织人力大量翻译马恩列斯著作。当时他说："我们党内要有相当多的干部，每人读一二十本、三四十本马恩列斯的书，我们有这样丰富的经验，有这样长的斗争历史，如果读通了这些马恩列斯的著作，我们党就武装起来了，我们党的水平就大大提高了。"后来，他还推荐过一些书目，让全党的干部阅读。

1945 年，毛泽东在党的七大上特别指出要读五本马列著作，即《共产党宣言》《社会主义从空想到科学的发展》《在民主革命中社会民主党的两个策略》《共产主义运动中的"左派"幼稚病》和《联共（布）党史简明教程》。① 1949 年，在毛泽东的建议下，党的七届二中全会决定干部要读包括《社会发展史》《政治经济学》《思想方法论》等在内的十二本马列主义著作。毛泽东在十二本书目录前面还特意加上"干部必读"四个大字。这十二本书成为一个阶段内广大党员干部学习的基本教材。

新中国成立后，为了适应大规模经济建设的需要，学习苏联经济建设经验，毛泽东号召大家来读联共党史。当有人建议读刚出版的

---

① 《毛泽东文集》第 3 卷，人民出版社 1996 年版，第 417 页。

《毛泽东选集》第 3 卷时，他说那都是过去历史上的东西，还是要学习社会主义经济建设问题。1958 年，毛泽东写信给中央、省市自治区、地、县四级党委委员，建议读两本书：《苏联社会主义经济问题》《马恩列斯论共产主义社会》，还要求联系中国实际来读，以便保持头脑清醒。1963 年 7 月 11 日，毛泽东又提出学习 30 本马列著作的意见，还在中南海召集中央部门管理论宣传教育工作的同志，就学习马列著作问题作出布置。他说要读几本、十几本、几十本马列的书。要有计划地进行，在几年内读完几十本马列的书。

毛泽东不仅向广大干部党员推荐，还向周围的同志尤其是党的高级干部推荐书读。早年间，他曾推荐书给彭德怀看。陈晋撰文提到，李德生担任北京军区司令员时，毛泽东向他推荐顾祖禹的《读史方舆纪要》。他还让文化水平不高的许世友将军读《红楼梦》，许将军觉得《红楼梦》没什么好读的，是吊膀子的书。毛泽东对他说："你要读，读五遍你才有发言权。"许将军让秘书把《红楼梦》抄成大字本给他读，结果到去世前也没读完。毛泽东还曾向王洪文推荐读《刘盆子传》，意思是让王有自知之明，要注意学习、长进。

毛泽东在一次演讲中曾说，"年老的也要学习，我如果再过十年死了，那末就要学九年零三百五十九天。"他不仅说到了，而且也做到了。毛泽东读书学习的精神非常值得我们今天的人学习。他在战争年代能够手不释卷，日理万机的情况下还要挤时间读书，何况我们处在和平年代，更有时间、更有条件来读书学习呢。

六
向毛泽东学政策策略

在领导中国革命和建设的长期实践中，毛泽东先后撰写了《论政策》《政策和经验的关系》等一系列文章，并在不同历史时期，根据具体情况，提出了符合实际的政策策略。

政策和策略是党的生命

在中国革命和建设的过程中，党的政策和策略的正确与否，直接关系到革命和建设的成功与否。正确的政策和策略是革命和建设取得胜利的根本保证。正如毛泽东指出的："政策是革命政党一切实际行动的出发点，并且表现于行动的过程和归宿。"[①]

中国共产党成立之初，党的早期领导人机械执行共产国际的政策和策略，致使革命接连出现了大革命失败和第五次军事反"围剿"失败的危局，革命遭遇到重大挫折。在遵义会议后，毛泽东成为党的重要政策和策略制定者后，中国革命才一步步转危为安。

[①] 《毛泽东选集》第 4 卷，人民出版社 1991 年版，第 1286 页。

六、向毛泽东学政策策略

毛泽东深知政策和策略的重要性，他明确提出"政策和策略是党的生命"的著名论断，并反复强调："中国共产党是在复杂的环境中工作，每个党员，特别是干部，必须锻炼自己成为懂得马克思主义策略的战士，片面地简单地看问题，是无法使革命胜利的。"① 他反复强调各级干部要重视政策和策略，"各级领导同志务必充分注意，万万不可粗心大意"。②

中国共产党开始独立武装革命后，毛泽东强调正确的政策和策略是中国红色政权得以存在的重要条件。在井冈山革命根据地，毛泽东撰写了《中国的红色政权为什么能够存在？》一文，指出红色政权得以长期存在并且发展的重要条件，除了中国的政治经济发展不平衡、良好的群众基础、向前发展的革命形势外，就是共产党组织的有力量和它的政策的不错误。③

在中央苏区，毛泽东领导开展的土地革命就是一项极其重要的政策。毛泽东提出了一条正确土地分配政策：没收地主阶级土地和一切公共土地，以乡为单位，以原耕为基础，按人口平均分配土地，实行"抽多补少，抽肥补瘦"的原则。同时，对于地主、富农也同样分配一份土地，给以生活出路。这条土地革命路线确认农民对分得的土地有所有权，他人不得侵犯。毛泽东提出的这条正确的政策路线，遭到了受共产国际支持的王明等人的阻拦，他们照抄国际决议、照搬苏联经验，强制推行"地主不分田，富农分坏田"，从肉体上消灭地主，从经济上消灭富农的"左"倾土地政策。

---

① 《毛泽东选集》第 2 卷，人民出版社 1991 年版，第 793 页。
② 《毛泽东选集》第 4 卷，人民出版社 1991 年版，第 1298 页。
③ 《毛泽东选集》第 1 卷，人民出版社 1991 年版，第 50 页。

毛泽东竭力反对"左"倾错误土地政策。他在《长冈乡调查》中指出："过去把富农田地、山林、房屋、耕牛、农具一概没收了，只分了些坏田、破屋给他们，没有分山。现富农耕牛、农具须向人租。富农的现款过去'罚'的也有，现在'罚'的也有，无所谓捐。现在富农家比雇农还差。"这种"对富农的政策是错误的"。毛泽东为了党和革命的利益，尽己所能，尽量把查田运动引导到正确的轨道上来。

抗日战争爆发后，中日双方存在着互相矛盾的四个基本特点，即敌强我弱、敌退步我进步、敌小我大、敌失道寡助我得道多助。这四个基本特点，决定了抗日战争是持久战，最后胜利是中国的。中国既不会亡国，也不能速胜，只有经过持久战，才能达到最后胜利。在此基础上，毛泽东提出了实现持久战的战略总方针，提出了一套具体的战略方针。在敌强我弱的形势下，打倒日本帝国主义和中国反革命势力的事业，"不是少少一点力量可以成功的，必须聚积雄厚的力量"。[①]为此，他提出了建立革命统一战线策略，而不能实行关门主义的策略。后来，日本东京大学教授近藤邦康曾高度评价毛泽东持久战战略的伟大，他说："日本被中国打败是当然的，这样非常好的战略著作在日本是没有的。日本特资方面和科学技术方面都优于中国，武器优越于中国，但没有这样的以哲学为基础的宏远战略眼光，日本没有。日本的军队是速决战，中国的战略是持久战，结果，日本被中国的持久战打败了。"

在抗日根据地，毛泽东提出的精兵简政就是一项极其重要的政策。1942年9月7日，毛泽东撰写《一个极其重要的政策》社论，他指

[①] 《毛泽东选集》第1卷，人民出版社1991年版，第152页。

出,抗战5年后的形势,处于争取胜利的最后阶段。既接近着胜利,又有极端的困难,也就是所谓"黎明前的黑暗"。在争取抗战胜利的最后阶段,共产党人将遇到比目前更加严重的困难。为了克服困难,当时的重要办法之一就是精兵简政,这是党外人士李鼎铭提出来的。毛泽东说:"他提得好,对人民有好处,我们就采用了。"精兵简政,顾名思义,就是在抗日根据地,精简机关、充实基层。毛泽东形象地把它比作"褪去冬衣,穿起夏服,以便轻轻快快地同敌人斗争"。为了克服根据地"鱼大水小"的矛盾,中国共产党必须严格地、彻底地、普遍地,而不是敷衍地、不痛不痒地、局部地实行精兵简政,使战争机构能适应战争情况,显得越发有力量,从而能最终战胜敌人。毛泽东明确提出了"精兵简政"所要达到的五项目标:精简、统一、效能、节约和反对官僚主义。精兵简政的实行,既减轻了根据地人民的负担,同时也提高了部队的战斗力。中华人民共和国成立后,精兵简政仍是党、国家和军队的一项重要政策。

解放战争时期,毛泽东更加重视政策策略问题。毛泽东曾经指出:"我们如果在政策上犯了错误,还是不能取得胜利。具体说来,在战争、整党、土地改革、工商业和镇压反革命五个政策问题中,任何一个问题犯了原则的错误,不加改正,我们就会失败。"①

到1947年,中国共产党已经成为具有270万党员的大党。为了提高党的战斗力,中国共产党决定整党整军,这是毛泽东作出的一个重大决定。毛泽东指出:"解决这个党内不纯的问题,整编党的队伍,使党能够和最广大的劳动群众完全站在一个方向,并领导他们前进,

---

① 《毛泽东选集》第4卷,人民出版社1991年版,第1286页。

是解决土地问题和支援长期战争的一个决定性的环节。"这次整党活动，就是在党内展开批评和自我批评，揭发各地组织内的离开党的路线的错误思想和严重现象，并邀请党外群众参加党的某些会议，征求群众对党组织及其各个成员的意见。对混入党内的阶级异己分子和不可救药的蜕化分子，坚决清除出党；对犯有错误但可以教育的党员，则采取教育的方针。整党活动纯洁了党的组织，改善了农村党与群众的关系，保证了解放区土地改革的顺利进行。

为适应土地制度改革和革命战争迅速发展的需要，人民解放军还开展了大规模的新式整军运动。1948年1月30日，中共中央军委发出《军队内部的民主运动》的指示，要求各部队发扬人民军队政治、经济、军事三大民主的优良传统，用诉苦（诉旧社会和反动派所给予劳动人民之苦）、三查（查阶级、查工作、查斗志）、三整（整顿组织、整顿思想、整顿作风）的方法，在全军普遍开展整党和新式整军运动。通过整军运动纯洁了内部，达到了政治上高度团结、生活上获得改善、军事上提高技术和战术的三大目的。新式整军运动加速了人民解放战争的胜利进程。

毛泽东曾强调，"只有党的政策和策略全部走上正轨，中国革命才有胜利的可能"。[1] 政策策略来源于实践，也要到实践中去检验。实践是检验政策策略正确与否的唯一标准。毛泽东认为，"政策必须在人民实践中，也就是经验中，才能证明其正确与否，才能确定其正确和错误的程度"。[2] 毛泽东反复强调，制定和实行政策策略必须从人民利益出发，"我们的责任，是向人民负责。每句话，每个行动，每项

---

[1] 《毛泽东选集》第4卷，人民出版社1991年版，第1298页。
[2] 《毛泽东选集》第4卷，人民出版社1991年版，第1286页。

政策,都要适合人民的利益",并把给人民看得见的物质利益作为中国共产党的一项"根本政策"。① 这些都是毛泽东关于党的政策和策略的精辟概括和总结。

根据国情决定政策

毛泽东指出:"实际政策的决定,一定要根据具体情况,坐在房子里面想象的东西,和看到的粗枝大叶的书面报告上写着的东西,决不是具体的情况。倘若根据'想当然'或不合实际的报告来决定政策,那是危险的。"② 毛泽东所讲的一定要根据具体情况决定实际政策,就是要从我国的基本国情出发。他认为,认清中国的国情,乃是认清一切革命问题的基本的根据,也是制定和实行政策策略的基本的根据。③

建党初期,中国共产党对于通过什么革命道路、运用什么政策和策略来实现革命目标,还不清楚。一些领导人照抄照搬苏联"以城市为中心"的经验,给革命造成重大损失。在探索中国革命道路问题上,以毛泽东同志为主要代表的中国共产党人从中国半殖民地半封建的国情出发,既坚持了武装夺取政权的暴力革命原则,又没有照抄照搬"由城市到乡村"的俄国十月革命道路,而是根据中国国情开辟了一条"以农村包围城市,武装夺取全国政权"的特色革命道路,并制定了以土地革命为中心内容、以武装斗争为主要形式、以农村根据地

---

① 《毛泽东选集》第4卷,人民出版社1991年版,第1128页。
② 《毛泽东文集》第1卷,人民出版社1993年版,第254页。
③ 《毛泽东选集》第2卷,人民出版社1991年版,第633页。

为基本依托,先农村后城市,波浪式推进,最后夺取全国政权的中国革命政策和策略,从而指导新民主主义革命取得了胜利。

在革命斗争中,中国共产党注意适应形势的变化和斗争的需要,相应地变换自己的斗争策略,不能用一成不变的策略去应付千变万化的复杂情况。社会经济政治情况变化了,主要矛盾和革命任务变化了,党就改变"革命的策略,革命的领导方式"。① 毛泽东能够从不同时期的实际情况出发,制定适合当时实际的正确政策和策略,并根据变化了的客观情况,适时调整和改变党的政策策略,指导革命走向胜利。

在军事斗争中,毛泽东善于根据形势变化灵活运用斗争方式,他实行"机动灵活的战略战术",在消灭敌人保存自己的总原则下,把进攻与防御、持久与速决、内线与外线、后方与前线,以及运动战、游击战、阵地战、歼灭战等多种作战方式巧妙地结合起来,灵活运用,出奇制胜。

在政治斗争中,毛泽东善于根据情况变化适时变换斗争策略。

1927年,蒋介石、汪精卫等国民党右派相继叛变革命后,中国共产党采取了武装反抗国民党、开展土地革命的政策。

1937年,针对社会主要矛盾和阶级关系的新变化,在团结抗日原则的指导下,中国共产党对国民党的政策、土地政策、劳资政策、政权政策等都作了调整,巩固和扩大了抗日民族统一战线。

抗战胜利后,中国共产党根据国内主要矛盾的变化和各解放区解放时间先后不同,环境条件不同,群众的觉悟程度、组织程度和领导干部力量强弱不同,在不同地区贯彻执行土地法时的策略也不同。毛

---

① 《毛泽东选集》第1卷,人民出版社1991年版,第152页。

泽东对党的土地政策作了重要调整。他提出应当把解放区分为三种地区，采取不同的策略。

在老解放区，由于分配土地问题早已解决，不需要按照土地法再来分配一次，只须调整一部分土地；在半老区，土地问题虽已初步解决，但尚未彻底解决，因此完全适用于土地法，应普遍地彻底地分配土地；在新解放区，由于群众还没有发动，国民党和地主、富农的势力还很大，我们的一切尚无基础，就应当分两个阶段实行土地法，在第一阶段，采取中立富农、专门打击地主的策略，在第二阶段，将富农出租和多余的土地及其一部分财产拿来分配，并对前一阶段中分配地主土地尚不彻底的部分进行分配。

实践证明，这种在不同地区实施不同策略的做法，既适时，又正确，从而成功地指导了各解放区的土地改革工作。

随着革命形势的变化，针对出现的新情况，毛泽东在1948年5月25日发表的《土地改革工作和整党工作》一文中指出，不能借口情况特殊或工作繁忙，"擅自修改中央的或上级党委的政策和策略，执行他们自以为是的违背统一意志和统一纪律的极端有害的政策和策略"[①]。但这并不是要求照抄照搬中央或上级的指示。因为一般说来，中央决定的政策策略都比较原则，它们只是为各项工作指明基本的方向和提出一般的要求，没有也不可能把所有情况包罗无遗。这就需要各地区和各部门必须结合自己的实际情况加以创造性地执行和灵活地变通，以便使政策策略落到实处，收到实效。

1949年3月，毛泽东在中共七届二中全会上指出："我们的原则

---

① 《毛泽东选集》第4卷，人民出版社1991年版，第1332页。

性必须是坚定的,我们也要有为了实现原则性的一切许可的和必需的灵活性。"① 他阐明了全国解放后党在政治、经济、文化、外交等方面的基本政策,指出,我们之所以采取这样的政策而不采取别样的政策,是以现时中国国情为前提的。中国的工业和农业在国民经济中的比重,就全国范围来说,在抗日战争以前,大约是现代性的工业占 10%,农业和手工业占 90% 左右。"这是旧中国半殖民地和半封建社会性质在经济上的表现,这也是在中国革命的时期内和在革命胜利以后一个相当长的时期内一切问题的基本出发点。从这一点出发,产生了我党一系列的战略上、策略上和政策上的问题。"②

毛泽东多次强调要抓住主要矛盾,不能"四面出击"。在每个历史时期,中国共产党面临的主要矛盾都在变化,所以能否抓住主要矛盾,对于解决问题就十分关键。

新中国成立之初,中国共产党面临的问题仍然很多,需要解决的问题更为复杂。在广大新解放区,要进行土地改革,继续消灭国民党在大陆的残余势力,要巩固财政经济工作的统一管理和统一领导,争取财政收支的平衡和物价的稳定,要对工商业进行合理的调整,解决失业人员的生活问题,等等。陈云分析当时情况就是"现在的政府挑的是'两筐鸡蛋',不要碰破一头"。说的就是既要稳定物价,又要维持生产,以解决资金困难等问题。主要的社会矛盾就是能否实现财政经济状况的基本好转。只有紧紧抓住这个主要矛盾并解决这个主要矛盾,其他问题才能迎刃而解。

1956 年社会主义改造完成以后,国内的主要矛盾已经变为人民对

---

① 《毛泽东选集》第 4 卷,人民出版社 1991 年版,第 1436 页。
② 《毛泽东选集》第 4 卷,人民出版社 1991 年版,第 1430 页。

经济文化迅速发展的需要同当前经济文化不能满足人们需要的状况之间的矛盾,毛泽东抓住了主要矛盾,把党和国家的工作重点转移到以经济建设为中心的社会主义现代化建设上来。后来,由于认识和判断上出现偏差,这个正确的建设道路出现中断。

团结最广泛的同盟者

毛泽东认为,要调动积极因素,首先要统筹兼顾,合理调节社会各方面的物质利益关系,其中最主要的是满足工农群众的基本利益。新民主主义革命时期,毛泽东指出:"中国百分之八十至九十的人口是工人和农民,所以人民共和国应当首先代表工人和农民的利益。"①

在大革命时期,毛泽东曾经提出,无代价没收地主与农民的土地,分配给无地少地的农民。

在土地革命时期,毛泽东提出了打土豪、分田地的政策。

抗日战争时期,毛泽东指出:"为了团结抗日,应实行一种调节各阶级相互关系的恰当的政策,既不应使劳苦大众毫无政治上和生活上的保证,同时也应顾到富有者的利益,这样去适合团结对敌的要求。只顾一方面,不顾另一方面,都将不利于抗日。"② 他还指出:"抗日的一切,生活的一切,实质上都是农民所给。"③

在团结抗日的根本原则下,为了保障农民的利益,同时做到"顾到富有者的利益",以团结一切可以团结的力量进行抗日,中共中央

---

① 《毛泽东选集》第1卷,人民出版社1991年版,第158—159页。
② 《毛泽东选集》第2卷,人民出版社1991年版,第525页。
③ 《毛泽东选集》第2卷,人民出版社1991年版,第692页。

于 1937 年 8 月在陕北洛川开会，决定停止土地革命，实行减租减息的土地政策。从 1939 年到 1941 年底，减租减息政策在各根据地得到普遍实行。减租减息是当时农村民主革命的主要内容，也是党在抗日民主根据地实行的一项极其重要的政策。

在山东领导抗日工作的罗荣桓指出，减租减息是发动群众的中心环节。这一工作搞好了，军民关系、群众工作的问题都将迎刃而解。罗荣桓在给中央的汇报中写道：得民心者得天下，这个"民心"首先是农民之心。实行减租减息，争取和发动了农民群众，这就有了巩固的根据地，因而也就有了粮食，有了有利的战场，有了充足的兵源。减租减息之后，人民群众抗战积极性有了很大的提高，各根据地涌现出参军、参战的热潮。兄带弟、儿别娘、父送子、妻送郎的感人事迹层出不穷，广大群众支前的热情也空前高涨。

解放战争时期，毛泽东指出，要按照正确政策分配封建土地和封建财产。实行分配的最后结果，必须使一切主要阶层都感觉公道和合乎情理。1946 年 5 月 4 日，毛泽东主持制定了《关于土地问题的指示》，即"五四指示"。当时毛泽东指出："国民党不能解决土地问题，所以民不聊生。这方面正是我们的长处。现在有了解决的可能，这是我们一切工作的根本。""五四指示"规定，将减租减息的政策改为没收地主土地分配给农民，有区别地废除封建土地制度，实行耕者有其田的政策；解决农民土地问题的路线；保护地主富农经营的工商业。"五四指示"精神传达以后，受到解放区的广大农民的欢迎，农民们说："这回把聚宝盆收回来就彻底翻身了。"

一场规模空前的群众性的土地改革运动迅速开展起来，到 1947 年 2 月，各解放区已经有 2/3 的地区解决了土地问题，从而极大地巩固了解放区，也加强了对人民战争的支援。

"五四指示"正确处理了各阶级之间的关系，最大限度地团结了一切可以团结的人。如"五四指示"明确规定决不侵犯中农的利益："坚决用一切方法吸收中农参加运动，并使其获得利益，决不可侵犯中农土地。凡中农土地被侵犯者，应该设法退还和赔偿。整个运动必须取得全体中农的真正同情或满意，包括富裕中农在内。"

对待富农和地主要有所区别，一般不变动富农的土地……不能不有所侵犯时，亦不要打击太重，应着重减租而保存其自耕部分。否则就"将影响中农发生动摇，并将影响解放区的生产"。

保护工商业。对于富农及地主开设的工商业，不要侵犯，应予以保全（罪大恶极的汉奸分子开设的工商业除外）。不可将农村中解决土地问题、反对封建地主阶级的办法，同样地用来反对工商业资产阶级。

要团结知识分子和党外人士，规定对一切可能团结的知识分子，必须极力争取，给以学习与工作机会。对开明绅士及其他党外人士，或城市中的自由资产阶级分子，只要他们赞成我们的民主纲领，不管他们还有多少毛病，或对于目前的土地改革表示怀疑与不满，均应当继续和他们合作，一个也不要抛弃，以巩固反对封建独裁争取和平民主的统一战线。

"五四指示"要求区别对待地主的不同情况，反对乱打、乱杀。除了当地群众要求处死的罪大恶极的汉奸分子及人民公敌在经过法庭审判正式判处死刑外，一般应施行宽大政策，不要杀人或打死人，也不要多捉人，以减少反动派方面的借口，不使群众陷于孤立。

对于抗日军人和抗日干部的地主家属，对于在抗日时期与中国共产党合作而不反共的开明绅士及其他人等，在运动中应谨慎处理，适当照顾，一般应采取调解仲裁方式……给他们多留下一些土地，及替他们保留面子，也就是使他们避免受斗争。

对不同地区，要区别情况、分类指导。凡是中国共产党的政权还不巩固、容易受到摧残的边沿地区，一般不要发动群众起来要求土地，就是减租减息也应谨慎办理，不能和中心区一样，以免造成红白对立及受到摧残。在情况许可的地区，又另当别论。

毛泽东善于利用敌人的内部"争斗"和"缺口"，分化瓦解、各个击破。毛泽东指出，应该对不同的敌人加以区别对待、采取不同的策略。对敌人要加以区别对待、分化瓦解，"利用矛盾，争取多数，反对少数，各个击破"。① 这是分化瓦解敌人的重要策略。

毛泽东认为，在反动统治地区，党要善于将合法斗争与非法斗争结合起来，尽可能利用公开合法的形式进行群众工作，打入各种群众组织，如工会、学生会、教育团体、文艺团体、工商业团体，把广大群众争取到自己方面来。他还多次强调，中国革命的敌人是强大的，但敌人内部并非铁板一块，也有矛盾可利用。

抗日战争爆发后，中国社会的主要矛盾发生了变化，那就是中华民族与日本侵略者的矛盾成为最主要的矛盾，国内阶级矛盾降为次要矛盾，日本侵略者和汉奸亲日派成为当时最主要的敌人，大资产阶级中的亲英美派暂时成为我们的同盟者。这个时候，中国共产党就可以利用英美和日本的矛盾，与以蒋介石为代表的大地主大资产阶级亲英美派结成抗日统一战线，集中一切力量打倒日本侵略者和依附于它的

---

① 《毛泽东选集》第 2 卷，人民出版社 1991 年版，第 764 页。

买办集团。这是对敌斗争的一个重要策略，也是克敌制胜的一项重要艺术。

毛泽东总结这一历史经验时说，在一个时间里，主要的敌人只能有一个，"打击的敌人不能太多，要打少数"，"什么都打，看起来很革命，实际上为害很大"。① 他说："我们绝不可树敌太多，必须在一个方面有所让步，有所缓和，集中力量向另一方面进攻。"② 正是由于运用了这些机动灵活的斗争方式，中国共产党团结了最广泛的同盟者，最大限度地孤立和打击了主要敌人，一步步地实现了革命的胜利。

毛泽东提出了调动一切积极因素来团结最广泛同盟者的思想，并把它作为一项基本战略方针。1956年4月，毛泽东在《论十大关系》的讲话中指出："过去为了结束帝国主义、封建主义和官僚资本主义的统治，为了人民民主革命的胜利，我们就实行了调动一切积极因素的方针。现在为了进行社会主义革命，建设社会主义国家，同样也实行这个方针。""我们一定要努力把党内党外、国内国外的一切积极的因素，直接的、间接的积极因素，全部调动起来，把我国建设成为一个强大的社会主义国家。"③

中国共产党处理民族资产阶级的政策和策略就极具代表性。毛泽东指出，民族资产阶级将来是要消灭的，但是现在要把他们团结在我们身边，不要把他们推开。团结他们，有利于劳动人民。在新民主主义革命时期，中国共产党对民族资产阶级采取了团结和教育的政策策略，孤立了敌人。

---

① 《毛泽东文集》第7卷，人民出版社1999年版，第135页。
② 《毛泽东文集》第6卷，人民出版社1999年版，第75页。
③ 《毛泽东著作选读》下册，人民出版社1986年版，第720、744页。

中华人民共和国成立后,为了实现国家财政经济状况的基本好转,恢复和发展国民经济,中国共产党对民族资产阶级实行了团结政策。如果不讲策略,"四面出击",危害了党同各阶级的关系,必然造成全国紧张,势必不利于党的中心任务的实现。

中国共产党建立广泛的统一战线,坚持"求大同,存小异"的原则。在革命实践过程中,毛泽东认为,无产阶级政党在处理同其他阶级、阶层,特别是同民主党派和无党派民主人士的关系时,善于捕捉与同盟者的共同点,与他们结成统一战线,不能因为与他们存在某些分歧就不去争取他们,更不能因为某些分歧而进行无休止的斗争以致"因小失大",妨碍了党的中心任务的完成。

战略上藐视敌人,战术上重视敌人

以毛泽东同志为主要代表的中国共产党人,在与国内外敌人的长期斗争中,提出了在战略上藐视敌人、在战术上重视敌人的策略思想。

毛泽东认为,在战略目标上,我们要消灭敌人,敢于和敌人进行斗争,但是"在各个策略阶段上,要善于斗争,又善于妥协"。[①] 在新民主主义革命时期,中国共产党对以蒋介石为代表的大资产阶级的斗争策略,就体现了这一点。

北伐时期,国民党一方面与共产党合作进行北伐战争,另一方面又对共产党采取限制政策,中国共产党则对国民党集团采取了只联合不斗争的政策,最后吃了大亏。蒋介石看到工农革命运动蓬勃兴起威

[①] 《毛泽东文集》第7卷,人民出版社1999年版,第331页。

六、向毛泽东学政策策略

胁到自身根本利益，就对共产党采取了残酷的屠杀政策。毛泽东说，当时我们是"被人家一巴掌打在地上，像一篮鸡蛋一样摔在地上，摔烂很多"。

大革命失败后，针对大地主大资产阶级对革命力量的镇压，中国共产党采取了武装反抗的政策策略：革命虽然处于低潮，但共产党为了反抗国民党对革命势力的武装镇压和屠杀政策，先后领导了南昌起义、秋收起义、广州起义和各地百余次武装起义。在当时敌我力量十分悬殊的情况下，进攻敌人有重兵把守的大城市明显是错误的，所以，毛泽东、朱德等领导人在起义受挫后，善于审时度势，毅然放弃进攻大城市，组织部队到农村开辟根据地和进行武装斗争。

抗日战争时期，蒋介石不顾大敌当前，继续玩弄其反革命的两面策略，企图借抗日统一战线之名，"吃"掉共产党和红军，并多次掀起反共高潮。中国共产党则对国民党采取了团结政策和"又联合又斗争"的策略。1937年，为了实现全国抗战，建立广泛的抗日民族统一战线，中国共产党取消了"工农革命政府"的名称，红军改名为国民革命军，把没收地主土地的政策改为减租减息政策。中国共产党对国民党的让步，是在坚持"和平、民主、抗战"的基本原则下进行的，并以这一原则的保持为限度。

抗日战争胜利后，蒋介石实行反革命两手策略，一方面准备发动全国内战、消灭共产党；另一方面玩弄"和谈"之骗局，为发动大规模内战作准备。毛泽东也采取了革命的两手策略，一方面通过和平谈判与蒋介石进行斗争，以谈对谈、以打对打；另一方面中国共产党主动作了必要让步，同时又坚持了原则立场。

解放战争初期，中国共产党对国民党让步的基本原则，是实现

"和平、民主、团结"和维护人民的基本利益,让步以不破坏这一原则为限度。为了实现和平、民主、团结,中国共产党决定让出一部分解放区和缩编军队,但是不能交出人民的武装。① 就在重庆谈判中,中国共产党为了击破国民党的内战阴谋,争取国内外广大中间分子的同情,决定对国民党作出一些让步:让出南方八个解放区,将人民军队缩编到20~24个师,占全国军队的1/7。这种让步是必要的,因为"无此让步,不能击破国民党的内战阴谋,不能取得政治上的主动地位,不能取得国际舆论和国内中间派的同情,不能换得我党的合法地位和和平局面"。但是,积极的让步是有原则、有限度的,这个限度就是"以不伤害人民根本利益为原则"②。

在和平谈判的过程中,中国共产党始终没有放弃对蒋介石发动军事进攻的警惕。由于中国共产党采取了以革命的两手反对反革命的两手的策略,不但使得蒋介石在政治上输了理,而且使他们的军事进攻遭到惨败,中国共产党则在政治上、军事上处在主动和有利地位。鉴于以蒋介石为首的大资产阶级已经彻底走上反人民道路,中国共产党采取了彻底消灭国民党集团的政策策略,最后赢得了全国胜利。

1946年7月,蒋介石在美帝国主义的支持下发动全面内战。蒋介石狂妄宣布6个月可以消灭共产党。起初,革命队伍中的一些人过高估计了国民党集团的力量,尤其惧怕美帝国主义的干涉,不敢同敌人斗争。8月,毛泽东在延安杨家岭接见美国记者安娜·路易斯·斯特朗。毛泽东在谈话中指出:"一切反动派都是纸老虎。看起来,反动派的样子是可怕的,但是实际上并没有什么了不起的力量。从长远的

---

① 《毛泽东选集》第4卷,人民出版社1991年版,第1226页。
② 《毛泽东选集》第4卷,人民出版社1991年版,第1154页。

观点看问题,真正强大的力量不是属于反动派,而是属于人民。"这是毛泽东在第二次世界大战结束不久,在延安窑洞前半山坡平台上的一个小石桌旁,发表的关于第二次世界大战后世界的格局和中国的战局的谈话。毛泽东分析指出,新生的革命力量之所以能够由小变大、由弱变强,并最后战胜大的反动势力,是"因为它同人民联系在一起,为人民工作",得到人民的支持。而强大的反动势力之所以会由大变小、由强变弱,直至最后灭亡,从根本上讲是"因为它脱离人民"[①],违背人民利益,失去人民支持。

为了说明这个道理,毛泽东还举了孙中山推翻清王朝的例子。他说,孙中山力量虽小,由于得到人民支持,最后推翻了清王朝。日本帝国主义刚侵华的时候很强大,占领了中国的许多大城市,但是几年后就葬身于人民战争的汪洋大海之中。毛泽东还举例说,如果把我们的民众组织起来,日本人就像一头火牛,冲进了我们的火牛阵,我们只要大吼一声,也会把日本鬼子烧死。蒋介石拥有800万军队,也曾盛极一时,但由于其实行反共反人民政策,终于招致失败,帝国主义和一切反动派表面上看起来强大,由于其脱离人民,实际上很弱,只不过是个纸老虎,所以从整体上要轻视它。

当时,这个著名论断对于人民战胜国民党集团起到了极大的精神鼓舞作用。1946年毛泽东关于"一切反动派都是纸老虎"的论断一经提出,立刻传遍国内外,深入人心,产生了人们意想不到的巨大精神鼓舞作用,从理论上武装了中国共产党人和中国人民,极大地增强了人民同帝国主义支持的国民党集团作斗争的勇气和必胜的信心。

---

① 《毛泽东文集》第7卷,人民出版社1999年版,第72页。

随着人民解放战争的胜利和新中国的成立，这个著名论断不仅为中国人民社会主义革命和建设事业提供了巨大的精神力量，还极大鼓舞了世界无产阶级斗争与第三世界争取民族独立、解放的斗争。毛泽东把这个论断不断扩展、深入阐述，广泛应用于反帝国主义、反修正主义、反霸权主义、国内建设等诸多领域。最完整的阐释是"反动派既是真老虎，也是纸老虎"，应对的指导思想应该是"战略上藐视敌人，战术上重视敌人"。

1958年12月1日，毛泽东发表了《关于帝国主义和一切反动派是不是真老虎的问题》一文，指出："从本质上看，从长期上看，从战略上看，必须如实地把帝国主义和一切反动派，都看成纸老虎。从这点上，建立我们的战略思想。"这样，"一切反动派都是纸老虎"和"帝国主义和一切反动派都是纸老虎"成为中国人民在思想上、战略上藐视一切貌似强大的敌人的口号，极大增强了中国人的自信。

毛泽东提出的"一切反动派都是纸老虎"的论断，在英语的习惯用法中没有这个组合词，当时的翻译人员在翻译时用了英语中类似的习惯用语"稻草人"（Scarecrow）来代替。毛泽东了解后说："不行，我的意思是纸糊的老虎，是Paper-Tiger。"1972年，在毛泽东与访华的美国国务卿基辛格的谈话中，基辛格问道："主席现在正在学英文吗？听说主席发明了一个英文词。"毛泽东说："是的，我发明了一个英文词汇——Paper-Tiger。"基辛格马上对号入座："纸老虎。对了，那是指我们。"宾主大笑。毛泽东的著名论断加上Paper-Tiger这个组合词，已在世界广泛流传开来。

七
向毛泽东学工作方法

任何一种工作都需要方法，特别是领导工作，"不仅要决定方针政策，还要制定正确的工作方法。有了正确的方针政策，如果在工作方法上疏忽了，还是要发生问题"。[①] 毛泽东的一生，无论负责何种工作，都非常讲究方法。他关于工作方法的许多论述和实践至今仍有重要的启示意义和借鉴作用。1934年，在江西瑞金召开的第二次全国工农兵代表大会上，他形象地说："我们不但要提出任务，而且要解决完成任务的方法问题。我们的任务是过河，但是没有桥或没有船就不能过。不解决桥或船的问题，过河就是一句空话。不解决方法问题，任务也只是瞎说一顿。"[②] "过河"即工作任务往往因时因地而不同，而"桥或船的问题"即工作方法往往具有超时空的示范作用。

"只唱一出《香山记》"

在毛泽东看来，众多矛盾之中，必有一个是主要的；繁杂工作之

[①] 《毛泽东选集》第4卷，人民出版社1991年版，第1440页。
[②] 《毛泽东选集》第1卷，人民出版社1991年版，第139页。

中，必有一个是中心。因此，开展工作首先要抓主要矛盾，抓中心或关键，以带动其他。在阐释这一方法时，他多次引用过两句戏文。1958年6月21日，在中央军委扩大会议上，他说："打了抗美援朝战争以后，我就把军队工作推给彭德怀同志了。我做工作就是单打一，搞那么一件事就钻进去了。我也提倡这个方法。有本书叫《香山记》，①讲观音菩萨怎么出身，别的我都忘记了，头两句叫作'不唱天来不唱地，只唱一出《香山记》'。我就采用这两句作为方法，这几年是不唱天来不唱地，就是只唱一本别的戏，军事，我就没有唱了。这个方法是不坏的。你唱《打渔杀家》不能唱《西厢记》，你不能两个戏同时在台上唱。"

1963年5月8日，毛泽东在杭州的中央工作会议上谈到应该抓主要工作时，又说："就是不唱天来不唱地，只唱一出《香山记》。这是描写妙庄王女儿的一本书，头两句就是这样。事物是可以割断的。天也不唱，地也不唱，只唱妙庄王的女儿如何如何。比如看戏，看《黄鹤楼》，天也忘了，地也忘了，其他的戏如《白门楼》也忘了，只看我的同乡黄盖。你们中央局就开这样的会，不唱天，不唱地，只唱《香山记》。"1964年3月28日，山西省委第一书记陶鲁笳向他汇报，"只唱一出《香山记》"的办法传达后，效果很好。毛泽东说："我四五十年前看过这本书，开头两句是'不唱天来不唱地，只唱一出《香山记》'。唱这个戏，别的戏就不唱了。就像你们河北唱《劈山救母》

---

① 明朝有一个以佛教故事改编成的剧本，叫作《观世音修行香山记》，后人简称《香山记》，说的是一个女子妙善不想嫁人，因而受到其父妙庄王想方设法的刁难和折磨，后缘于佛祖庇佑，不但安然无事，而且在香山修成正果，并且不与父亲计较，暗中治好了他的病，最终妙庄王幡然悔悟。佛祖有感于妙善之义举，遂封她为观世音菩萨。

七、向毛泽东学工作方法

一样，不能什么都唱。这个方法要普遍运用。"①

其实，这个方法，说到底就是工作应突出重点、抓住根本，在做一件事的时候要集中精力。毛泽东的一生一直是这样说的，也是这样做的。大革命失败以后，他很快就认识到，中国革命的中心内容是土地革命，因而，坚定地在农村进行"武装割据"，"我们在井冈山用什么来激发农民的巨大斗争热情？毫无疑问，这就是分配土地，你没有听见农民喊出了'共产党万岁'的口号吗？"② 在长期的革命斗争中，他一个时期集中于指挥打仗，一个时期集中于理论创造，一个时期又集中于整顿党的作风。同时，他还反复地向全党强调这种集中精力干大事、要事的方法。

1943年6月1日，在为中共中央起草的《关于领导方法的若干问题》的决议中，他明确指出："在任何一个地区内，不能同时有许多中心工作，在一定时间内只能有一个中心工作，辅以别的第二位、第三位的工作。因此，一个地区的总负责人，必须考虑到该处的斗争历史和斗争环境，将各项工作摆在适当的地位；而不是自己全无计划，只按上级指示来一件做一件，形成很多的'中心工作'和凌乱无秩序的状态。上级机关也不要不分轻重缓急地没有中心地同时指定下级机关做很多项工作，以致引起下级在工作步骤上的凌乱，而得不到确定的结果。领导人员依照每一具体地区的历史条件和环境条件，统筹全局，正确地决定每一时期的工作重心和工作秩序，并把这种决定坚持

---

① 本段与上段转引自陈晋：《"只唱一出〈香山记〉"》，《党的文献》2008年第4期。
② 晓农：《井冈山土地革命中的毛泽东》，《党史文汇》2005年第12期。

地贯彻下去，务必得到一定的结果，这是一种领导艺术。"①

在一个时期只有一个"中心工作"，首先是一种思想方法，"思想方法和工作方法是互相结合的，思想不对头，工作方法也就不对头"。也就是大脑里应有一根弦，有意识地去寻找它，"任何一级首长，应当把自己注意的重心"，放在那些"最重要最有决定意义的问题或动作上，而不应当放在其他的问题或动作上"。②"中心工作"或"最重要最有决定意义的问题"是什么，深思熟虑以后要明确，特别是要告诉下属和自己的团队。1937年9月21日，毛泽东发给彭德怀的电报指出："今日红军在决战问题上不起任何决定作用，而有一种自己的拿手好戏，在这种拿手戏中一定能起决定作用，这就是真正独立自主的山地游击战（不是运动战）。要实行这样的方针，就要战略上有有力部队处于敌之翼侧，就要以创造根据地发动群众为主，就要分散兵力，而不是以集中打仗为主。集中打仗则不能做群众工作，做群众工作则不能集中打仗，二者不能并举。然而，只有分散做群众工作，才是决定地制胜敌人、援助友军的唯一无二的办法，集中打仗在目前是毫无结果可言的。……一个旅的暂时集中，当然是可以的，但如许久还无机可乘时，仍以适时把中心转向群众工作为宜。"③ 仗是要打的，但现在是做群众工作，在当时的情势下，强调这一"中心"，不但需要智慧，而且需要勇气。给下属明白地具体地指出一个时期的"中心工作"，就会使之有所遵循。当然，能够"适时"地判定什么是"中心"，则需要独具慧眼。

---

① 《毛泽东选集》第3卷，人民出版社1991年版，第901页。
② 《毛泽东选集》第1卷，人民出版社1991年版，第176页。
③ 《毛泽东文集》第2卷，人民出版社1993年版，第19—20页。

七、向毛泽东学工作方法

新中国成立初期，革命的任务未了，建设的任务又摆在了面前，百废待兴，千头万绪，诸如肃清国民党残余、解放台湾和西藏、恢复经济、土地改革、整顿工商业、打破外国封锁等。首先应该抓什么呢？当时，有的人认为民族资产阶级是革命的对象，应当尽快地加以消灭。而在毛泽东看来，财政经济困难能否解决，才是关系到新生政权能不能站稳脚跟的关键问题，因此，党的"中心工作"是"为争取国家财政经济状况的基本好转而斗争"。他告诫说："四面出击，全国紧张，很不好。我们绝不可树敌太多，必须在一个方面有所让步，有所缓和，集中力量向另一方面进攻。我们一定要做好工作，使工人、农民、小手工业者都拥护我们，使民族资产阶级和知识分子中的绝大多数人不反对我们。这样一来，国民党残余、特务、土匪就孤立了，地主阶级就孤立了，台湾、西藏的反动派就孤立了，帝国主义在我国人民中间就孤立了。"① 也就是说，抓住了主要矛盾，其他矛盾都可迎刃而解。但是，不能抓错，抓错了就一定翻跟头。

此后，他还创出了不少"只唱一出《香山记》"的工作实例。1950年秋到1951年，他的工作重心是抗美援朝战争。1954年春，他到杭州集中精力搞新中国第一部宪法的起草工作。1955年秋冬，他做的主要工作是推动农业合作化运动，主持编辑了《中国农村的社会主义高潮》一书，写了一百多条按语。1956年春，他用43天的时间连续听取了国务院35个部委的工作汇报，在此基础上撰写了《论十大关系》。1957年春，他重点关注的是在社会主义条件下如何正确处理人民内部矛盾。1958年冬到1959年上半年，他集中思考和解决已发现

---

① 《毛泽东文集》第6卷，人民出版社1999年版，第75—76页。

的"大跃进"运动中"左"的错误问题。

正是这个时候,毛泽东对抓"中心工作"的方法又从另一个方面作了阐述。1959年3月,在郑州会议上,他先是谈到了三国时袁绍决策多端寡要、瞻前顾后而最终导致失败的一些事情,接着说:"我借这个故事来讲,人民公社党委书记以及县委书记、地委书记,要告诉他们,不要多端寡要。""端可以多,但是要抓住要点,一个时候有一个时候的要点。这是个方法问题。这个方法不解决,每天在混混沌沌之中,什么没有功劳也有苦劳,什么当驴狗子,什么辛辛苦苦的官僚主义。"① 稍后,他与新华社社长吴冷西谈话时又讲道:"有些人是书生,最大的缺点是多谋寡断。要反对多端寡要,没有要点,言不及义。要一下子看到问题所在。"② 所谓"多端寡要",就是眉毛胡子一把抓,分不清轻重缓急,力求面面俱到,什么事情都想做,结果无一做好。

工作要做好,就要分清主次、重点突出。1959年4月5日,在党的八届七中全会上,毛泽东一开始就强调,"别的事我不讲,只讲工作方法,现在的中心问题是工作方法,要会做工作"。然后,他一口气讲了十几条。其中说到,搞经济计划,要有重点,有重点就有政策。没有重点,平均分配,就无所谓政策。这是很好的经验,跟我们历来搞政治、搞军事相适合。总要有重点,一个时期总要搞个重点嘛。打张辉瓒就打张辉瓒,别的敌人放弃,搞点小游击队去牵制。③ 1961年

---

① 《毛泽东传(1949—1976)》(下),中央文献出版社2003年版,第921页。
② 转引自陈晋:《从毛泽东的一些往事解读几种领导方法》,《中华魂》2010年第8期。
③ 转引自陈晋:《从毛泽东的一些往事解读几种领导方法》,《中华魂》2010年第8期。

3月，他在广州中央工作会议上再次说："今后不要搞那么多文件，要适当压缩。不要想在一个文件里什么问题都讲。为了全面，什么都讲，结果就是不解决问题。"① 这就是说，制定政策如果没有明确的指向，如果求全求多，没有"重点"，就得不到有效的执行。

集中时间和精力抓关键的紧要的事，即使对待日常工作，毛泽东也主张这样做。比如批阅文件，1973年，他对一位省委书记说，要多读书，对方则回答文件太多，没有时间。毛泽东饶有趣味地讲道："文件要分主次，看主要的，无关重要的、与你毫无关系的你就跟着别人画圈好了。其实很多文件，本来是来自下面的第一手材料，很值得一看。可是到了上面已经经过几道关口的修饰了，面目全非，也就没有太大意思了。有的文件，头几页你就别看，没意思，就看中间是什么内容就行了。要是让你批，让你拿主意的文件，就要认真对待了。"②

有些人干工作不可谓不卖力，甚至三更灯火五更鸡，但是干不到点子上，就往往事倍功半、穷于应付，如果学一学毛泽东，或许能够做到一通百通，以四两拨得千斤。

学会"弹钢琴"

抓住主要矛盾和中心工作，并不是说其他矛盾和工作就可以不管了。毛泽东说："看事物应该是两点论；同时，一点里面又有两点。"

---

① 《毛泽东传（1949—1976）》（下），中央文献出版社2003年版，第1136页。
② 转引自陈晋：《从毛泽东的一些往事解读几种领导方法》，《中华魂》2010年第8期。

"香花与毒草齐放,'落霞与孤鹜齐飞'。"① 就是说不能只看到"香花",也不能只看到"毒草",要眼观六路、耳听八方。落实到工作方法上,毛泽东提倡要学会"弹钢琴"。

1949年3月,他写道:"弹钢琴要十个指头都动作,不能有的动,有的不动。但是,十个指头同时都按下去,那也不成调子。要产生好的音乐,十个指头的动作要有节奏,要互相配合。党委要抓紧中心工作,又要围绕中心工作而同时开展其他方面的工作。我们现在管的方面很多,各地、各军、各部门的工作,都要照顾到,不能只注意一部分问题而把别的丢掉。凡是有问题的地方都要点一下,这个方法我们一定要学会。钢琴有人弹得好,有人弹得不好,这两种人弹出来的调子差别很大。党委的同志必须学好'弹钢琴'。"② 主要矛盾和非主要矛盾、矛盾的主要方面和非主要方面是相互联系、相互区别和相互转化的。因此,在工作方法上应该统筹兼顾。

对此,毛泽东可谓是得心应手地进行了运用。在民主革命时期,毛泽东往往一方面强调中心工作是军事和打仗,另一方面又号召做好其他一切革命工作。1933年,在中央苏区的一次经济建设工作会上,他说:"在现在的阶段上,经济建设必须是环绕着革命战争这个中心任务的。革命战争是当前的中心任务,经济建设事业是为着它的,是环绕着它的,是服从于它的。那种以为经济建设已经是当前一切任务的中心,而忽视革命战争,离开革命战争去进行经济建设,同样是错误的观点。只有在国内战争完结之后,才说得上也才应该说以经济建

---

① 《毛泽东传(1949—1976)》(上),中央文献出版社2003年版,第619页。
② 《毛泽东选集》第4卷,人民出版社1991年版,第1442页。

设为一切任务的中心。"但是，不能因此而不抓好经济工作，相反，"革命战争的激烈发展，要求我们动员群众，立即开展经济战线上的运动，进行各项必要和可能的经济建设事业"。①

在他看来，如果认为革命战争是中心，而不去抓经济工作，甚至把搞经济工作骂为右倾，那是极端错误的。有些人口头上说一切服从战争，但不知如果取消了经济建设，这就不是服从战争，而是削弱战争。只有开展经济战线方面的工作，发展红色区域的经济，才能使革命战争得到相当的物质基础，才能扩大红军，打败敌人。当然，"中心工作"之外不只是"经济工作"，特别是随着革命力量的发展，随着毛泽东领导职务的变化，他面临的工作也越来越多，比如思想政治工作、政权工作、文化工作、教育工作、宣传工作、党的建设、统战工作、对外工作等。毛泽东基本上都能做到有条不紊、齐头并进，"可上九天揽月，可下五洋捉鳖"，轻松自如。

在社会主义革命和建设时期，毛泽东对"弹钢琴"的运用，集中体现在"十大关系"的处理上。他指出，在重工业和轻工业、农业的关系问题上，要用多发展一些农业、轻工业的办法来发展重工业；在沿海工业和内地工业的关系问题上，要充分利用和发展沿海的工业基地，以便更有力量来发展和支持内地工业；在经济建设和国防建设的关系问题上，提出把军政费用降到一个适当的比例，增加经济建设费用。只有把经济建设发展得更快了，国防建设才能够有更大的进步；在国家、生产单位和生产者个人的关系问题上，三者的利益必须兼顾，不能只顾一头，既要提倡艰苦奋斗，又要关心群众生活；在中央和地

---

① 《毛泽东选集》第1卷，人民出版社1991年版，第123、119页。

方的关系问题上，要在巩固中央统一领导的前提下，扩大地方的权力，让地方办更多的事情，发挥中央和地方两个积极性；在汉族与少数民族的关系问题上，要着重反对大汉族主义，也要反对地方民族主义，要诚心诚意地积极帮助少数民族发展经济建设和文化建设；在党和非党的关系问题上，共产党和民主党派要长期共存、互相监督；在革命和反革命的关系问题上，必须分清敌我，化消极因素为积极因素；在是非关系问题上，对犯错误的同志要实行"惩前毖后，治病救人"的方针，要允许人家犯错误，允许并帮助他们改正错误；在中国和外国的关系问题上，要学习一切民族、一切国家的长处，包括资本主义国家先进的科学技术和科学管理方法，要反对不加分析地一概排斥或一概照搬。① 这些矛盾的发现和处理方法，不少方面至今仍有重要的启示意义，其中最根本的一点就是告诉党的干部：干工作要做到统筹兼顾。

学会"弹钢琴"，先要心中有"谱"、胸中有"数"。钢琴有多少键、每个键能弹出什么音符，必须了如指掌。解决矛盾，要深入到矛盾中去，特别是要掌握与之相关的数字。毛泽东把"胸中有'数'"也列为一条重要的工作方法。它的基本要求是：对情况和问题一定要注意到它们的数量方面，要有基本的数量的分析。因为任何质量都表现为一定的数量，没有数量也就没有质量。如果不懂得注意事物的数量方面，不懂得注意基本的统计、主要的百分比，不懂得注意决定事物质量的数量界限，一切都是胸中无"数"，结果就不能不犯错误。②

---

① 《毛泽东文集》第7卷，人民出版社1999年版，第23—44页。
② 《毛泽东选集》第4卷，人民出版社1991年版，第1442页。

七、向毛泽东学工作方法

在运用数据方面，毛泽东可谓是一个高手，这也是他的过人之处。比如，对中国革命的定位，就是他从中国占 90% 以上的农民这一百分比作出的。不是了解和注意到这一数据，他就不可能到农村去"闹革命"，不可能得出中国革命是"无产阶级领导下的农民战争"，不可能开辟出农村包围城市武装夺取政权的道路。除此，毛泽东论述问题和布置工作任务，也经常运用到数字。在党的七大上，他强调之所以需要"资本主义的广大发展"，是因为国共力量悬殊，接着他即用了一组数字进行说明，"他们有一百五十万军队，我们只有九十一万军队；……他们有两万万人口，我们只有一万万人口"。[①] 有意思的是，档案资料显示，蒋介石敢于发动内战，同样是基于一组数字。不过，他了解到的中共真正有战斗力的军队只有四五十万人，正是基于此，他才提出了三个月消灭中共的狂妄计划。内战爆发以后，毛泽东比蒋介石更高一等的是，不在地盘上或空间上计较数量得失，而是在军队人数上注重力量翻转，他明确要求中共军队每个月至少消灭国民党 5 个师的有生力量。在某种程度上，国共之间的较量，是一种"数"的较量，谁对"数"有精确的了解，谁能抓住各种"数"，谁就能取得胜利。

把数字运用到实际的工作中，最为典型的两个实例莫过于毛泽东在政治上创立的"三三制"政权和在经济上制定的"四面八方"政策。从 1940 年开始，各抗日根据地普遍建立了"三三制"政权，就是在各级政府和参议会的组成人员中，共产党员只占 1/3，"左"倾进步分子占 1/3，中间分子和其他人士占 1/3。这极大地调动了各阶级各

[①] 《毛泽东在七大的报告和讲话集》，中央文献出版社 1995 年版，第 55—56、127、190 页。

阶层的积极性，扩大了我们党局部执政的基础。1949年，党的七届二中全会后，毛泽东提出经济上要"公私兼顾、劳资两利、城乡互助、内外交流"，简称"四面八方"政策。他还强调："'四面八方'缺一面，缺一方，就是路线错误、原则的错误。"① 这也是他"弹钢琴"方法的具体运用。当然，毛泽东在运用数字方面也有过失误和教训。比如，1958年发动大炼钢铁运动，紧紧盯住"1070"吨钢，提倡生产计划三本账，鼓励农业放高产卫星，极大地损害了经济的正常发展。这说明对于数字运用一定要慎重，切不可想当然和滥用，否则就会有害无益。

"弹钢琴"还要注意细节，一个音符错了，整个曲子也就砸了。毛泽东往往给人挥斥方遒、气势磅礴的感觉，其实他是非常注重细节的。在指挥一场战斗之前，甚至战士碗里有没有肉，他也要关注和嘱咐。1953年，中美关于朝鲜问题谈判时，事前毛泽东对谈判场所，对方谈判代表的宿舍、各种用具、设备和食品等，都要求精心地布置和准备。现在，人们常说，细节决定成败。毛泽东的成功，与其既能挥舞大棒又能弄绣花针不无关系。

两个"结合"

1943年，毛泽东在为中央起草的《关于领导方法的若干问题》的决定中说："我们共产党人无论进行何项工作，有两个方法是必须采用的，一是一般和个别相结合，二是领导和群众相结合。"这充分体

---

① 陶鲁笳：《毛主席教我们当省委书记》，中央文献出版社1996年版，第128—129页。

七、向毛泽东学工作方法

现了马克思主义政党的特点。

关于第一个"结合",他说:"任何工作任务,如果没有一般的普遍的号召,就不能动员广大群众行动起来。但如果只限于一般号召,而领导人员没有具体地直接地从若干组织将所号召的工作深入实施,突破一点,取得经验,然后利用这种经验去指导其他单位,就无法考验自己提出的一般号召是否正确,也无法充实一般号召的内容,就有使一般号召归于落空的危险。例如一九四二年的各地整风,凡有成绩者,都是采用了一般号召和个别指导相结合的方法;凡无成绩者,都是没有采用此种方法。……任何领导人员,凡不从下级个别单位的个别人员、个别事件取得具体经验者,必不能向一切单位作普遍的指导。这一方法必须普遍地提倡,使各级领导干部都能学会使用。"① 这个方法常常用来执行政策和完善政策:先在面上铺开,然后再深入到点中,由面及点,再由点带面,循环往复。现在,领导同志分头去蹲点,其实就是这个方法的一种运用,如此做来,使领导者下命令、发指示,能够接地气。

为指导领导干部具体地运用这一方法,毛泽东进一步指出,在领导工作中不要普遍动手,而应选择强的干部在若干地点先做,取得经验,逐步推广,波浪式地向前发展。"逐步推广的运动,看来很慢,其实是快;普遍动手的方法,看来是快,其实是慢。"② 他教育领导干部要善于"解剖麻雀",不需要解剖每一只麻雀,解剖一两只就够了,以从个别中找出一般的普遍性的东西。③ 在这一过程中,必须反对两

---

① 《毛泽东选集》第3卷,人民出版社1991年版,第897—898页。
② 《毛泽东文集》第5卷,人民出版社1996年版,第38页。
③ 《毛泽东文集》第6卷,人民出版社1999年版,第478页。

种倾向：一种是只注重一般而忽略个别，造成领导工作中的教条主义。一种是只注重个别而忽略一般，造成领导工作中的经验主义。早期中共党史上的教条主义者，就是机械搬用马克思主义，拘泥于一般原则，忽略了个别性、特殊性，难以把一般与个别结合起来。经验主义者则缺乏理论高度，难以把个别经验上升为普遍性认识。

毛泽东对这一方法的典型运用还体现在他对党性和个性关系的处理上，即在强调干部党性的同时，决不抹煞干部的个性。中共七大会议上，毛泽东举例说，有一个新闻记者写了一篇文章登在《大公报》上，说共产党是要消灭个性，只要党性。这种意见是不正确的。党性就是普遍性，个性就是特殊性。没有一种普遍性不是建筑在特殊性的基础上的。没有特殊性，哪里有普遍性？没有党员的个性，哪里有党性？谁要抹煞各种不同的个性是不行的。抹煞各种差别，结果就会取消统一。抹煞这种不同，就是不让同志们发展长处。七大结束时毛泽东再次强调："不能设想我们党有党性，而每个党员没有个性，都是木头。""任何一项凡是我们要做的工作和事情中都有党性，也有个性。"他对选举七大中央委员会的指导也体现了这一点："我们的选举，就应该在这样的方针指导下，即不是从个人求完全，而是从集体中求完全。"① 党的要求是普遍的，而党员的存在是千差万别的，如何使千差万别融在一起，向同一个方向用劲，这就需要方法和艺术。

为此，毛泽东提出要进行第二个"结合"。他说："一九四二年的整风经验又证明：每一单位的整风，必须在整风过程中形成一个以该单位的首要负责人为核心的少数积极分子的领导骨干，并使这一领导

---

① 《毛泽东文集》第 3 卷，人民出版社 1996 年版，第 416、417、366—367 页。

七、向毛泽东学工作方法

骨干和参加学习的广大群众密切结合,才能使整风完成任务。只有领导骨干的积极性,而无广大群众的积极性相结合,便将成为少数人的空忙。但如果只有广大群众的积极性,而无有力的领导骨干去恰当地组织群众的积极性,则群众积极性既不可能持久,也不可能走向正确的方向和提到高级的程度。"因此,"无论是执行战争、生产、教育(包括整风)等中心任务,或是执行检查工作、审查干部和其他工作,除采取一般号召和个别指导相结合的方法以外,都须采取领导骨干和广大群众相结合的方法。"① 领导骨干带头,组织和发动群众,这是中国共产党取得成功的秘诀之一。

其中,最重要的一点是对群众做工作的方法,毛泽东更具体地指出,要"抓两头带中间"。"任何有群众的地方,大致都有比较积极的、中间状态的和比较落后的三部分人。故领导者必须善于团结少数积极分子作为领导的骨干,并凭借这批骨干去提高中间分子,争取落后分子。"② 后来他又总结说:"这是一个很好的领导方法。任何一种情况都有两头,即是有先进和落后,中间的状态又总是占多数。抓两头就把中间带动起来了。这是一个辩证的方法,抓两头,抓先进和落后,就是抓住了两个对立面。"用之于实际工作,他特别注重典型或先进的引领作用。"组织干部和群众对先进经验的参观和集中地展览先进的产品和做法,是两项很好的领导方法。"③ 在他看来,典型是一种政治力量,树典型等于插旗帜,典型产生后,通过宣传、表彰等舆论导向,推动广大群众向这些"好样的"学习,由一到十,由点到

---

① 《毛泽东选集》第 3 卷,人民出版社 1991 年版,第 898、899 页。
② 《毛泽东选集》第 3 卷,人民出版社 1991 年版,第 898 页。
③ 《毛泽东文集》第 7 卷,人民出版社 1999 年版,第 349 页。

面，就会逐渐形成一种气候。

领导和群众相结合，隐含着毛泽东关于群众的观点。先做群众的学生，再做群众的先生。他说，三个臭皮匠，顶个诸葛亮；在人民中间，有成千上万的诸葛亮，我们要有承认自己无知的勇气，下决心向他们学习。"群众是真正的英雄，而我们自己则往往是幼稚可笑的，不了解这一点，就不能得到起码的知识。"① 他认为，党员干部应该走到群众中间去，在人民群众那里学得知识，制定政策，然后再去教育人民群众。所以要当先生，就得先当学生。这也就是从群众中来、到群众中去。从群众中来，领导者是群众的学生；到群众中去，领导者是群众的先生。没有群众的领导是"空洞的"，而没有领导的群众是"盲目的"，是不可持久的。

这就形成了从群众中来、到群众中去的工作路线和方法。对此，他有更精辟的论述："在我党的一切实际工作中，凡属正确的领导，必须是从群众中来，到群众中去。这就是说，将群众的意见（分散的无系统的意见）集中起来（经过研究，化为集中的系统的意见），又到群众中去作宣传解释，化为群众的意见，使群众坚持下去，见之于行动，并在群众行动中考验这些意见是否正确。然后再从群众中集中起来，再到群众中坚持下去。如此无限循环，一次比一次地更正确、更生动、更丰富。""从群众中集中起来又到群众中坚持下去，以形成正确的领导意见，这是基本的领导方法。"② 从群众中来，说的是制定政策的过程；到群众中去，则说的是贯彻执行的过程。所以，"从群众中来，到群众中去"，既是决策的方法，又是执行的方法。坚持这

---

① 《毛泽东选集》第 3 卷，人民出版社 1991 年版，第 933、790 页。
② 《毛泽东选集》第 3 卷，人民出版社 1991 年版，第 899、900 页。

七、向毛泽东学工作方法

一方法，就要反对"从机关中来，到机关里去"。

毛泽东还强调，要让群众执行决策，必须做到三点：第一，把决策向群众讲明白。"我们的政策，不光要使领导者知道，干部知道，还要使广大的群众知道。""群众知道了真理，有了共同的目的，就会齐心来做。"党员干部要"善于把党的政策变为群众的行动"，这是马克思列宁主义的领导艺术。"工作犯不犯错误，其界限也在这里。"[①] 第二，依靠群众找出执行决策的具体措施和办法。"工厂怎么办？合作社怎么办？商店怎么办？在机关里面是搞不清楚的。越是上层越没东西。要解决问题，一定要自己下去，或者是请下面的人上来。"第三，在群众执行决策的实践中检验决策。"政策必须在人民实践中，也就是经验中，才能证明其正确与否，才能确定其正确和错误的程度。"[②] 这样做以后，才能更好地执行决策。

当然，领导和群众相结合，不仅是领导如何对群众的过程、让群众被动接受的过程，而且还是群众如何对领导的过程、群众怎样产生主动性的过程。为此，毛泽东提出，要了解群众的"心理"和需要，要知道群众想什么、需要什么。需要是人一切生命活动的出发点和动力源泉，抓人心，最根本的就是抓人的需要。从满足群众的切身需要出发，去吸引群众、动员群众，是毛泽东倡导的第二个"结合"的具体体现。1934年，他在《关心群众生活，注意工作方法》中说："要得到群众的拥护吗？要群众拿出他们的全力放到战线上去吗？那末，就得和群众在一起，就得去发动群众的积极性，就得关心群众的痛痒，就得真心实意地为群众谋利益，解决群众的生产和生活的问题，盐的

[①]《毛泽东选集》第4卷，人民出版社1991年版，第1318—1320页。
[②]《毛泽东选集》第4卷，人民出版社1991年版，第1286页。

问题，米的问题，房子的问题，衣的问题，生小孩子的问题，解决群众的一切问题。""假如我们对这些问题注意了，解决了，满足了群众的需要，我们就真正成了群众生活的组织者，群众就会真正围绕在我们的周围，热烈地拥护我们。"① 也就是使群众由被动"执行"转化为主动"拥护"。

1942 年 12 月，他在《经济问题与财政问题》的讲话中，再次强调，"一切空话都是无用的，必须给人民以看得见的物质福利"。他批评很多人，只知道向人民要这样那样的东西，粮呀、草呀、税呀、这样那样的工具呀，而不知道做另外一个方面的工作，即用尽力量帮助人民发展生产、提高文化。"我们的第一个方面的工作并不是向人民要东西，而是给人民以东西。……组织人民、领导人民、帮助人民发展生产，增加他们的物质福利"，"切切实实地去研究人民中间的生活问题，生产问题"，"并帮助人民具体地而不是讲空话地去解决这些问题"，"我们才能取得人民的拥护，他们才会说我们要东西是应该的，是正当的"。② 这就是党的根本路线、根本政策；同时，也是党员干部赢得群众支持、让群众跟着走的工作方法。他还形象地说过，让鸡跟着走，手里还得抓把米呢！何况是对人呢！

总的来看，"两结合"的方法是毛泽东把唯物辩证法运用于实际工作的体现，是他对领导工作的总结与提炼，是他提倡的工作方法的精髓和核心。"两结合"作为一般的普遍的方法论，是有机的统一体。一般与个别相结合，主要是对"事"来说的；领导与群众相结合，主要是对"人"来说的。领导工作说到底就是"以人谋事"。

---

① 《毛泽东选集》第 1 卷，人民出版社 1991 年版，第 138—139、137 页。
② 《毛泽东文集》第 2 卷，人民出版社 1993 年版，第 467—468 页。

七、向毛泽东学工作方法

善于当"班长"

中国共产党的任何一级干部，都处于党的各级组织即党的委员会中。因此，领导干部开展工作大都是通过党委会进行的。1949年3月，毛泽东在党的七届二中全会上专门论述了《党委会的工作方法》，他提出党委应是"大权独揽，小权分散。党委决定，各方去办"。而党委书记要善于当"班长"。① 任何一个领导都处在一个系统中，领导者进行工作必须学会运用组织、系统，及在组织、系统中进行工作。中共之所以能够成功，在某种程度上正是缘于这样一种组织构架：个人服从组织，少数服从多数，下级服从上级，全党服从中央。按此，党委的核心领导作用、党支部的战斗作用、共产党员的先锋模范作用，都发挥得淋漓尽致。

毛泽东说，一般情况下，党的委员会有一二十个人，像军队的一个班，书记好比是"班长"。要把这个班带好，的确不容易。党委要完成自己的领导任务，必须依靠这"一班人"，充分发挥他们的作用。书记要当好"班长"，就应该很好地学习和研究。书记、副书记如果不注意向自己的"一班人"作宣传工作和组织工作，不善于处理自己和委员之间的关系，不去研究怎样把会议开好，就很难把这"一班人"指挥好。如果这"一班人"动作不整齐，就休想带领千百万人去工作。怎样指挥好这"一班人"呢？或者这"一班人"如何一道工作呢？除了以上提到的，综合起来看，毛泽东论述过的还有如下几点。

---

① 《毛泽东选集》第4卷，人民出版社1991年版，第1440页。

向毛泽东学习（修订本）

第一，"互通情报"，有问题摆到桌面上来。党委各委员之间要把彼此知道的情况互相通知、互相交流。这对于取得共同的语言是很重要的。有些人不是这样做，而是像老子说的"鸡犬之声相闻，老死不相往来"，结果彼此之间就缺乏共同的语言。同时，如果有问题，就摆到桌面上来解决。不仅"班长"要这样做，委员也要这样做。不要在背后议论。有了问题就开会，摆到桌面上来讨论，规定几条，问题就解决了。有问题而不摆到桌面上来，就会长期不得解决，甚至一拖几年。"班长"和委员还要能互相谅解。书记和委员、上级和下级之间的谅解、支援和友谊，比什么都重要。①

第二，不懂得和不了解的东西要问下级，不要轻易表示赞成或反对。有些文件起草出来压下暂时不发，就是因为其中还有些问题没有弄清楚，需要先征求下级的意见，切不可强不知以为知，要"不耻下问"，要善于倾听下面干部的意见，向下面干部请教，然后再下命令。下面干部的话，有正确的，也有不正确的，听了以后要加以分析。对正确的意见，必须听，并且照它做。对下面来的错误意见也要听，根本不听是不对的；不过听了而不照它做，并且要给予批评。

第三，抓得起，抓得紧。抓得起，是指抓全局，需要有一种大的能力，普通叫做有魄力。有些人对于某些事，不是没有看到，甚至著书立说、长篇大论。至于做，他就抓不起来了，或者抓了片面，忘了全面。说到抓，既要抓得起，又要抓得对、抓得紧。抓不起，等于不抓。抓不对，就要坏事。抓得不紧，也等于不抓。什么东西只有抓得很紧，毫不放松，才能抓住。伸着巴掌，当然什么也抓不住。就是把

---

① 本段与以下两段所引皆出自《毛泽东选集》第 4 卷，人民出版社 1991 年版，第 1441—1442 页。

七、向毛泽东学工作方法

手握起来,但是不握紧,样子像抓,还是抓不住东西。有些同志,也抓主要工作,但是抓而不紧,所以工作还是不能做好。不抓不行,抓而不紧也不行。薄一波回忆,毛泽东自己"看准的事情,一旦下决心要抓,就抓得很紧很紧,一抓到底,从不虎头蛇尾,从不走过场"。① 王任重的日记则记述了他的一个工作实例:"在这两天,主席写了三封信,申述了他的主张,要各省开六级干部大会,看来,主席抓得很紧。"②

第四,重视"开会"。开会要事先通知,像出安民告示一样,让大家知道要讨论什么问题、解决什么问题,并且早作准备。有些地方开干部会,事前不准备好报告和决议草案,等开会的人到了才临时凑合,好像"兵马已到,粮草未备",这是不好的。"开会的方法应当是材料和观点的统一。"如果没有准备,就不要急于开会。会议不要开得太长,讲话、演说和写决议案,都应当简明扼要。"凡是看不懂的文件,禁止拿出来。"③ 他还提出过,要大型会议、中型会议和小型会议相结合。④ 这三种会议一般指的是群众大会、干部大会和领导班子会,把工作干好就得学会开这些会。

第五,注意团结那些和自己意见不同的人一道工作。不论在地方上或部队里,都应该注意这一条。对党外人士也是一样。"我们都是从五湖四海汇集拢来的,我们不仅要善于团结和自己意见相同的同志,

---

① 薄一波:《若干重大决策与事件的回顾》上卷,中共中央党校出版社1991年版,第142页。
② 王任重日记,1959年3月4日。转引自逄先知、金冲及主编:《毛泽东传(1949—1976)》(下),中央文献出版社2003年版,第921页。
③ 《建国以来毛泽东文稿》第8册,中央文献出版社1993年版,第196页。
④ 《毛泽东文集》第7卷,人民出版社1999年版,第356页。

而且要善于团结和自己意见不同的同志一道工作。"① 为了让领导干部明白这一点，他多次引用过历史故事。1962年1月30日，他在中央工作会议上说："刘邦，就是汉高祖，他比较能够采纳各种不同的意见。"比如，一是采纳了郦食其夺取陈留县的意见；二是听张良劝说，封韩信为齐王；三是楚汉划界鸿沟后，听张良、陈平之劝，趁机追击引兵东向的项羽；四是刘邦称帝后，欲建都洛阳，听齐人刘敬建议，入都关中长安。刘邦能够作出一些正确的决策，与他善于采纳不同的意见密切相关。② 相反，项羽失败，就是由于他"不爱听别人的不同意见"，"他那里有个范增，给他出过些主意，可是项羽不听范增的话"。1963年1月3日，他批示将《史记》中的《项羽本纪》"送各同志一阅"。③ 自然，希望领导干部吸取项羽的教训，而向刘邦学习"豁达大度，从谏如流"。1960年12月25日，毛泽东再次讲到，批评就是帮助，对人是有好处的。"我们之间，进行批评帮助都是好意。就是明明知道某些批评是恶意也要听下去，不要紧嘛！人就是要压的，像榨油一样，你不压，是出不了油的。人没有压力是不会进步的。"④

第六，检查评比，及时纠错。工作布置下去，不能认为就完成了。毛泽东说，"全面规划，几次检查，年终评比，这是三个重要方法"。他还强调，"除了开会的方法以外，还有打电报、打电话、出去巡视这些方法，也是很重要的领导方法"⑤；"一年至少检查四次"。⑥ 通过

---

① 《毛泽东选集》第4卷，人民出版社1991年版，第1443页。
② 《毛泽东文集》第8卷，人民出版社1999年版，第295页。
③ 《建国以来毛泽东文稿》第10册，中央文献出版社1996年版，第238页。
④ 转引自本刊编辑部：《毛泽东谈从历史文化中学习工作方法二十则》，《党的文献》2008年第1期。
⑤ 《毛泽东文集》第6卷，人民出版社1999年版，第478页。
⑥ 《毛泽东文集》第7卷，人民出版社1999年版，第346页。

检查，一是督促进展，二是修正错误。1948年2月，他在谈到工商业政策的时候说："必须随时掌握工作进程，交流经验，纠正错误，不要等数月、半年以至一年后，才开总结会，算总账，总的纠正。这样损失太大，而随时纠正，损失较少。……随时提醒下面，使之少犯错误。这都是领导方法问题。"① 毛泽东一生也犯过很多错误，除了晚年，大都能自己纠正，应该说与这种工作方法不无关系。

以上几点是毛泽东在不同场合讲的"党委会的工作方法"，不难发现，它实际上体现的是民主集中制的方法，包括"集中指导下的民主"和"民主基础上的集中"两个过程。他明确指出过："党委制是保证集体领导、防止个人包办的党的重要制度。"②"只要是大事，就得集体讨论，认真地听取不同的意见，认真地对于复杂的情况和不同的意见加以分析。要想到事情的几种可能性，估计情况的几个方面，好的和坏的，顺利的和困难的，可能办到的和不可能办到的。尽可能地慎重一些，周到一些。如果不是这样，就是一人称霸。这样的第一书记，应当叫做霸王，不是民主集中制的'班长'。"他还告诫党的干部，"让人讲话，天不会塌下来，自己也不会垮台。不让人讲话呢？那就难免有一天要垮台"。③ 毛泽东主张"听取不同的意见"，可谓抓住了民主的真谛。

最后，需要说明的是，毛泽东讲过的和实践过的工作方法还有很多，比如"在游泳中学游泳"，"从战争中学习战争"；多谋善断；留有余地；依据形势，改变计划；善于观察形势；当机立断；敢于做主，

---

① 《毛泽东选集》第4卷，人民出版社1991年版，第1286页。
② 《毛泽东选集》第4卷，人民出版社1991年版，第1340页。
③ 《毛泽东文集》第8卷，人民出版社1999年版，第295、310页。

等等。但是，以上四种是最主要的，也是他最常用的。同时，它们具有普遍的超时空的意义，至今仍可以学习和效仿。不过，运用它们，也要像毛泽东一样，不能生搬硬套，应该根据具体工作具体选用，并在实践中发挥自己的主观能动性，"青出于蓝而胜于蓝"，有所创新。否则，就可能邯郸学步，反失其故。

八
向毛泽东学统战艺术

统一战线是中国共产党的主要法宝和中国革命胜利的基本经验。毛泽东在统一战线理论形成和实践的过程中，发挥着重要的作用，展现出了高超的统战艺术。他有着坚定的原则，但是同时又注意策略的灵活；他又斗争又团结，以斗争达到团结；毛泽东独有的人格魅力，也使许多人站在了共产党这边。

原则性与灵活性相统一

在统战工作中，毛泽东十分重视坚持原则性和灵活性相统一。因为他知道，统战工作一定要有很强的原则性，没有原则性，共产党就会丧失自己的目标；而没有灵活性，就会丧失很多机遇。他曾告诫党的干部，原则问题上不能让步。在原则许可的范围内，因时而宜，灵活机动，以便更好地坚持原则。他还曾经用中国古代的钱币——铜钱打了一个生动形象的比喻。他说：做统战工作的同志，要像铜钱那样，外圆内方，做工作时要圆、策略要圆，但是，内心要方正，原则不能丢。

红军经过长征到达陕北后，随着抗日救亡运动新高潮的到来，中国共产党面临着从土地革命战争向民族革命战争转变的新形势。1935年12月召开的瓦窑堡会议着重讨论了全国政治形势和党的策略路线、军事战略，确立了建立抗日民族统一战线的新策略。要建立抗日民族统一战线，就牵涉到如何处理共产党和国民党的关系这个问题。共产党是否要像第一次大革命时期那样采取和国民党全面合作的态度？如果不是全面合作，那又该采取一种什么样的合作态度？毛泽东在这个问题上坚持了原则性和灵活性的高度结合，恰如其分地处理了和国民党的关系。

1936年10月，毛泽东在陕北会见美国记者斯诺时，分析了当时的形势，指出日本的侵略"已经严重到中国一切力量都必须团结起来的程度。除了共产党以外，中国还有其他的政党和力量，其中最强大的是国民党。没有国民党的合作，我们目前的力量是不足以在战争中抵抗日本的。南京必须参加。国民党和共产党是中国两大政治力量，如果他们现在继续打内战，结果就会对抗日运动不利"。毛泽东还谈道：甚至在国民党里的许多爱国分子现在也赞成同共产党联合。"甚至在南京政府里的抗日分子和南京自己的军队，今天都为了我国民族存亡而准备联合起来。"毛泽东向斯诺表示：如果国民党政府愿意接受中共的建议，实现合作抗日，"共产党、苏维埃政府、红军愿意停止内战和不再企图用武力推翻南京政府，服从代议制中央政府的最高指挥"，并在不影响红军和共产党的独立地位下，"红军愿意改名为国民革命军，放弃苏维埃的名称，在抗日备战期间修改土地政策"。

1937年初，国民党召开了五届三中全会。在毛泽东以上谈话的基础上，为了实现共同抗战的目标，2月10日，中共中央发表了《致国

八、向毛泽东学统战艺术

民党五届三中全会电》，其中提出了五项要求和四项保证。五项要求是：停止一切内战，集中国力，一致对外；保证言论、集会、结社之自由，释放一切政治犯；召集各党派各界各军的代表会议，集中全国人才，共同救国；迅速完成对抗日之一切准备工作；改善人民生活。作为相应的条件，中国共产党作出四项保证：第一，在全国范围内停止推翻国民党政府之武装暴动方针；第二，工农政府改名为中华民国特区政府，红军改名为国民革命军，直接受南京中央政府与军事委员会指导；第三，在特区政府区域内，实施普遍的彻底民主制度；第四，停止没收地主土地之政策，坚决执行抗日民族统一战线之共同纲领。

这是中共为促使国民党转向抗战、实现国共合作抗日的局面所采取的重要步骤之一，也是对国民党当局作出的重大让步。

当时许多战士想不通，为什么要对国民党作出这么多让步。毛泽东耐心地进行了解释。他指出："这是一种有原则有条件的让步，实行这种让步是为了去换得全民族所需要的和平、民主和抗战。"[1] "共产党所采取的这些步骤，是对国民党一个大的让步。但是这种让步是必要的，因为这种让步是建立在一个更大更重要的原则上面，这就是抗日救亡的必要性和紧迫性。"[2] 这就是原则，在坚持这个原则的情况下，共产党可以作出四项保证，在不损害共产党的独立性的条件下和国民党团结抗战。毛泽东还指出："这些保证，是必要的和许可的。因为只有如此，才能根据民族矛盾和国内矛盾在政治比重上的变化而改变国内两个政权敌对的状态，团结一致，共同赴敌。"这种"让步是有限度的。在特区和红军中共产党领导的保持，在国共两党关系上

---

[1] 《毛泽东选集》第1卷，人民出版社1991年版，第250页。
[2] 《毛泽东文集》第1卷，人民出版社1993年版，第490页。

共产党的独立性和批判自由的保持,这就是让步的限度,超过了这种限度是不许可的"。① 这就是灵活性。

1945年8月,抗日战争终于取得了胜利,全国人民一片欢呼。当全国人民还沉浸在胜利的欢乐当中的时候,中国上空却出现了战争的阴霾。蒋介石集团迫不及待地动手争夺抗战胜利果实,把刀锋指向中国共产党。

但是,蒋介石如果贸然发动战争,那将是极不得人心的,另外他还要做一定的准备。于是,蒋介石在8月14日、20日、23日连续三次致电毛泽东,邀请毛泽东到重庆"共定大计"。蒋介石显然并不是真正想通过谈判来实现国内和平。他利用这一招自以为可以达到两个目的:第一,如果毛泽东拒绝来重庆,就把拒绝谈判、蓄意内战的罪名安到共产党头上,就把发动内战的责任推到共产党身上;如果毛泽东来了,就迫使共产党交出军队、解放区,这样共产党就变成赤手空拳,就可以任其宰割。第二,他还想通过谈判来取得准备全面内战的时间。

当时党内的不少人是不主张毛泽东去重庆的,认为这是蒋介石摆的鸿门宴。毛泽东经过对形势的认真分析,最后还是决定到重庆去。因为这样可以充分表明中国共产党争取和平的决心,阻止和推迟内战的爆发,从而揭穿美国和蒋介石假和谈、真内战的反动面目,以教育和团结广大人民。毛泽东的这一决策充分体现了一个战略家的胆识和气魄。

重庆谈判从1945年8月29日开始至10月10日结束。在此期间,

---

① 《毛泽东选集》第1卷,人民出版社1991年版,第258页。

八、向毛泽东学统战艺术

毛泽东同蒋介石直接就国共两党关系的许多重大问题进行了多次商谈。蒋介石对国共之间的和谈本身诚意就不大，更大程度上是为了拖延时间准备内战。因此，9月8日，国民党政府代表根据4日蒋介石亲自拟定的《对中共谈判要点》，对中共的十一项提要作出书面答复，表示接受中共代表提出的和平建国、承认党派合法平等、结束党治等项主张，对于召开政治协商会议问题也表示基本同意，但对于解放区政权作为合法地方政府却坚决不同意，对于军队编组问题也要做种种限制。其实质就是要共产党交出军队给国民党，要共产党撤出根据地，让出地盘，毛泽东等中共的领袖们可以到国民党政府中做官。

在军队和解放区问题上，毛泽东汲取了大革命时期的教训，坚持了共产党的原则，在这个问题上坚决不让步，没有交出一颗子弹、一支枪，没有上国民党的当。9月21日晚，美国大使赫尔利向毛泽东提出，中共应该交出军队，交出解放区，否则谈判就要破裂。赫尔利的这些话，是最后通牒式的压力施加。毛泽东从容不迫地用八个字来回答："问题复杂，还要讨论。"他说：军队国家化，国家要统一，我们是完全赞成的，但前提是国家民主化，军队和解放区不能交给一党控制的政府。如何民主化，还要讨论。

为了促使谈判能够继续下去，在毛泽东的主张下，中共也曾就解放区政权和军队问题做过一定程度的让步。比如，在承认解放区人民政权合法地位的前提下，解放区各级民选政府可重新举行人民普选，选出的各界政府由国民政府加委；在公平合理整编全国军队的原则下，中共愿意将所领导的人民军队按照同国民党军队1∶6的比例，缩编为24个师或至少20个师，并且可以把广东、浙江、苏南、皖南、皖中、湖南、湖北、河南（豫北不在内）八个解放区的部队撤退到苏北、皖北以及陇海路以北地区。

毛泽东这一策略的灵活性,中共代表在谈判中所作出的让步,得到了各民主党派的普遍同情和支持,也得到了全国人民的拥护。

辩证看待团结和斗争的关系

华北事变发生后,日本帝国主义独霸中国的野心逐渐暴露。毛泽东深刻分析了国内外局势,提出要建立最广泛的抗日民族统一战线。他还明确提出要和中国的大资产阶级结成抗日民族统一战线。他说:"因为中国带买办性的大资产阶级是分属于几个帝国主义国家的,在几个帝国主义国家间的矛盾尖锐地对立着的时候,在革命主要地是反对某一个帝国主义的时候,属于别的帝国主义系统之下的买办阶级也有可能在一定程度上和一定时间内参加当前的反帝国主义战线。"但是这些大资产阶级本身又存在着反动性,因此在和他们联合的时候又要注意斗争,以斗争的手段,达到联合的目的。在抗日战争时期,毛泽东对蒋介石为代表的大资产阶级,就是采取这种又斗争又团结的方法,使他们站在抗日民族统一战线内,为中华民族的抗战大业服务。

西安事变爆发后,蒋介石被扣押。有的红军战士非常高兴,甚至有人主张趁机杀掉蒋介石。中共中央从中华民族的根本利益出发,提出了和平解决西安事变的方针。有人想不通,跑到毛泽东住处,质问毛泽东说:"怎么!要放掉蒋介石?"毛泽东笑着说:"是啊,放掉他,一切为了抗日嘛!"他接着解释说,我们现在对待蒋介石,不能记私仇,不能关他的窑洞,更不能杀他。亲日派何应钦之流,正想利用西安事变,搞掉蒋介石,取蒋而代之,挑起全国范围内的战争。如果这样，就会使国内形势更加复杂和混乱，只能有利于日本帝国主义，不利于中国人民。

经过一段时间的解释，一些干部和战士逐渐明白了和平解决西安事变的道理。但是红军大学里的一些学员还是不理解，毛泽东为此特意到红军大学作了一次报告。

毛泽东站在操场上，用他那特色鲜明的湖南话对大家说："同志们，你们看，陕北不同于南方，这里的毛驴很多，小毛驴有很多优点，有耐力、负重，是农民很好的交通工具。老百姓让毛驴上山有三个办法：一拉，二推，三打。"听到这里，一些红军战士都笑了起来，但又好奇，毛主席怎么说起毛驴的事了？

毛泽东似乎看穿了广大战士的心思，接着说："蒋介石在抗日的问题上，就是像毛驴上山一样，他不愿上山，不愿拿枪打日本，我们怎么办呢？就得向老百姓学习，采用对付毛驴的一套办法，拉他和推他，再不干就打他一下。西安事变就是这样，打了他一下，他会上山抗日的。当前，日本帝国主义和中华民族的矛盾是主要矛盾，共产党要领导全国人民抗战，完成这一主要任务，国共合作是大势所趋。要抗战就要联合蒋介石为首的国民党政府。我们拉蒋和推蒋，就是团结和联合的办法。但是，陕北的小毛驴也有缺点，很偏犟，有时不听话，还会抬起腿子踢人的，我们要提防着这一面。蒋介石不愿抗日，我们打他一下，让他抗日。但他本性不会改变，抗日民族统一战线建立后，他还会有对日妥协投降的一面，到那时，我们还要对他进行斗争，还要经常采用不同的方法来'打'他一下，'打'他是让他清醒，站到中国人民和中华民族的立场上。"

这一深入浅出、生动活泼、形象具体的报告，像一盏明灯，照亮了红军大学学员的心坎，也把共产党又团结又斗争、以斗争求团结的统战原则和艺术阐述得新颖别致。在整个抗日战争阶段，面对蒋介石集团发动的三次反共摩擦，毛泽东始终采取这种又团结又斗争、以斗争求团结的统战艺术，使抗日民族统一战线得以坚持下来。

抗战进入战略相持阶段后，国民党内的顽固派在1939年冬至1940年春，发动了第一次反共高潮。这次反共高潮的重点地区在陕甘宁边区、山西和河北。

1939年12月，封锁陕甘宁边区的国民党胡宗南部，纠集地方反共势力，对陕甘宁边区发动了进攻。他们到处袭击八路军，摧毁地方政权和群众抗日团体，捕杀工作人员，并先后袭击八路军驻防的宁县、镇原等县城。中国共产党从抗日大局出发，一忍再忍，并派出谢觉哉为代表同国民党谈判，力求避免冲突。八路军总部和留守兵团先后致电蒋介石并通电全国，呼吁停止进攻边区，反对枪口对内。在国民党不听劝告的情况下，边区军民被迫进行自卫还击，坚决打退了来犯之敌。

在反对国民党顽固派的斗争中，共产党内一种错误的看法，认为国共合作将破裂，斗争可以无限制地使用的"左"的倾向逐渐发展起来。同时，不敢同国民党顽固派斗争的右的倾向也还存在。

这两种都是错误的倾向。在大革命后期，一切联合，否认斗争；在土地革命后期，则是一切斗争，否认联合。针对这两种错误倾向，毛泽东明确指出："现在的抗日民族统一战线政策，既不是一切联合否认斗争，又不是一切斗争否认联合，而是综合联合和斗争两方面的政策。"[①] 二者的辩证关系在于，"斗争是团结的手段，团结是斗争的

[①]《毛泽东选集》第2卷，人民出版社1991年版，第763页。

八、向毛泽东学统战艺术

目的。以斗争求团结则团结存，以退让求团结则团结亡"。①

一波刚平，一波又起。1940年夏秋，国民党顽固派在华北发动的第一次反共高潮遭到失败后，便把反共重心转向华中。1941年1月4日，奉命北移的新四军军部及所属皖南部队9000余人，从云岭驻地出发往长江以北行进，6日在安徽泾县茂林地区突然遭到国民党军队7个师8万余人的包围袭击。新四军部队英勇奋战七昼夜，终因寡不敌众，弹尽粮绝，除2000余人突出重围外，一部分被打散，大部分壮烈牺牲和被俘。军长叶挺被扣押，副军长项英被杀害。这就是震惊中外的皖南事变。1月17日，蒋介石反诬新四军为"叛军"，宣布取消新四军的番号，声称把叶挺送交军事法庭。

皖南事变发生后，毛泽东十分痛心。1941年1月，毛泽东对新华社记者发表关于皖南事变的谈话。他指出："此次皖南反共事变，酝酿已久。目前的发展，不过是全国性突然事变的开端而已。"②"特别是一月十七日的命令，包含着严重的政治意义。因为发令者敢于公开发此反革命命令，冒天下之大不韪，必已具有全面破裂和彻底投降的决心。"③他说："目前全国人民的紧急任务，在于以最大的警惕性，注视事变的发展，准备着对付任何黑暗的反动局面，绝对不能粗心大意。"④他提出解决皖南事变的12条办法，并说："如能实行以上十二条，则事态自然平复，我们共产党和全国人民，必不过为已甚。否则，'吾恐季孙之忧，不在颛臾，而在萧墙之内'，反动派必然是搬起石头

---

① 《毛泽东选集》第2卷，人民出版社1991年版，第745页。
② 《毛泽东选集》第2卷，人民出版社1991年版，第771页。
③ 《毛泽东选集》第2卷，人民出版社1991年版，第773页。
④ 《毛泽东选集》第2卷，人民出版社1991年版，第774页。

打他们自己的脚,那时我们就爱莫能助了。"①这个谈话不仅得到全党的一致拥护,而且得到国民党爱国民主人士宋庆龄、何香凝、柳亚子、彭泽民、陈友仁等的支持。他们联名致信蒋介石,谴责国民党政府对新四军的迫害,要求释放叶挺;从前担心共产党过于强硬而引起破裂的民族资产阶级代表陈嘉庚等亦仗义执言;冯玉祥、于右任、孙科等也对蒋介石表示不满。这件事,在国际上也引起广泛重视。斯特朗、斯诺等在美国报纸上发表报道和评论,向全世界披露皖南事变的真相。英、美、苏等国都不支持蒋介石的做法。蒋介石陷入内外交困、空前孤立的狼狈境地之后,几次派张冲、张治中找周恩来商量妥协办法,并批准叶剑英回到延安。

国民党顽固派制造皖南事变,并没有达到打击共产党的目的,反而惊醒和教育了对国民党抱有幻想的人们。中共中央、毛泽东在这场斗争中的坚定立场和维护抗战大局的态度,赢得了多方面的同情和支持,提高了在全国的政治地位。

随着形势的发展,国民党顽固派再次企图发起反共高潮。1943年6月18日,胡宗南根据蒋介石的命令,在洛川召开反共军事会议,布置军队,准备分九路"闪击"延安。7月上旬,国民党军队向陕甘宁边区的关中地区挑衅,企图掀起第三次反共高潮。

毛泽东对此进行了坚决的斗争。7月12日,毛泽东为《解放日报》撰写《质问国民党》的社论,揭露国民党顽固派破坏团结抗战的阴谋,号召全国人民起来制止内战危机。与此同时,各解放区军民纷纷开展声势浩大的反对内战、保卫边区的群众运动。由于共产党的揭

---

① 《毛泽东选集》第2卷,人民出版社1991年版,第775页。

露、声讨和全国人民的反对，再加上国际舆论的谴责，蒋介石被迫命令胡宗南停止军事行动。这样，国民党顽固派发动的第三次反共高潮在还没有发展成为大规模武装进犯的情况下就被制止了，抗日民族统一战线得以继续坚持下来。

在统一战线中，毛泽东辩证把握团结和斗争两个方面的关系，又团结，又斗争，展现出了高超的统战艺术。当蒋介石、国民党在抗日问题上表现出一定的积极性，打了一些大战役，对共产党也较友好的时候，毛泽东根据情况，对国民党采取以团结为主的政策，肯定和宣传国民党军队抗日的事迹，对其不敢放手发动群众的一面进行适当的斗争。当抗日战争进入相持阶段以后，蒋介石采取消极抗日、积极反共的政策，连续发起三次反共高潮。此时，毛泽东对国民党又采取以斗争为主的政策，不仅仅是政治上宣传舆论的斗争，还敢于在军事上进行猛烈的反击，毫不留情地进行针锋相对的斗争，通过斗争揭露和打击其反共阴谋，但斗争的目的是使抗日民族统一战线得以坚持下来。毛泽东表现出来的这种炉火纯青的、高超的统战艺术对抗日民族统一战线的维持和中华民族抗战的最终胜利，起到了重要的作用。

以人格魅力感染人

魅力就是一种吸引人的力量。人格是指人的性格、气质、能力等特征的总和。而人格魅力则指一个人在性格、气质、能力、道德品质等方面具有的很能吸引人的力量。中国自古以来就注重人格。毛泽东在《纪念白求恩》一文中说过："一个人能力有大小，但只要有一种像白求恩一样毫不利己专门利人的精神，就是一个高尚的人，一个纯粹的人，一个有道德的人，一个脱离了低级趣味的人，一个有益于人民的人。"① 统战工作是做人的思想政治工作的，高尚的人格是做好这一工作不可或缺的重要因素。毛泽东是一位统战艺术的大师，他在统战工作中，特别是在和党外人士的交往过程中，其一言一行、一举一动，都注意从自身做起，展现出了高尚的人格，以人格魅力来感染人、吸引人。

诚信，是中华文化十分推崇的传统美德，是有志之士安身立命的基本准则，只有讲诚信，才能获得同盟者的信赖和拥护。毛泽东对待党外朋友，一言九鼎、一诺千金，深深感动了他们。他和章士钊的交往就是一例。

1920年，毛泽东为送一部分志同道合的战友去欧洲勤工俭学，向民国教育总长章士钊借钱。章士钊是大名人，经过努力，很快把两万银元交给了毛泽东。此后，随着岁月的流逝，章士钊对这件事情早已印象模糊了，但是令他没有想到的是，毛泽东还牢牢记着这件事，并且要还债。

1962年12月26日，是毛泽东的生日。他邀请了4位老人出席生日聚会，他们是程潜、章士钊、叶恭绰和王季范，事先关照，每位来客可带一个子女。章士钊那次赴宴便带了女儿章含之同往。在吃饭时，毛泽东知道章含之在外国语学院英语系任教，便请她担任自己的英文老师。因为这个缘故章含之得以和毛泽东经常接触。

散步的时候，毛泽东对章含之说起了他曾经向其父亲借钱的事情。毛泽东还说：这笔钱帮了共产党的大忙，从现在开始，他要还这笔欠

---

① 《毛泽东选集》第2卷，人民出版社1991年版，第660页。

了近五十年的债，一年还两千元，十年还完两万。章含之回家告诉父亲，章士钊哈哈大笑说："确有其事，主席竟还记得！"

过了几天，毛泽东派秘书送上第一笔两千元，并说今后每年春节送上两千元。章士钊过意不去，要女儿转告毛泽东不能收此厚赠，当时的银元是募集来的，他自己也拿不出这笔巨款。毛泽东听章含之这样说，微笑道："你也不懂，我这是用我的稿费给行老（章士钊字行严）一点生活补助啊！你就告诉他，我毛泽东说，欠的账无论如何要还的，这个钱是从我的稿酬中支付的。"自此，每年正月初二这天，毛泽东必定派秘书送来两千元，一直到1972年送满两万元。1973年春节过后不久，毛泽东又提出："……从今年开始还利息。五十年的利息我也算不清应该多少。就这样还下去，行老只要健在，这个利息是要还下去的。"

毛泽东借春节之际，自己出资，偿还43年前为革命活动筹集的一笔款项。可谓一诺千金，境界之高，由此可见一斑。这十年还债的动人故事，也表现了毛泽东关怀党外朋友的高尚人格。章士钊受此礼遇，感动不已，90多岁时，还飞赴香港去做有关海峡两岸统一的工作，不幸在港逝世，以身酬义。

开明，指思想开通，不顽固保守。古今中外的国家元首要做到开明，是不容易的，因为这些大权在手的人往往会认为真理也在自己手中。毛泽东作为党的领袖，却虚怀若谷，对不同意见，尤其是对党外人士的意见格外重视，能够倾听他们的心声，真诚采纳有益的意见和建议。毛泽东就像一块磁石一样，牢牢把这些人吸引在自身周围。

李鼎铭是陕西米脂县一位有名望的绅士。清朝末年，李鼎铭曾在米脂创办小学，后来又做过榆林中学的教员，晚年以行医务农为生。

他为人正直，同情工农，热爱祖国，拥护共产党的抗日民族统一战线政策，被选为米脂县参议会会长、陕甘宁边区第二届参议会议员。1941年11月6日，在陕甘宁边区第二届参议会上，李鼎铭根据边区老百姓负担较重的情况，提出了"精兵简政"的方案。其主要内容是：为了更好地完成抗日救国大业，军队要精简，政令要简约，行政机构要提高工作效率。

李鼎铭的这一提案在提交之前，曾有民主人士劝他不要提，因为他们不知道共产党是否真的听得进去批评意见。"精兵简政"的议案提出来以后，一开始果然受到了一些人的批评。有的人甚至怀疑李鼎铭提出这个议案的动机，因为在他们看来，提倡精兵，部队就不能发展了。但是这个提案到了毛泽东那里，他却表现出了格外的重视。

在延安的窑洞里，在一个北风呼啸的夜晚，在微弱的灯光下，毛泽东对李鼎铭的这个提案进行了反复的研读，并且把其中的一些段落一字一句抄在自己的本子上，旁边还加上了一段批语：这个办法很好，恰恰是改进我们的机关主义、官僚主义、形式主义的对症药。

"精兵简政"的议案提交大会讨论时，李鼎铭刚发完言，毛泽东就站起来，一边鼓掌，一边走到前台，深刻而生动地阐述了实行精兵简政的必要性，对一些不正确的意见进行了批评。他还严肃地指出：我们的党是为人民服务的党，不论谁提出意见，只要是对人民有好处的，我们一律照办。

"精兵简政"的议案在边区参议会上最终得以通过。毛泽东为此还专门为《解放日报》写了《一个极其重要的政策》的社论。李鼎铭深受感动，他感受到了以毛泽东为首的共产党人对待不同意见的真诚态度，感受到了毛泽东虚怀若谷的博大胸襟。李鼎铭当选为边区政府

八、向毛泽东学统战艺术

副主席后,就将家由米脂搬到了延安,并把全部财产捐给当地政府,之后为了革命更是不顾年迈多病,夜以继日地忘我工作。

20世纪50年代,原国民党绥远省主席、起义将领董其武向毛泽东反映,他的一些部下写信给他说:过去说对起义人员是既往不咎,现在几乎都咎了,有抓的,有押的,有管训的,有劳动改造的。毛泽东听了,认真地说:"咱们的经是一部好经,小和尚、歪嘴和尚念错了!"继而,他指着桌子大声说:"改!一定能改好!"

早在1944年,毛泽东就在《为人民服务》一文中说过,"因为我们是为人民服务的,所以,我们如果有缺点,就不怕别人批评指出","只要你说得对,我们就改正。你说的办法对人民有好处,我们就照你的办"。[1] 正是因为毛泽东这种对待党外人士、对待不同意见的开明态度,才促使党外的这些"诤友"能够对共产党的错误直言相劝而不担心被打棍子,被扣帽子。

尊重别人,才能团结多数人。特别是对待那些对中国革命有过巨大贡献的人,毛泽东从来不以共产党的领袖自居,从不表现得高高在上,而是礼贤下士,虚心求教,与他们真诚地交朋友,对他们格外尊重,丝毫看不出"官"架子。

1949年,毛泽东的工作重心已转移到筹建新中国上。在中共筹备召开新政协、成立民主联合政府时,83岁高龄的中国致公党创始人司徒美堂,要到位于香山半山腰的双清别墅,和毛泽东谈事。毛泽东怕体弱的司徒美堂经不住吉普车的颠簸,就让工作人员用自己的藤椅做成一个简易的轿子。司徒美堂被抬上来后,毛泽东双手搀扶他"下

---

[1] 《毛泽东选集》第2卷,人民出版社1991年版,第1004页。

轿"，把司徒美堂感动得连连拱手致谢。

程潜是国民党的高级将领。对这位国民党元老，毛泽东十分尊敬。在毛泽东的大力争取下，程潜在湖南率军起义，实现了湖南的和平解放，毛泽东称其为"义声昭著、举国欢迎"。

1949年9月7日，毛泽东亲自去火车站迎接前来北平参加新政协的程潜。第二天，毛泽东在中南海设宴招待程潜。席间，很少喝酒的毛泽东举杯祝酒说："程潜将军领导全体官兵起义，和平解放湖南带了一个好头，使湖南人民免遭战争灾难。你们立了功，向你们祝贺，向你们致敬。"不久，毛泽东又请程潜到自己家里做客。饭后，毛泽东提议去划船，并亲自为程潜划桨。此外，毛泽东还在百忙之中抽出时间陪同程潜游览天坛。毛泽东的这些举动使程潜大为感动。

毛泽东这种颇具个人色彩的人格魅力，深深吸引了这些党外人士。这些党外人士也真正把自己当作共产党的"诤友"。正是在这样的一种良性互动下，党外人士才能敞开心扉、肝胆相照、知无不言、言无不尽地建言献策。

九
向毛泽东学军事才能

无论在中国历史上还是在世界历史上，毛泽东的军事才能都是无与伦比的。他领导了秋收起义，开辟了井冈山根据地，击败了国民党军队的一次次"围剿"；领导红军粉碎了国民党数十万军队的围追堵截，完成了震惊世界的二万五千里长征；领导八路军和新四军抗击了日本帝国主义的入侵；领导中国人民解放军打败了国民党的数百万军队，解放了全中国；还领导中国人民志愿军击退了入侵朝鲜的美国军队。毛泽东经历的战争状况之错综复杂，指挥过的战役之多和规模之大，都是前无古人的。令人惊奇的是，这样一位人物，居然并非出身军人世家；带兵打仗之前，也没有多少值得骄傲的军人经历。他只当了十多天并不合格的列兵，据说立正和军姿也不是很标准。或许是靶环太小，不足以构成他瞄准射击的对象，他的枪法也很糟糕。据记载，除了在井冈山和朱德会师等有限的几次外，他几乎没怎么带过枪。尤其令人慨叹的，是他从来没有跨进过军校的大门，但几乎打败了20世纪最显赫的黄埔军校的大部分得意门生。把握历史的发展方向，认清现实的客观规律，紧攥战争的缰绳，擒住死亡的利爪，在波谲云诡的军事生涯中，他纵横捭阖、挥洒自如，"谈笑间，樯橹灰飞烟灭"。那么，究竟是什么造就了他非凡的军事才能？从毛泽东身上，我们又能学到些什么呢？

熟读中国古代兵法

毛泽东酷爱读书。他博览群书，读了马列的书、古今中外的历史、哲学、军事和古典小说，汲取了人类最优秀的思想成果和智慧精华。湘人治军的灵秀和韶人后裔的王者风范与大气，造就了毛泽东远不止于军事的才能。

我们都知道，毛泽东善于融会贯通中国传统历史文化，从中汲取丰富养料，并幽默诙谐地运用于自己的著述、演讲和谈话中。其著述引用古人典籍中的精华来阐明当前革命战争应汲取的经验教训之处颇多。比如在《关于纠正党内的错误思想》中，为肃清红军党内的流寇思想，在批评"不愿意做艰苦工作建立根据地，建立人民群众的政权"等三条错误后，他指出"应当认识，历史上黄巢、李闯式的流寇主义，已为今日的环境所不许可"，[1]从而说明建立根据地的重要意义。在《中国革命战争的战略问题》中，他引用《汉书》中关于"后发制人"的战术，说明敌我双方在斗争中，一方先退让一步，借机发现对方的破绽以更好地制服对方。他又列举《水浒传》中林冲与洪教头在柴进庄上比武制胜的故事，来印证进与退的辩证关系，进一步说明革命战争中退却与进攻的军事辩证法。在《矛盾论》中，毛泽东引用唐朝宰相魏徵"兼听则明，偏信则暗"的观点，批判片面性的错

---

[1] 《毛泽东选集》第1卷，人民出版社1991年版，第94页。

九、向毛泽东学军事才能

误,并列举《水浒传》中三打祝家庄的故事,说明从调查情况入手、全面掌握情况的重要性。在《论持久战》中,为了说明战争指导中的主动性、灵活性和计划性的重要意义,他提出"有计划地造成敌人的错觉,给以不意的攻击,是造成优势和夺取主动的方法,而且是重要的方法"①。所谓错觉是什么呢?"'八公山上,草木皆兵',是错觉之一例。'声东击西'是造成敌人错觉之一法。在优越的民众条件具备,足以封锁消息时,采用各种欺骗敌人的方法,常能有效地陷敌于判断错误和行动错误的苦境,因而丧失其优势和主动。'兵不厌诈',就是指的这件事情。什么是不意?就是无准备。优势而无准备,不是真正的优势,也没有主动。"② 在《关于打退第二次反共高潮的总结》中,毛泽东引用宋朝朱熹在《中庸》第十三章注文中所说的"即以其人之道,还治其人之身"来说明革命的两面策略,进而引申出用"以打对打,以拉对拉"③ 的革命两手,来对付国民党"既抗日又反共"的"一打一拉"政策。在党的七大闭幕词中,他用愚公移山的寓言来勉励全党全军,发扬愚公子子孙孙挖山不止的顽强精神,下定决心搬掉当时压在中国人民头上的帝国主义、封建主义和官僚资本主义"三座大山"。在《毛泽东选集》四卷中,运用成语典故等就有110多处,其中军事方面的内容占了极大多数。

在谈话中用生动形象的历史故事,特别是军事题材的故事或语言来阐释深刻的革命道理,也是毛泽东军事思想的重要特色。1939年7月7日纪念抗战两周年时,他出席华北联合大学成立大会并作了重要

---

① 《毛泽东选集》第2卷,人民出版社1991年版,第491页。
② 《毛泽东选集》第2卷,人民出版社1991年版,第491—492页。
③ 《毛泽东选集》第2卷,人民出版社1991年版,第782页。

讲话，其中谈到姜子牙下山的故事，并借此勉励学生们上前线。他说：当年姜太公下昆仑山，"元始天尊赠了他杏黄旗、四不像、打神鞭三样法宝，现在你们出发上前线，我也赠你们三样法宝，这就是统一战线、武装斗争、党的建设"。① 毛泽东还用《西游记》中的人物来讲解"坚定正确的政治方向、艰苦朴素的工作作风和灵活机动的战略战术"。他说，唐僧一心一意去西天取经，遭受九九八十一难，百折不回，他的方向是坚定不移的；但他也有缺点，麻痹大意、警惕性不高，敌人换个花样就认识不了。猪八戒有许多缺点，但有一个优点，就是不怕艰苦，臭柿胡同就是他拱开的。孙猴子很灵活，很机动，但最大的缺点是方向不坚定，三心二意。毛泽东还特别提到那匹白龙马，它不图名，不为利，埋头苦干，把唐僧一直驮到西天，把经取了回来，这是一种朴素、踏实的作风，值得我们效法。毛泽东还谈到《三国演义》。他说，看三国不但要看战争、看外交，还要看组织。刘备、关羽、张飞、赵云、诸葛亮都是北方人，组织了一个班子南下，到了四川，同"地方干部"一起建立了很好的根据地。举这个例子是为了说明外来干部和本地干部搞好团结的重要性。他还说："三国时代，曹操带领大军下江南，攻打东吴。那时，周瑜是个'青年团员'，当东吴的统帅，程普等老将不服，后来说服了，还是由他当，结果打了胜仗。"② 他借此说明提拔干部不能论资排辈，要打破条条框框才能发现和使用人才。他还用《红楼梦》中林黛玉"东风压倒西风"的话来说明社会主义一定能战胜资本主义的社会发展规律。

毛泽东不仅擅长中国古典文学，而且精通史学，善于从中借鉴历

---

① 成仿吾：《战火中的大学》，人民教育出版社1982年版，第75—76页。
② 《毛泽东文集》第6卷，人民出版社1999年版，第278页。

九、向毛泽东学军事才能

史经验。他指示大家要读《二十四史》，并细读其中的《三国志》《晋书》《南史》和《北史》。毛泽东认为李延寿写的《南史》《北史》比较好，说他倾向统一。对《三国志》中《郭嘉传》等精彩篇章，毛泽东曾推荐给高级干部阅读。他认为郭嘉足智多谋，曹操每有重大事情都要倾听郭嘉的意见，并根据郭嘉和其他谋臣的意见作出决策。因此，他要求各级领导干部看《郭嘉传》，说话办事要"多思""多谋"，做到"多谋善断"。直到晚年，在领导制定和实行积极防御战略方针时，毛泽东仍喜欢汲取古代历史文化中的精华。比如他提出的"备战，备荒，为人民"和"深挖洞，广积粮，不称霸"的战略方针，就是总结汲取了朱元璋领导元末农民起义建立明朝政权前，曾听取池州学者朱升关于"高筑墙，广积粮，缓称王"的建议，制定了正确的方略，从而使自己处于主动地位的史实而提出的。此外，对戏剧中的花木兰、穆桂英等巾帼英雄，毛泽东也热情赞扬，并提倡多演这类戏剧，旨在对军民进行爱国主义教育，为反侵略战争做好思想教育工作。

谈到传统文化对毛泽东军事思想的影响，就不能不提《孙子兵法》。这是春秋末期大军事家孙武所著的一部兵书。青少年时代毛泽东就对书中的部分内容有所了解。比如1913年在湖南省立第四师范学校听取国文教师袁仲谦讲解近代著名爱国者和思想家魏源撰写的《孙子集注序》时，他在自己的课堂笔记中就记下了好几段和《孙子兵法》有关的语句。如"百战百胜，非善之善者也，不战而屈人之兵，善之善者也。故善用兵者，无智名，无勇功"。[①] 这句话出自《谋攻篇》，阐述了孙武的全胜战略思想。再如"孙武子以兵为不得已，以

---

① 《毛泽东早期文稿》，湖南人民出版社1990年版，第595页。

久战多杀非理，以赫赫之功为耻，岂徒谈兵之祖，抑庶几立言君子矣"。这句话是宋朝杭州太守黄震在《〈孙子〉兵书》中论述孙武战争观原文的大意。土地革命战争时期，"左"倾路线领导人讥讽井冈山打游击战的十六字诀是来自过时的《孙子兵法》，而反"围剿"打的是现代战争。因此挨批评并被解除职务的毛泽东很不服气，本来就没读过《孙子兵法》，还非要被人说十六字诀来自《孙子兵法》，这倒促成了他非读此书的决心。为了总结土地革命战争的经验，划清马克思主义军事路线和"左"倾教条主义军事路线的界限，1936年秋，毛泽东在陕北保安红军大学作了关于中国革命战争战略问题的讲演。在此过程中，他深入研究了包括《孙子兵法》在内的古今中外的军事理论书籍。

1936年9月，毛泽东致电在西安同张学良搞统战工作的刘鼎，要他在西安买一批军事理论书籍，提出不要买普通战术书，只买战略学的、大兵团作战的战役之类的书。"中国古代兵法书如《孙子》等也买一点"；如买不到，"张学良处如有借用一点"。[①] 可见他对此书的重视。而在同年12月写成的《中国革命战争的战略问题》中，《孙子兵法》是被引用和阐发内容最多的一部军事著作。如"知己知彼，百战不殆"。在引用时，除阐明认识战争规律的重要性外，毛泽东还指出："这句话，是包括学习和使用两个阶段而说的，包括从认识客观实际中的发展规律，并按照这些规律去决定自己行动克服当前敌人而说的"。又如"以近待远，以逸待劳，以饱待饥"。他在引用时总结为"以逸待劳"，指出："如果进攻之敌在数量和强度上都超过我军甚远，

[①] 《毛泽东年谱》上卷，中央文献出版社1993年版，第587页。

我们要求强弱的对比发生变化，便只有等到敌人深入根据地，吃尽根据地的苦楚……才能达到目的。这种时候，敌军虽强，也大大减弱了；兵力疲劳，士气沮丧，许多弱点都暴露出来。红军虽弱，却养精蓄锐，以逸待劳"。再如"避其锐气，击其惰归"。毛泽东在引用时解释说："就是指的使敌疲劳沮丧，以求减杀其优势"。还如"攻其不备，出其不意"，毛泽东在引用时增加和丰富了其内容，指出："人民赞助、良好阵地、好打之敌、出其不意等条件，都是达到歼灭目的所不可缺少的。"

看了不少外国战争的书

毛泽东不但善于从传统文化中学习怎样进行军事思考，还善于借鉴人类文明的优秀成果来帮助自己科学地认识军事问题。1916年前后，怀着对祖国、世界前途命运的关切和青年一代的责任感，他贪婪地阅读了当时能找到的一些18—19世纪欧洲资产阶级哲学、社会科学和自然科学方面的代表作，由此系统地受到了资产阶级启蒙思想的教育，为实现变革社会、改造中国的爱国主义理想，增添了理论武器。在这期间，毛泽东也"看了不少外国战争的书"，同时"也学了一些外国历史和地理。在一篇讲美国革命的文章里……'经过八年苦战，华盛顿获得胜利，并建立了他的国家。'在一部叫做《世界英杰传》的书里，我也读到了拿破仑、俄国叶卡德琳娜女皇、彼得大帝、威灵顿、格拉斯顿、卢梭、孟德斯鸠和林肯。"[①] 毛泽东对这些振兴民族、

---

① 《毛泽东自述》，人民出版社1993年版，第16页。

挽救国家的世界名人钦佩不已,感慨万千:"中国也要有这样的人物,我们应该讲求富国强兵之道,才不致蹈安南、高丽、印度的覆辙。"①救国救民的理想和抱负溢于言表。

五四运动前后,在十月革命的影响下,毛泽东开始研究作为那场革命指导思想的马列主义,从而坚定不移地走上了马克思主义之路,并以此为指导思想,探讨解决中国革命和革命战争的实际问题。他真正比较系统地学习研究西方军事理论著作,是在红军长征到达陕北后。中国革命战争形势发展的具体实践使他需要阅读这方面的论著。他后来多次在不同场合说过,在懂得马克思主义之后,还需要补学一点资产阶级的唯心主义和形而上学,需要读一点反面的东西;如果不懂得唯心主义和形而上学,没有同这些反面的东西作过斗争,唯物主义和辩证法就不巩固。

抗日战争爆发后,特别是这场民族解放战争进入到相持阶段之后,许多新的军事问题开始出现,迫使毛泽东深入研究包括资产阶级军事学在内的古今中外军事理论,并将学习和研究的成果及时运用于指导战争的实践。比如《中国革命战争的战略问题》一文,较早版本中曾经引证了三个外国的战例:1812年俄军抗击拿破仑战役、1914年法军反击德军马恩河战役和1914年德军战胜俄军的坦能堡战役。毛泽东引述这三个外国战例意在说明,弱军战胜强军先采取退却,避免决战,待有利时机后再反攻,是积极防御之举,并不是中央苏区反"围剿"的特例。因此,"诱敌深入"的方针具有战略和战役指导上的普遍意义,成为红军反"围剿"作战取得胜利的基本方针。1938年5月,毛

---

① 萧三:《毛泽东同志的青少年时代和初期革命活动》,中国青年出版社1980年版,第26页。

九、向毛泽东学军事才能

泽东在《论持久战》中又引用了 1812 年俄军面对 50 万法军的进攻，"俄国以避免决战，执行了勇敢的退却，战胜了威震一时的拿破仑"的战例，深刻说明了在不利条件下应放弃土地，以避免不利决战的道理，并结合抗日战争初期国民党当局战争指导上的错误战例，批评了那种视战争为赌博的"有进无退"的拼命主义，提出"一切有把握的战役和战斗应坚决地进行决战，一切无把握的战役和战斗应避免决战，赌国家命运的战略决战应根本避免"①，进而引申出必须"执行有利决战，避免不利决战"的战争指导原则，以保存有生力量为着眼点。

学习国外经验的一个典型例子，是对克劳塞维茨《战争论》的学习。1938 年初，毛泽东又开始写 20 年没写过的日记了，只不过这次主要是读书日记。要是工作紧张没有时间，就写上"没有看书"。从读书日记的情况来看，他 3 月 18 日起开始读《战争论》，当天读完第 1—19 页的序言和目录以及第一篇论战争之本质的第一章，从 24 页起到第 55 页止。19 日，没有看书。20 日，读第 57—91 页。21 日，读 92—102 页。22 日，没有看书。24 日，读到第 111 页。从 25 日至 27 日，插读潘梓年寄来的《逻辑与逻辑学》。28 日，再读《战争论》，读第 112—122 页。29、30 日两日，没看。31 日，读第 123—167 页。4 月 1 日，从第 168 页开始读。《战争论》到底何时读完的，没有记载，因为读书日记只写到 4 月 1 日为止，以后就没有了。②

毛泽东不但自己读，还经常组织有关同志进行研究讨论，借以教育和推动干部学习，尤其对身边人员更加注意。1938 年，任留守兵团政治部主任的莫文骅，就先后参加了毛泽东组织的克劳塞维茨《战争

---

① 《毛泽东选集》第 2 卷，人民出版社 1991 年版，第 506 页。
② 《毛泽东哲学批注集》，中央文献出版社 1988 年版，第 282—283 页。

论》研究会和哲学问题研究会。这两个讨论会采取的方式都是每周讨论一次,晚上七八点开始,到深夜十一二点结束。《战争论》的学习讨论采取的是边读边议的方法,当时只有一本书,是国民党陆军大学出版的文言文译本,译文又很粗劣,读起来很不好懂。后来由何思敬直接从德文原版译出来,译一章介绍、研究一章,并发了讲义。当时莫文骅与大家一起讨论得最多最热烈的是集中兵力问题。毛泽东经过悉心研究,向大家介绍自己的学习体会,启发莫文骅等的思路。他说:"克劳塞维茨的作战指挥实践不多,但集中兵力问题讲得好。拿破仑用兵重要的一条也是集中兵力。我们以少胜多也是在战术上集中比敌人多五倍到十倍的兵力。当然,这里也有个政治问题。我们是正义战争,得到人民群众的拥护和支援。凡是非正义战争就不得不分兵把口。"

1949年以后,毛泽东也多次谈到,他研究过克劳塞维茨的《战争论》。比如1960年同英国首相蒙哥马利元帅谈话时说:"你读过克劳塞维茨的书,我也读过。"克劳塞维茨说,战争是政治用另一种手段的继续。1975年秋会见联邦德国总理施密特时说:"在我看来,你是一位康德信徒,但理想主义并不好。我自己是马克思的学生,我并不看重理想主义,我对黑格尔、费尔巴哈感兴趣。克劳塞维茨曾讲过很有道理的话……"1957年1月,在省市自治区党委书记会议上的讲话中批评斯大林对资产阶级的东西采取全盘否定的错误做法时,毛泽东提出:"否定德国的军事学,说德国人打了败仗,那个军事学也用不得了,克劳塞维茨的书也不应当读了。"针对苏联编写的、反映斯大林观点的《简明哲学辞典》中提出的战争与和平这两种社会现象不能是同一的观点,他指出:这是根本错误的,因为"和平时期的斗争是政治,战争也是政治,但用的是特殊手段。战争与和平既互相排斥,又互相联结,并在一定条件下互相转化。和平时期不酝酿战争,为什么突然来一个战争?战争中间不酝酿和平,为什么突然来一个和平?"

有些外国学者认为:毛泽东的军事理论继承和发展了马克思列宁主义,同样也是继承和发展了克劳塞维茨的战争论。确实,《战争论》对毛泽东的军事思想具有较大的影响。不过他对外国军事家们所阐述的军事观点也不是机械照搬、简单地采取拿来主义,而是吸取其合理的成分,批判地继承,并结合新的实践经验加以改造和发展,从而创造出新的、更高的军事智慧。所以,在吸收西方军事学术思想科学成分的同时,毛泽东也对其中颇有学术价值但又不尽完善或欠正确的命题,又给予批判地改造,从而形成马克思主义的科学观点。比如他深化和丰富了克劳塞维茨关于战争与政治相互关系的观点,提出政治是不流血的战争、战争是流血的政治的新论断。毛泽东非常赞成《战争论》所说的"战争是政治通过另一种手段的继续"。不过他又运用马克思主义关于共性和个性辩证统一的原理,具体深化了二者的内在联系。对于战争与政治的共性即一致性问题,他指出:"'战争是政治的继续',在这点上说,战争就是政治,战争本身就是政治性质的行动,从古以来没有不带政治性的战争。"接着,他用这个观点解释了抗日战争,同时也用抗日战争的事实说明这个观点的合理性。他指出:"抗日战争是全民族的革命战争,它的胜利,离不开战争的目的——驱逐日本帝国主义、建立自由平等的新中国,离不开坚持抗战和坚持统一战线的总方针,离不开全国人民的动员……一句话,战争一刻也离不了政治。"[①] 对于战争和政治的个性、特殊方面,即差异性问题,

---

[①] 《毛泽东选集》第2卷,人民出版社1991年版,第479页。

毛泽东指出："战争有其特殊性，在这点上说，战争不即等于一般的政治。'战争是政治的特殊手段的继续'。"接着，他结合中日战争发生的政治目的论证说，如果抗日的任务未完，有想求妥协的，必不成功，因为即使因某种缘故妥协了，但是战争仍要起来，广大人民必定不服，必要继续战争，贯彻战争的政治目标——驱逐日本侵略者出中国，进而引申出"政治是不流血的战争，战争是流血的政治"这一新论断，从而丰富了马列主义关于战争与政治相互关系的学说。①

毛泽东还批判了克劳塞维茨的战争唯心论和不可知论，提出实施战争指导的主动性、灵活性和计划性等新观点。《战争论》认为："战争的客观性很明显地使战争成为概然性的计算。现在只要再加上偶然性这个要素，战争就成为赌博了。""在军事艺术中，数学上所谓的绝对值根本就没有存在的基础，在这里只有各种可能性、概然性、幸运和不幸的活动，它们像织物的经纬线一样交织在战争中，使战争在人类各种活动中最近似赌博。""出其不意得到成功无非是一种侥幸。"毛泽东不这样看。他认为，战争双方除了客观条件（如政治、经济、武器装备、训练素质等）的比较外，主观指导的正确与否起着决定性的作用，"我们承认战争现象是较之任何别的社会现象更难捉摸，更少确实性，即更带所谓'盖然性'。但战争不是神物，仍是世间的一种必然运动，因此，孙子的规律，'知彼知己，百战不殆'，仍是科学的真理"。② 毛泽东认为，战争虽然没有绝对的确实性，但也不是没有某种程度的相对确实性，"不管怎样的战争情况和战争行动，知其大略，知其要点，是可能的"。关键是战争指导者"需要克服战争特性

---

① 《毛泽东选集》第2卷，人民出版社1991年版，第479—480页。
② 《毛泽东选集》第2卷，人民出版社1991年版，第490页。

中的纷乱、黑暗和不确实性,而从中找出条理、光明和确实性来,方能实现指挥上的灵活性"。① 因此,战争的计划或方针,必须根据情况的变化和战争的流动而适时地加以更换或修改。战争的计划要带灵活性,灵活使用兵力,使之适应战争的新情况。这样,"实现一般的正确指导,是做得到的。我们有了这个'一般地正确的指导'做武器,就能多打胜仗,就能变劣势为优势,变被动为主动"。

"从具体的现实出发"

毛泽东之所以能成为伟大的军事家,并不完全是因为他读了多少兵书,最主要的还是他有长期丰富的领导革命战争的实际经验,并能用科学方法从理论上加以总结概括。新中国成立后,在读《新五代史·刘郡传》时,他写下这样的一段批注:"兵书多坏事,少读为佳。略通可以,多则无益有害。"② 因为刘郡精通《六韬》,仍然打了败仗;而刘仁赡略通兵书,也不失为一位好的将领。可以说,这既是毛泽东读史的偶感,更是他本人领导中国革命战争实践的经验体会之一。1965年12月21日,在杭州的一次谈话中他更是直截了当地说:"国民党的军官,陆军大学毕业的,都不能打仗。黄埔军校只学几个月,出来的人就能打仗。我们的元帅、将军,没有几个大学毕业的。我本来也没有读过军事书。读过《左传》《资治通鉴》,还有《三国演义》,这些书上都讲过打仗;可是打起仗来,一点印象也没有了。我

---

① 《毛泽东选集》第2卷,人民出版社1991年版,第493—494页。
② 张树德:《毛泽东与中国古典军事典籍》,中共中央党校出版社1997年版,第152—153页。

们打仗，一本书也不带，只是分析敌我战争形势，分析具体情况。"毛泽东特别注重读书或学习理论，强调"以研究思想方法论为主"。他不把理论当教条，而是当作进一步检验实践的方法。结合亲身经历的第二次国内革命战争历次反"围剿"战争的经验和教训，他认识到："不从具体的现实出发，而从空虚的理论命题出发，李立三主义和后来的军事冒险主义与军事保守主义都犯过此错误，不但不是辩证法，而且不是唯物论。"①马克思主义哲学上的深厚造诣，为毛泽东正确地总结战争经验，吸收其他军事思想，奠定了科学的方法论基础。

毛泽东在进行军事思考时，非常注重运用从一般到特殊、从共性到个性的思维方法。他提出、论述或研究战争问题时，多从一般性开始，而后转入特殊性。毛泽东认为，一般战争规律是从各种具体战争的运动过程中抽象出来的最稳定、最普遍的内在本质联系，它是古今中外一切战争的共同规律。掌握了战争的一般规律，就可以为研究具体战争提供指导，而不至于在总的方向上发生偏差。在名篇《中国革命战争的战略问题》第一章"如何研究战争"中，他开宗明义地就把战争的规律、革命战争的规律和中国革命战争的规律，这三个不同层次的概念醒目地展示在读者面前。通过对这三个层次的战争规律的分析，揭示了战争规律的一般性和特殊性。从研究一般战争规律出发，毛泽东落脚于研究中国战争的特殊规律，特别强调"要研究更加特殊的中国革命战争的规律"。因为只知道战争的一般规律，而不懂战争的特殊规律，是不能指导具体战争取得胜利的。所以毛泽东从中国革

---

① 《毛泽东哲学批注集》，中央文献出版社1988年版，第9页。

九、向毛泽东学军事才能

命战争的特点出发,着重分析研究了第二次国内革命战争时期红军的各种战略战术问题。在《抗日游击战争的战略问题》中,毛泽东也是遵循从一般到特殊、具体的研究方法进行论述的。他首先从战争的最一般性"保存自己,消灭敌人"这一原则开始,然后结合中国抗日战争的特点,提出防御中的进攻战,持久战中的速决战和内线作战中的外线作战,和正规战相配合,建立根据地,战略防御和战略进攻,向运动战发展和正确的指挥关系等六个具体战略问题,从中国抗日战争的一般战略问题中,找出了游击战争战略问题"许多特殊的东西"。

毛泽东汲取中外优秀军事文化时经常采用历史分类比较法。比如他在《论新阶段》一文中论述中国抗日战争的发展过程时,为了论证关于抗日战争阶段的划分,将中外历史上的重要战争划分为三类:第一类是只有一个阶段就结束的,如1905年的日俄战争、1935年的意埃战争;第二类是以两个阶段完结的,如法俄战争、吴魏赤壁之役和秦晋淝水之役;第三类为三个阶段结束的,如七年战争(1756—1763年)、八年战争、三十年战争(1618—1648年)、百年战争(1337—1453年)、第一次世界大战(1914—1918年),等等。在分析上述三类战争之后,毛泽东得出结论说:双方"特定的历史条件与主观能力的优劣决定战争的发展过程"。比较之后,他把抗日战争划为第三类,即"中日战争的长期性将表现于在敌则进攻,相持,退却;在我则防御,相持,反攻,这样三个阶段之中"。① 这是对当时敌我双方力量的科学预见,建立在牢固而富有历史纵深感的基石之上。

---

① 《毛泽东军事文集》第2卷,军事科学出版社、中央文献出版社1993年版,第385页。

即便在戎马倥偬、指挥全国解放战争的紧张岁月里，毛泽东仍抓紧时间研究马列著作。比如列宁《国家与革命》一书的"阶级社会与国家"这一章，几乎每一句话的旁边都有毛泽东亲笔画的红色杠杠。讲暴力革命的地方画的杠杠最引人注目，而"革命才能消灭资产阶级国家"这一句，暴力革命是"马克思恩格斯全部学说的基础"这一段，杠杠画得最粗，圈圈画得最多。这无疑与我党用革命战争推翻蒋介石国民党反动派统治的国家机器的历史背景密切相关。1948年，毛泽东提出制定干部学习《干部必读》12本马列著作的学习规划。新中国成立后，他在20世纪50年代多次强调干部要研读有关马列主义经济学著作，以适应党的工作转移到大规模经济建设的迫切需要。60年代后，又提出高级干部学习30本马列经典著作，并根据美苏两个超级大国争霸日趋紧张的国际形势，指出帝国主义是现代战争的主要根源，世界大战有可能避免与不可避免，以及战争引起革命与革命制止战争两种可能性，要求全党从最坏的估计出发做好反侵略战争的准备。

毛泽东学习马列主义理论时，并不是教条地学习，而是更重视从中国实际出发，即用马列主义之"矢"，射中国革命之"的"。比如斯大林虽然曾正确地指出，武装斗争是中国革命的基本特征之一，但他对中国军事问题的见解有时也有颇多谬误之处。一个特别明显的例子，是在中国人民解放军占领了长江以北后，他竟建议到此为止，不要打过长江去。据卫士长李银桥回忆，毛泽东曾为此苦恼：

……有一次，毛泽东睡不安稳，起来散步，眉头紧锁。我小心翼翼随在身后。走了很久，他用沉重的声音问我说："有人劝我们不要打过长江去，你说要不要打过长江去？""要！到手的胜利哪能不要，

九、向毛泽东学军事才能

对国民党蒋介石还有什么好客气的!"毛泽东以手抚我后背,点头说:"还是我们的战士聪明哟!"①

后来,毛泽东指挥百万雄师渡江南下,以摧枯拉朽之势歼灭了国民党在江南的残余势力,统一了全中国。长期的革命战争,特别是这一系列的胜利,让斯大林不得不对毛泽东另眼相看。1950年访问莫斯科时,斯大林对毛泽东作出了如下评价:"看来这是一位天才的统帅……表现出大无畏精神和雄才大略……"②

作为集哲学家、诗人、政治家和军事家于一身的伟大历史人物,毛泽东似乎更看重的也是他自己在军事上所取得的成就。1975年会见联邦德国总理施密特时,后者谈起他的成就和诗作,毛泽东回答说:"成就太小,我也不会写诗。但我懂得怎样打仗,怎样打胜仗。"③

毛泽东不仅为打胜仗、为百战百胜而自豪,更为革命队伍中文化水平不高的指挥员能打败有相当文化和军事素养的国民党将领而自豪。1959年,他在会见安娜·路易斯·斯特朗等时说:"如果拿现在中国军队里的许多同志来看,北京的、东北的、天津的、南方的、福建的、西藏的,他们在开始的时候,全是贫苦的农民或士兵。他们参加红军的时候,无人受过任何教育。有些在旧式的乡村儒学教师那里学过很短的时间,那是他们的局限。刘亚楼,我们现在的空军司令,在那时被认为是受过良好教育的,因为他基本上读完了小学。正是这些没有

---

① 《在毛泽东身边十五年》,河北人民出版社1991年版,第180页。
② 《毛泽东交往录》,人民出版社1991年版,第847页。
③ 《外国人眼中的中共群星》,四川人民出版社1991年版,第60页。

受过教育的人，打败了蒋介石的黄埔之花。"①

毛泽东的自豪是有充分理由的，因为他在军事上取得的成就是如此辉煌，他的指挥艺术是如此出神入化，以至于每个不存偏见的人都把他视为伟大的军事战略家。中国人民解放军在辽沈战役中攻克锦州后，被俘的国民党高级将领范汉杰不得不承认："贵军神机妙算，弃长春，舍沈阳，突然闪击锦州，扼住我军战略咽喉重地，乃出我军意料之外。锦州，犹如一条扁担，一头挑东北，一头负华北，贵军夺下锦州，恰好像从中间折断扁担，使东北与华北分离，棋着厉害。但贵军孤军深入，非雄才大略之人，不敢作此贸然行动……"②

诚如杨得志将军所说：人们常常拿"用兵如神"这句话来形容和赞颂毛泽东指导战争的艺术。"神"在哪里呢？就在于他从根本上打破了视战争如神物的观念，正确地认识和掌握了战争的客观规律。③不妨以保卫延安的战争为例。1947 年 3 月，敌四十八旅突然进犯陕甘宁边区的陇东，毛泽东立即判断，这是敌人的战略佯动，其真实的战略目的是把我军主力引向边区西部，以便乘虚袭取延安。他将计就计，很快作出周密部署：不仅主力按兵不动，养精蓄锐，而且出动我军西线部队，全歼敌四十八旅，使胡宗南的军队在进犯延安之前，先已受挫。后来出于对战略上敌强我弱态势的分析，毛泽东又作出主动撤离延安的重大战略决策。他打比方说：一切事情都要从实际出发，看菜吃饭，量体裁衣，有什么本钱就打什么仗。我们的部队数量和装备都比不上敌人，因此，我们采取的办法是先打弱敌，后打强敌；先打分

---

① 《毛泽东交往录》，人民出版社 1991 年版，第 414—415 页。
② 《毛泽东的军事艺术》，山东大学出版社 1991 年版，第 112—113 页。
③ 《毛泽东军事思想研究学术论文集》，解放军出版社 1984 年版，第 18 页。

散孤立的敌人,后打集中强大的敌人。好比你面前有三个对手,一个强手,两个弱手。你先把两个弱手一一打倒,剩下那一个,前后失去了照应,他就孤立了,胆怯了,强手就变成了弱手,一打就能打倒。我们这两万多人要消灭二十多万敌人,就得有正确的作战方针。第一条,就是采用"蘑菇"战术,靠你们作"磨心",牵敌人,磨敌人,让敌人围着团团转,等它疲劳了,饿饭了,就寻找机会歼灭它。一个月歼灭他几个团,过上一年光景,情况就会好转。① 敌强我弱的战略态势决定了"蘑菇"战术的运用。于是,毛泽东把西北野战军主力隐蔽起来,他自己带了不足1000人的中央纵队,拖着敌人的部队转来转去,主力则伺机歼敌。为了迎合敌人急于找我军主力决战的心理,在撤出延安时,毛泽东指示西北野战军一部向安塞作战略佯动,敌人的主力果然转向位于延安西北的安塞,而我军主力则隐蔽集结于延安东北部以寻战机,最终取得延安保卫战的胜利。

"马克思主义者不是算命先生"

如果说毛泽东的一系列军事胜利不是偶然取得的话,那么,他的军事智慧也不是由一堆突发奇想的念头构成的。事实上,他以马列主义理论和唯物史观为基础,形成了自己一整套的军事理论;他的雄才大略也丝毫不带有侥幸的色彩,而是基于他对敌我双方态势的全面的、深刻的分析和洞见。翻开毛泽东的军事著述,对照中国革命战争的历史发展,我们无不为他在预见战争进程时的英明推断所折服。比如

---

① 《毛主席转战陕北》,陕西人民出版社1979年版,第36页。

1930年，大革命失败后不久，中国共产党从血的教训中走上了武装革命的道路。但是红军弱小、反动势力猖獗，几小块根据地整天处于敌人的"围剿"中。我们的军事斗争前途怎样？党内外不少人发生了动摇，悲观气氛浓厚。在这种情况下，毛泽东指出，现在全国都布满了干柴，很快就会燃成烈火，"'星星之火'，距'燎原'的时期，毫无疑义地是不远了"①。他断言，中国革命走向高潮，一定会比西欧快。结果怎样呢？历史用事实做了回答：1930年到1933年，红军从几万人发展到三十万人，根据地也得到了迅猛的扩展，燎原之火在全国各地燃烧起来，这股革命浪潮确比西欧要更为迅捷。

又如1937年，日寇开始全面侵华战争。敌人装备精良，不可一世，国民党军队在正面战场节节败退，大片国土沦于敌手。抗战前途如何？"亡国论"还是"速胜论"？这困惑着全国人民。1938年五六月间，毛泽东在延安抗日战争研究会上发表了战争史上最为著名的预见性演讲。他说："亡国论者看敌人如神物，看自己如草芥，速胜论者看敌人如草芥，看自己如神物，这些都是错误的。我们的意见相反：抗日战争是持久战，最后胜利是中国的——这就是我们的结论。"② 同时他还预见，抗日战争将经过三个阶段。天才的预见，好像支配和规定了战争的进程及其结局，历史以准确的回应又一次印证了毛泽东的科学判断。

再如1942年，在斯大林格勒保卫战的硝烟还没有散尽之际，毛泽东在获得外界信息十分不便、远离苏德战场的条件下，做出了"这一战，不但是苏德战争的转折点，甚至也不但是这次世界反法西斯战争

---

① 《毛泽东选集》第1卷，人民出版社1991年版，第100—101页。
② 《毛泽东选集》第2卷，人民出版社1991年版，第514—515页。

九、向毛泽东学军事才能

的转折点，而且是整个人类历史的转折点"①的英明论断。他推论道："在斯大林格勒保卫战之后，则形势将和去年完全两样。一方面，苏联将举行极大规模的第二个冬季反攻，英美对第二条战线的开辟将无可拖延（虽然具体时间仍不能计算），欧洲人民也将准备着起义响应。另一方面，德国及其欧洲伙伴再也无力举行大规模的攻势了，希特勒只好把整个方针转入战略防御。"②这位伟大战略家的断言准确得不能不叫人惊叹：第二次世界大战的历史真是在斯大林格勒战役处发生了转折，德日意法西斯果真从此开始走向灭亡，英美也在一年多后开辟了第二战场。历史竟和论断惊人地相似！

另如1945年初，抗日战争接近尾声。苦战了14年的全国人民兴奋地翘望胜利的曙光，然而蒋介石早已准备发动反革命内战，把人民重新推入水深火热之中。毛泽东以马克思主义战略家敏锐的观察力和对国民党蒋介石反动本质的透骨了解，及时揭露敌人的阴谋，提醒全党全军和全国人民："有很多迹象表明，他们早已准备，尤其现在正在准备这样的行动：等候某一同盟国的军队在中国大陆上驱逐日本侵略者到了某一程度时，他们就要发动内战。"③"必须清醒地看到内战危险是十分严重的。"④这一次又被毛泽东言中了。抗日的枪声刚一停止，国民党蒋介石就迫不及待地把反革命战火烧到了全国人民的头上。

历史证明，毛泽东是一位伟大的军事预言家。他研判未来，料事

---

① 《毛泽东选集》第3卷，人民出版社1991年版，第885页。
② 《毛泽东选集》第3卷，人民出版社1991年版，第887—888页。
③ 《毛泽东选集》第3卷，人民出版社1991年版，第1051页。
④ 《毛泽东选集》第4卷，人民出版社1991年版，第1125页。

如神。人们不禁要问：他为什么能准确推断历史的发展、科学地预见战争的进程？难道他真有一双明察一切的慧眼，是"未卜先知"的天才？事实并非如此。"马克思主义者不是算命先生，未来的发展和变化，只应该也只能说出个大的方向，不应该也不可能机械地规定时日。"任何高明的军事家也不可能造出一本战争的"流年"来。而毛泽东之所以能看得准，完全在于他超越现实、高瞻远瞩的能力，完全是他娴熟地运用辩证唯物主义和历史唯物主义，以科学的态度分析战争发展的客观规律，从而对"未来之事"作出逻辑推论的结果。

或许有人会说，毛泽东的军事思想主要集中在1949年以前，此后就没什么了。其实中华人民共和国成立之后，他的一些军事思想也非常有价值。比如关于经济建设与国防建设是两个大局的设想就是如此。早在1950年9月，毛泽东就指出："中国必须建立强大的国防军，必须建立强大的经济力量，这是两件大事。这两件事都有赖于同志们和全体人民解放军的指挥员、战斗员一道，和全国工人、农民及其他人民一道，团结一致，协同努力，方能达到目的。"① 一方面，要建立现代的人民国防，特别是加强海空军，拥有核武器。他指出："我们打了几十年的仗，就是对于头上的东西，没有办法应付，只得凭不怕死，凭勇敢，凭牺牲精神。然而在今天，我们有了建立和加强海空军的条件，因此也就应该着手建立起来。"② 我们现在已经比过去强，以后还

---

① 《毛泽东军事文集》第6卷，军事科学出版社、中央文献出版社1993年版，第103—104页。
② 《建国以来毛泽东军事文稿》上卷，军事科学出版社、中央文献出版社2010年版，第155页。

九、向毛泽东学军事才能

要比现在强，不但要有更多的飞机和大炮，而且还要有原子弹。在今天的世界上，我们要不受人家欺负，就不能没有这个东西。① 1958年6月21日，毛泽东又提出："我还是希望搞一点海军，空军搞得强一点。还有那个原子弹，听说就这么大一个东西，没有那个东西，人家就说你不算数。那么好，我们就搞一点。搞一点原子弹、氢弹、洲际导弹，我看有十年功夫是完全可能的。一年不是抓一次，也不是抓两次，也不是抓四次，而是抓它七八次。"② 另一方面，毛泽东也强调必须重视经济建设。他指出，"国防不可不有"，"现在我们把兵统统裁掉好不好？那不好。因为还有敌人，我们还受敌人欺负和包围嘛！"我们经过抗美援朝和几年的整训，军队加强了，装备也有所改进，国防工业正在建立。但中国要拥有原子弹、氢弹，加强海空军，建立现代的国防。而"可靠的办法就是把军政费用降到一个适当的比例，增加经济建设费用。只有经济建设发展得更快了，国防建设才能够有更大的进步"。毛泽东强调："我们一定要加强国防，因此，一定要首先加强经济建设。"他认为降低军政费用，加强经济建设，才能够促进国防建设，这是一个战略方针。他提出："对原子弹是真正想要、十分想要，还是只有几分想，没有十分想呢？你是真正想要、十分想要，你就降低军政费用的比重，多搞经济建设。你不是真正想要、十分想要，你就还是按老章程办事。"③ 同时，毛泽东强调和平时期的军队应

---

① 《毛泽东军事文集》第6卷，军事科学出版社、中央文献出版社1993年版，第365—366页。

② 《毛泽东军事文集》第6卷，军事科学出版社、中央文献出版社1993年版，第374页。

③ 《毛泽东军事文集》第6卷，军事科学出版社、中央文献出版社1993年版，第365—366页。

当参加经济建设。《共同纲领》就有这方面的规定。他则明确指出："这一生产任务之所以可能实现，是因为人民解放军绝大多数来自劳动人民中间，有着高度的政治觉悟和各种生产技能，并曾在抗日战争最艰苦的年月，担负过生产任务，具有生产的经验与劳动的传统。人民解放军的广大的干部们和老战士们都懂得，军队在参加生产之后，不仅战胜了困难，减少了政府的开支，改善了军队的生活，并且经过劳动锻炼，还提高了军队的政治质量，改善了官兵关系和军民关系。这一生产任务之所以可能实现，还因为在战争结束了的地区，人民解放军除了担负保卫国防、肃清土匪、巩固治安、加强训练等项任务之外，已有余裕时间参加生产建设工作。所有这些，都是人民解放军能够实现生产任务的条件。"① 其后，军队支援地方经济建设的步伐加快。

或许有人会说，毛泽东的一些军事思想在新形势下已经过时。其实不然，他的一些思想至今还有活力。比如关于军队建设要有鲜明的政治目的就是如此。人民解放军与无产阶级的政治使命是紧密结合在一起的，而肩负这一使命的军队唯有在无产阶级正确先进的政治思想引领下方能取得胜利。毛泽东深刻地体悟到这个道理，特别强调军队的政治任务，反对军事与政治的分离，反对单纯军事或者单纯政治的思想。他重视发挥军队的政治职能。"红军决不是单纯地打仗的，它除了打仗消灭敌人军事力量之外，还要负担宣传群众、组织群众、武装群众、帮助群众建立革命政权以至于建立共产党的组织等项重大的任务。红军的打仗，不是单纯地为了打仗而打仗，而是为了宣传群众、

---

① 《毛泽东军事文集》第 6 卷，军事科学出版社、中央文献出版社 1993 年版，第 55 页。

九、向毛泽东学军事才能

组织群众、武装群众,并帮助群众建设革命政权才去打仗的,离了对群众的宣传、组织、武装和建设革命政权等项目标,就是失去了打仗的意义,也就是失去了红军存在的意义。"① 正是由于兼顾了军事与政治的两面,毛泽东赋予人民军队宣传和鼓动民众、建立和巩固政权等政治任务,并建立完善了共产党在军队的政治工作。这是毛泽东军事思想的重要方面。他关于军事与政治关系的基本论述,特别是对于各基本要素之间关系的论述,并非将各个要素简单地一一对应起来,而是进行军事与政治的通盘考虑、综合分析。比如下面这段话就颇具代表性。他指出:"革命单搞军事不行,如不建立根据地,跟群众没有密切联系,不建立正确的党,没有正确的统战工作,单有军队,单会打仗是不行的。打仗没有什么巧妙,简单说就是两句话,打得赢就打,打不赢就走。打得赢就是集中优势兵力消灭敌人,集中五个指头割他一个指头。割掉一个,他就少一个,事物是可以分割的,以后有机会又可以割一个,又少一个,只剩八个了,然后有机会再割一个,总之要割掉。所谓割掉指头,就是把敌人搞过来,除打死打伤之外,把官兵、枪支、弹药都夺取过来,这就叫打得赢就打。那么打不赢呢?就走,走得远一点,使敌人不知你到哪里去了。""重要的是政治、根据地、人民群众、党、统战工作,只有会做政治工作的人才会打仗,不懂政治的人就不会打仗。无产阶级革命军队跟资产阶级军队不同,它是人民的军队。"② 这段话是对中国革

---

① 《毛泽东军事文集》第1卷,军事科学出版社、中央文献出版社1993年版,第87页。

② 《毛泽东军事文集》第6卷,军事科学出版社、中央文献出版社1993年版,第397页。

命中军事与政治问题的综合分析,是将军事各要素与政治各要素紧密结合在一起的综合思考,反映了毛泽东军事与政治关系思想的基本特点:并不机械地将"军事"与"政治"进行一对一的分析,而是将整个中国军事现状和实践的各方面比如军队、战争等要素,放在中国政治的历史和现实实践中予以系统分析。他的这种把军事与政治关系进行整体考量,而反对单纯军事或者单纯政治的观点,是完全符合马克思主义的。

毛泽东一生指点江山,波澜壮阔,他指挥战争的智慧可以说是他智慧光芒的极致之一。这种极致使战争在他手中变成了艺术,以至于不论任何时候欣赏、回味,都能使人感觉到伟人思想在战争中创造的奇迹,从而给人精神上的愉悦和内心世界的振奋。美国著名进步记者安娜·路易斯·斯特朗曾这样描述舞场中的中共领袖:周恩来的华尔兹是第一流的,刘少奇的舞步像数学一样准确,朱德的步伐像是长征,而毛泽东的舞步则常常出人意料,总是按照自己的节奏跳舞。其实在战争这个舞台上,毛泽东更是强调主动权,迫使敌人按照自己的节奏行动。这份自信和潇洒,令许多人着迷,令无数人赞叹。新中国成立后,他谈起指导战争和指挥作战的诀窍时说:打仗没有什么神秘,打得赢就打,打不赢就走,你打你的,我打我的。什么战略战术,无非就这四句话。寥寥数语,揭示了战争中的主动与机动、打与走的辩证关系,它几乎可以诠释中国革命战争史上所有的战役战斗,是人民军队战略战术的精髓。毛泽东曾精辟地指出:"军事家不能超过物质条件许可的范围外企图战争的胜利,然而军事家可以而且必须在物质条件许可的范围内争取战争的胜利。军事家活动的舞台建筑在客观物质条件的上面,然而军事家凭着这个舞台,却可以导演出许多有声有色威武雄壮的活剧来。"这是遵循规律，解放思想，实事求是，充分发挥主观能动性的战争观，由此使得毛泽东在中国革命战争的每个转折关头，都能准确把握战争的脉搏，驾驭战争，转危为安，夺取胜利。

十

向毛泽东学知人善任

毛泽东在抗战初期指出："指导伟大的革命，要有伟大的党，要有许多最好的干部。在一个四亿五千万人的中国里面，进行历史上空前的大革命，如果领导者是一个狭隘的小团体是不行的，党内仅有一些委琐不识大体、没有远见、没有能力的领袖和干部也是不行的。"①"只有依靠成千成万的好干部，革命的方针与办法才能执行，全面的全民族的革命战争才能出现于中国，才能最后战胜敌人。"② 为此，他还提出了一个著名的论断："政治路线确定之后，干部就是决定的因素。"③ 毛泽东把"用干部"作为领导者的两大责任之一。1967年6月7日，他向人谈到，汉高祖刘邦得天下，原因之一就在于用人得当。毛泽东还称赞过唐朝的武则天，说"武则天确实是个治国之才，她既有容人之量，又有识人之智，还有用人之术"。④ 其实，这也是他的用人之道，是他个人对"用干部"的总结，他本人正是这样做的，从而

---

① 《毛泽东选集》第1卷，人民出版社1991年版，第277页。
② 《毛泽东文集》第2卷，人民出版社1993年版，第63—64页。
③ 《毛泽东选集》第2卷，人民出版社1991年版，第526页。
④ 孙宝义：《毛泽东的读书生涯》，知识出版社1993年版，第118页。

才使他成为知人善任的能手。

识人之智

千里马常有,但伯乐不常有。领导干部要善于做伯乐,发现人才。唐太宗曾感叹,"何代无贤?但患遗而不知耳"。[1] 任何时候,以中国之大,贤才并不缺,就看治国者或当政者是否具有慧眼。古人云:乱世出英雄。何以如此呢?其中一个原因,就在于太平之世,往往庸人当道,英才淹没于众而不显。三国时,如果不是战乱,刘备也不会三顾茅庐。

毛泽东所处的时代,乱治交织,人才的标准也与古代大为不同。因此,他看人形成了一种独特的眼光。"识人之智",其实就是毛泽东说的"善于识别干部"。他曾引用白居易"试玉要烧三日满,辨材须待七年期"的诗句,来说明识人之难。怎样才能"识别干部"呢?在他看来,一是"不但要看干部的一时一事,而且要看干部的全部历史和全部工作,这是识别干部的主要方法"。[2] 即要对干部所生活的社会关系、社会经历和工作表现作全面历史的分析,而不能以点掩面、以偏概全。二是在实践中识别和考察干部。"无产阶级革命事业的接班人,是在群众斗争中产生的,是在革命大风大浪的锻炼中成长的。应当在长期的群众斗争中,考察和识别干部,挑选和培养接班人。"[3] 三

---

[1] 骈宇骞、骈骅译:《贞观政要》,中华书局2009年版,第78页。
[2] 《毛泽东选集》第2卷,人民出版社1991年版,第527页。
[3] 中共中央文献研究室:《建国以来重要文献选编》第19册,中央文献出版社1998年版,第72页。

是依靠群众。他多次讲道，识别和考察干部必须走群众路线。干部好还是不好，有何特长和能力，群众最有发言权。① 在江西斗争时期，毛泽东对罗荣桓的选用集中体现了这三点。

1930年，林彪被任命为红四军军长，但军政委一职让谁担任令毛泽东颇费脑筋。因为林彪这个人性格有点古怪，平时少言寡语，别人很难与他交流和共事，自他担任二十八团团长以来，同历届党代表的关系都不好。经过慎重考虑，毛泽东最后选中了红四军第二纵队的党代表罗荣桓，"荣桓同志是个老实人，而又有很强的原则性，能顾全大局，一向对己严，待人宽，做政治工作就需要这样的干部"。② 井冈山斗争时，毛泽东就发现了他许多可贵的品质：凡是要求战士做的，自己首先做到；打仗时冲锋在前，退却时掩护在后；行军时为病号扛枪，宿营时下班查铺。罗荣桓上任后果然不负所望，把红四军的政治工作包括后勤工作做得有声有色，即使林彪对他也无可挑剔。正是由于毛泽东的重用，罗荣桓后来在军队政治工作方面成就卓著，从而使他成为唯一的一位政工干部出身的元帅。他去世后，毛泽东专门写了一首七律诗，即《吊罗荣桓同志》，其中有："君今不幸离人世，国有疑难可问谁？"③ 充分表达了对他的深情和倚重。

反映毛泽东"识人之智"的另一个典型例子，是他对粟裕的发现和重用。抗日战争时，粟裕卓越的军事才能已为毛泽东觉察。1945年9月，他被任命为华中军区副司令员兼华中野战军司令员。内战爆发

---

① 转自邵景均：《毛泽东怎样领导中国共产党走向胜利》，《马克思主义论坛》第6辑，山东人民出版社2011年版，第296页。
② 《罗荣桓传》编写组：《回忆罗荣桓》，解放军出版社1987年版，第631页。
③ 聚生等：《毛泽东的领袖魅力》，知识出版社1993年版，第163—164页。

后，他率部以3万人迎战国民党军12万人的进攻，七战七捷。后来华中野战军与粟裕的老上级陈毅指挥的山东野战军会合，这就产生了如何行使军事指挥权的问题。1946年10月15日，毛泽东电令：在陈毅领导下，大政方针共同决定，战役指挥交粟裕负责。① 当陈毅将第一个战役方案报军委时，毛泽东还专门去电询问此案是否和粟裕研究过，可见他对粟裕不同寻常的重视和信任。后来粟裕具体组织指挥了宿北、鲁南、莱芜战役，均获大胜，其中莱芜战役创造了3天之内歼敌7万余人的纪录，陈毅称赞粟裕的指挥是"愈出愈奇，愈打愈妙"。②

刘邓大军挺进中原后，中共中央根据战略形势决定，从中原战场上抽出一部分兵力渡江南下，以调动中原战场上的国民党主力部队，把战争进一步引向敌人的大后方。然而，粟裕经过研究认为，此举不一定能达到吸引敌军的目的，反而减少了中原地区的作战力量，不如集中兵力于中原地区，大量歼灭敌人，从而改变整个战局。为此，他三次致电直陈中央。1948年1月22日，他向中央军委发出"子养电"；1月31日，他又发出一份长达2000字的电报，重申"子养电"的看法；4月18日，他再次"斗胆直陈"。当然，在不断陈述自己看法的过程中，他也表示会做好南下的准备，等待中央的进一步命令。毛泽东对粟裕的不同意见非常重视，通知他到中央直接汇报，最后决定采纳他的建议。后来，战争的实际进程恰如粟裕所料。如果不是毛泽东独具慧眼，一下子看出了粟裕的军事才能，至少中原战场不会那么顺利。

如何识人或知人？毛泽东重"才"更重"德"，尤其强调"德才兼备"。德，即政治觉悟、道德品质和思想作风，不同时代赋予德的

---

① 《毛泽东文集》第4卷，人民出版社1996年版，第189页。
② 《一代名将——回忆粟裕同志》，上海人民出版社1986年版，第552页。

内容不尽相同。在毛泽东看来，"德"是统帅，是灵魂，是管政治方向和政治观点的。他曾提出六条"贤才"的标准，即"能否坚决地执行党的路线，服从党的纪律，和群众有密切的联系，有独立的工作能力，积极肯干，不谋私利"。① 不难发现，其中，只有一条是"才"，其余都属于"德"的范畴，就是说，政治、能力，不能缺一，但以政治为主。对此，陈云后来作了进一步发挥：德才兼备，以德为主。邓小平也多次指出："我们选干部，要注意德才兼备。所谓德，最主要的，就是坚持社会主义道路和党的领导。"② 这集中体现了共产党的用人观。

不过，重"德"但不能轻"才"。毛泽东曾说："一定要反对不问政治的倾向；但是，专搞政治，不懂技术，不懂业务，也不行。"③ 后来，毛泽东称之为"又红又专"，"红与专、政治与业务的关系，是两个对立物的统一"；"政治和经济的统一，政治和技术的统一，这是毫无疑义的，年年如此，永远如此。这就是又红又专"。④ 意思是说，好的干部是红与专的统一体，缺一不可。中共十一届五中全会通过的《关于党内政治生活的若干准则》中进一步指出："'红'就是具有坚定正确的政治方向，坚持四项基本原则；'专'就是学习和掌握现代化建设的专业知识，成为本职工作的内行和能手。专不等于红，但红必须专。"⑤ 显然，那些只善于政治表现、做表面文章的人不是党的好干部。只是现实的政治生活中，一些会喊会叫的人往往因"听话"而

---

① 《毛泽东选集》第 2 卷，人民出版社 1991 年版，第 527 页。
② 《邓小平文选》第 2 卷，人民出版社 1994 年版，第 326 页。
③ 《毛泽东文集》第 7 卷，人民出版社 1999 年版，第 309 页。
④ 《毛泽东文集》第 7 卷，人民出版社 1999 年版，第 351 页。
⑤ 中共中央文献研究室：《十一届三中全会以来重要文献选读》（上册），人民出版社 1987 年版，第 182 页。

受重用；相反，那些真正有才的硕学之士，并不是不"红"，却往往因不善于或不愿于"表现"，而被认为"清高"，或被拒之千里，或备受冷落。所以，领导者对"红"一定要有深刻的认识，特别是要警惕那些"抬轿子"的人；同时，要善于发现有操守之人，不惜登门求贤，"专"者的"红"能不能表现出来，往往缘于是否能得到领导者的"知遇"。

毛泽东是识别"红与专"的高手。比如，抗战时期他对文艺工作者塞克的发现和任用。塞克是著名的歌词作者，《救国军歌》《二月里来》等当时广为流传的歌曲，其歌词都是他创作的。但他性格直率、倔强，甚至有点孤傲。1938年底到达延安，毛泽东曾亲自去看望他。后来，毛泽东邀请一部分党外文艺工作者谈话，塞克即是其中之一。不料起初竟遭到塞克的拒绝，他的理由是毛泽东住处有岗哨，不愿前往。毛泽东完全可以不予理会，但令人想不到的是，他竟下令撤去了塞克必经之路上的所有岗哨，从而使塞克欣然赴会。1941年秋，延安成立青年艺术剧院，塞克还被委任为院长。在那时的所有文艺团体领导中，只有塞克属于非党员。某一天，塞克召开一次演出总结大会，结果一个人也没有到场，原来大家都参加党的支部大会去了。塞克得知后，赶到支部大会的会场，要求旁听，却遭到拒绝，结果与主持会议的负责人冯文彬差点打起来。事后，塞克写信给毛泽东予以责问："党的负责人对这个问题怎么看，我要不要工作？这样子我怎么工作？"毛泽东看了信，马上约塞克来谈心。等塞克发完牢骚之后，他不无安慰地风趣地说："是呀，哪有队伍被别人拉走了，司令员还不知道的事呢？我本来就跟凯丰说过：青年艺术剧院的党要公开。"[①] 此

---

① 孙琴安：《毛泽东与著名艺术家》，重庆出版社2000年版，第145页。

后不久，青年剧院的共产党员身份都公开了，结果塞克发现，全院一百多人，除了三人外，都是共产党员，没想到自己这个非党分子却做了一院之长，如此知遇，再有性子，又岂能不"红"、不图报呢？1943年春，由毛泽东提议，经中共中央批准，塞克作为唯一的一名非党干部，进入中央党校学习。① 毛泽东曾不止一次引用龚自珍的"我劝天公重抖擞，不拘一格降人才"，② 显然，其中也包括看人识人同样要"不拘一格"。领导者对人才要有敏感性，很多时候，很多情况下，缺的不是人才，而是眼光。显然，毛泽东看人的眼光是很敏锐的。再比如，当年不到30岁的吴亮平、艾思奇、田家英等，都被毛泽东委以重任。

用 人 之 术

毛泽东所说的"术"，不是指权术，而是指用人的方法和策略，是"善任"的意思。首先是用人之长、人尽其才。所谓"用干部"，"就是用他的长处，使他的长处得到发展，短处得到克服"，"发挥长处是克服短处的最好办法"。③ 清朝诗人顾嗣协的一首诗表达的就是这一点："骏马能历险，犁田不如牛。坚车能载重，渡河不如舟。舍长以就短，智者难为谋。生材贵适用，慎勿多苛求。"④ 也就是说，任用人才，要扬长避短。

---

① 孙琴安：《毛泽东与著名艺术家》，重庆出版社2000年版，第145—146页。
② 《毛泽东文集》第3卷，人民出版社1996年版，第416页。
③ 《陈云文选》第1卷，人民出版社1995年版，第111、215页。
④ 曾力生：《现代管理心理学》，湖南师范大学出版社1993年版，第337页。

十、向毛泽东学知人善任

朱瑞是中国炮兵部队的奠基人之一。1945年6月，中央曾任命他担任军委副总参谋长，但他却找到毛泽东，要求去从事炮兵建设工作，理由是他在苏联炮兵学校学习过，对炮兵比较熟悉。毛泽东非常看中他在炮兵建设上的能力，且赞赏他不计较个人权位的品德，于是任命他为延安炮兵学校的代理校长。日本投降以后，朱瑞率领炮兵学校迁往东北。经过他的积极努力，东北部队不久即组建了10个炮兵团、6个炮兵营和20多个独立炮兵连，这些部队在历次大的战斗中都发挥了重要作用。1946年10月，朱瑞被任命为东北军区炮兵司令员。1948年，东北炮兵已发展到16个团，且拥有4700余门火炮，为辽沈战役的胜利立下了大功。与此同时，朱瑞领导的炮校也给其他军区输送了几百名干部，为全军的炮兵建设培养了大批骨干力量，从而使炮兵成为党的军队的一个重要兵种。[①]

毛泽东用人之长的另一个典型案例是对刘伯承的改任。1950年初，中央军委决定创办中国人民解放军军事学院。此时担任西南军政委员会主席职务的刘伯承闻讯后给毛泽东写信，请求辞去现职，去主持学院工作。毛泽东很快复信表示同意，因为他是了解刘伯承的军事教育才能的。刘伯承曾在苏联高级步兵学校、伏龙芝军事学院学习过。他一向主张"治军必先治校"，在他率领的部队中，经常办有轮训队、随营学校和军政学校。在中央苏区和长征途中，他还担任过中央红军学校校长，红四方面军、红二方面军红军大学校长。所以，让他担任军事学院院长一职再合适不过了。刘伯承在这一职位上干了七年之久，培养了一大批新型的军事干部，推动了中国军队的现代化和正规化。

[①] 侯荔江、巫绍泉：《商家韬略——毛泽东兵法与经营谋术》，北京师范大学出版社1993年版，第209页。

用干部，毛泽东不主张求全责备，他说："一个人，才有长有短，性情习惯有恶点亦有善点，不可执一而弃其一。"①特别是对那些犯错的人，不能只看到他的错，而要使他知错不为。一代名将许世友战功卓著，但也有明显的缺点：性格刚烈、脾气暴躁。他当年试图带人出逃反被毛泽东重用的故事，被演绎得精彩离奇。据其身边的工作人员描述，实际情况是：作为红四方面军的重要将领，当时他的确想不通为什么下死力气整张国焘，他认为老张就算是没有功劳也有苦劳，要不怎么红四方面军还会有8万多人？后来，他在会场上说了自己的这个看法，立刻遭到痛打。林彪、萧华还说要枪毙他，谢富治是老战友了，居然听了林彪的话，把枪拔了出来。许世友气得大骂："老子不干了，老子去学梁山好汉，落草为寇去！"就是这句话后来被以讹传讹地演绎为许世友带兵出逃或者本人出逃。毛泽东知道后，亲自去看许世友，和他谈了3个小时。这个过程许世友始终没有正面说过，他就是说："主席真有水平，比老张强，我觉得跟着他干，能行，弯子就转过来了。"毛泽东从许世友那里出来，说："以后，谁也不许再难为世友同志，认识错误都要一个过程。"再以后，许世友被委以重任。②

人非圣贤，孰能无过？再有能力的人也不能保证做每一件事都成功，尤其在战争年代，胜败乃兵家常事。对此，毛泽东是十分清楚的，

---

① 《毛泽东书信选集》，人民出版社1983年版，第17页。
② 陈枫：《十大将军》，中央编译出版社2004年版，第40页。该书还提到，这是毛泽东和许世友相知的开始。此后的故事更体现了毛泽东对许世友别样的任用：1964年，毛泽东问过许世友：如果有人要走资本主义道路怎么办？许世友回答：谁反对毛主席，我就干他个驴X的！不论他是谁！毛泽东大为满意，说许世友党性强，还和他一起回忆了当年延安的事情。"文化大革命"之前，毛泽东对党内高级干部说："中央出了修正主义怎么办？"许世友回答："我就带兵进京勤王。"公开以后，把"勤王"两个字去掉。毛泽东很高兴，说你许世友的屁股始终是坐在无产阶级这一边的。

十、向毛泽东学知人善任

所以他用干部不以成败论英雄。1937年盛夏，原红军西路军总指挥徐向前历尽千辛万苦回到了延安。当时，一些人埋怨他把几万人马给搞光了，一个光杆司令还回来干什么？然而，毛泽东对徐向前不但没有责备，反而安慰他说："留得青山在，不怕没柴烧，你能回来就好，有了鸡何愁没蛋呢？"徐向前作为一位杰出将领，曾屡屡立下战功。俗话说："千军易得，一将难求。"只要将帅在，队伍自然还会有的，毛泽东深谙此道。后来，他派徐向前奔赴抗日前线，重担大任。恰如毛泽东所说，徐向前率领的部队在华北艰难的环境下不断发展壮大。到内战时期，他领导下的地方部队6万余人全部转变为主力部队，仅仅一月之内，就消灭了阎锡山的精锐部队10万人。试想如果不是当年毛泽东正确的对待，自然不会有如此的战果。

可见，"善任"的一个重要含义，就是善于帮助和任用那些犯过错误的人。毛泽东曾花相当篇幅论述这一点："对于犯了错误的同志，有人说要看他们改不改。我说单是看还不行，还要帮助他们改。这就是说，一要看，二要帮。人是要帮助的，没有犯错误的人要帮助，犯了错误的人更要帮助。人大概是没有不犯错误的，多多少少要犯错误，犯了错误就要帮助。只看，是消极的，要设立各种条件帮助他改。"因为"对于革命来说，总是多一点人好。犯错误的人，除了极少数坚持错误、屡教不改的以外，大多数是可以改正的。正如得过伤寒病的可以免疫一样，犯过错误的人，只要善于从错误中取得教训，也可以少犯错误"。[1] 作为领导者，可贵之处就在于"使人改过"或"教人改过"。

---

[1]《毛泽东文集》第7卷，人民出版社1999年版，第40页。

毛泽东还借古代的吏治故事多次表达过这一点。据《智囊》卷三记载，西汉成帝时，武官出身的朱博做了冀州刺史。一次外出巡视，地方官吏和老百姓数百人拦道告状。一位老从事将情况告诉朱博，请他滞留该县处理。朱博心中明白这位从事是要探试自己的处事能力，便让他明文告示：想告县级官吏的人，各自到自己郡里去告，本刺史不直接监察这一级官吏；想告郡守、邑宰一级官吏的人，等本刺史巡视回到治所再来告；其他那些打官司举盗贼的事情，则到各个相应衙门去反映。告示一出，四五百人顷刻散去。谁都没有想到朱博应变能力这样强。朱博后来调查发现，果然是那名老从事唆使百姓聚众拦道，遂"杀此吏"。① 毛泽东读后批注："此吏亦可不杀，教以改过，调改他职可也。"②

该书还记载了朱博的另一件事。长陵大姓中有个人叫尚方禁，年轻时盗人妻被砍伤面颊。官府功曹受了贿赂，不仅没有革除尚方禁，反调他作守尉。朱博听到此事，召见尚方禁，故意问他脸上的伤疤是怎么来的。尚自知朱博已知实情，连忙叩头据实禀报。朱博笑道："我想为你洗雪耻辱，你愿意为我效力吗？"尚惊喜道："万死不辞。"于是，朱博让他作耳目。这样，尚方禁经常破获盗劫等犯罪活动，很见成效，后升至县令。后来，朱博又召见那位功曹，一一列举尚方禁等人的事，痛加斥责，令他将自己受贿之事全部写下来。功曹惶恐万状，详记所有为奸为贪为贼之事。朱博也要他改过自新，然后拔刀将他所写罪状裁成纸屑。这位功曹从此以后战战兢兢、尽心尽力，办事

---

① 曲一日：《毛泽东文史评说集（三）——毛泽东评说中国文学》，吉林人民出版社1998年版，第283页。

② 《毛泽东读文史古籍批语集》，中央文献出版社1993年版，第53页。

再不敢有任何差错。① 毛泽东读到这里，批注曰"使人改过自效"。②

据史书记载，三国时蜀国重臣法正很有才干，直言善谏，但有个毛病，常常意气用事，并计较个人恩怨。有人建议诸葛亮奏报刘备，"抑其威福"。然而，诸葛亮则从大局出发，认为法正恰如羽翼一样辅佐刘备，不必因小过而束缚其施展才干。③ 毛泽东在《资治通鉴》中读到此事，批注说："观人观大节，略小故。"④ 其实，延安时期，毛泽东还向萧军说过类似的话：水至清则无鱼，人至察则无徒。人无完人，金无足赤，这是自然的道理，领导者必须深刻地懂得这一点。1975 年，毛泽东再次批示强调要"打破'金要足赤''人要完人'的形而上学错误思想"。⑤

从毛泽东的这些批注，可以更好地理解毛泽东的用人方法，这里确实有点"术"的味道，当然，这是在深知人性基础上的"术"。1963 年 10 月，毛泽东在天津与中共中央华北局和省市负责人谈话时还讲道："人是可以觉悟的。陈平是贪污犯，汉高祖给他钱，他不记账。后来做了宰相，除吕保刘。可见人有错误是可以改的，除罪大恶极、血债严重、群众不答应的以外，贪污这一条，能改的还可以使用。"⑥ 当然，错误是有限度的，像黄克功那样的杀人，像刘青山、张

---

① 曲一日：《毛泽东文史评说集（三）——毛泽东评说中国文学》，吉林人民出版社 1998 年版，第 284—285 页。
② 《毛泽东读文史古籍批语集》，中央文献出版社 1993 年版，第 53 页。
③ 张树德：《毛泽东与中国古代军事典籍》，中共中央党校出版社 1997 年版，第 193 页。
④ 《毛泽东读文史古籍批语集》，中央文献出版社 1993 年版，第 291 页。
⑤ 《建国以来毛泽东文稿》第 13 册，中央文献出版社 1998 年版，第 477 页。
⑥ 王香平：《毛泽东点评历史上"使人改过自效"的几件事》，《党的文献》2007 年第 5 期。

子善那样的贪污，毛泽东还是"挥泪斩马谡"。其实，这是用干部的另一面，杀一儆百。

毛泽东在"善任"方面的高明之处，还在于善于任用那些有"污点"或"恶点"的人，从而使之改过自新。井冈山斗争初期，军队人数不多，加上战斗频繁、伤亡较大，而兵源又难以补充，因此，部队在征兵时，常常吸收一些俘虏充实队伍。这些俘虏在原来军队里沾染了不少恶习，吃喝嫖赌样样都干，还有不少人抽大烟。当时，许多工农出身的战士对这部分人很反感。但毛泽东没有轻易放弃他们，而是对他们进行教育、帮助、改造，引导他们按红军的规矩办事。更令人想不到的是，还充分利用他们抽大烟的"特长"，把这些人编成一个侦察队，让他们化装成烟客深入敌占区的烟馆搜集情报。后来，这些人大都被改造成了合格的红军战士。[①] 把旧人改造成新人，这是毛泽东用人的神奇之处。

新中国成立初期，贵州的匪患很严重。其中有一个布依族女匪首程莲珍，武功高强、身手敏捷、枪法奇准，长期为患一方。后来，经过贵州省军区努力，终于将其擒获。按其罪责，应当严惩。当省军区把此事上报到中央时，毛泽东竟下令放了她。显然，毛泽东的考虑更全面：当时剿匪虽然已接近尾声，但情况仍然十分复杂，特别是土匪问题与民族问题交织在一起。程莲珍经过说服教育后，果然洗心革面，在一个多月的时间里，就劝说了 22 名匪徒向政府投降。有几个号称"八大金刚"的匪首，特别凶狠狡猾，拒不投降，程莲珍动员他们家

[①] 转自陈东升：《毛泽东独到的用人策略》，《农村经济与科技》2010 年第 2 期。

属去劝降多次未果，于是她带着部队进山将他们一一击毙。[1] 化恶为善，善莫大焉！如果这也叫作"术"，则领导者要学，特别是面临复杂的社会形势的时候更要学。

美国企业家查雪尔曾说："授权，是一个事业的成功之途。它使每个人感到受重视、被信任，进而使他们有责任心、有参与感，这样，整个团体同心合作，人人都能发挥所长，组织也才有新鲜的活力，事业方能蒸蒸日上。"[2] 毛泽东"用干部"就非常善于授权，"用则不疑，疑则不用"，即注重发挥下属的主动性和创造性。在战争年代，他给前方将领的电报和指示，很多都写有"请酌办""望机断行之""请将你们意见电告""请按实情决定""望酌情机断行之"等语，甚至专门嘱咐"临机处置，不要请示"。[3] 即使对于林彪在辽沈战役中开始不打锦州而打长春的错误主张，毛泽东也一方面进行说服，一方面又令示"如有意见请速电告，否则即照此执行"，甚至说"你们如不同意这些指示，则望你们提出反驳"。[4] 淮海战役中，毛泽东也曾电示总前委："情况紧急时机，一切由刘邓临时处治，不要请示。"[5]

这恰恰与蒋介石在战役指挥时的电令形成鲜明的对照，他下达的电文里充满了"务必""限于""特令"等严厉词句，甚至常常强调"倘有延误，决按军律从严惩处，不稍宽待"。[6] 古人云，将在外，君

---

[1] 孙国：《千里护卫毛泽东——武警保卫年轻共和国纪实》，人民武警出版社2007年版，第143页。
[2] 罗锐韧：《哈佛经理手册》下卷，企业管理出版社1997年版，第1794页。
[3] 刘金田、张爱茹：《走出中南海的邓小平》，台海出版社2011年版，第41页。
[4] 雷国珍、吴珏：《毛泽东大成智慧》，当代中国出版社2001年版，第258页。
[5] 雷国珍、吴珏：《毛泽东大成智慧》，当代中国出版社2001年版，第258页。
[6] 陈向兰：《岁月留声——李以劻将军采访录》，海天出版社1996年版，第78页。

命有所不受。战场上形势瞬息万变，只有前线指挥最熟悉，需要临场发挥，当机立断。如果对第一线的将领规定过死，势必束缚他的手脚，不敢负责，从而贻误战机。蒋介石虽然为军事科班出身，其属下也战将云集，但在具体的战役指挥上，他却总是疑心重重，不善于"授权"，反而横加干预，这不能不说是他失败的一个重要原因。唐朝的陈子昂曾提出"用人四忌"，即"好贤而不能任，能任而不能信，能信而不能终，能终而不能赏，虽有贤人，终不可用矣"。[①] 毛泽东与蒋介石可以说是这"四忌"的两个相反的典型。

容人之量

　　海纳百川，有容乃大。俗话说，有多大肚量，成就多大事业。毛泽东能够使中国"旧貌换新颜"，与他非凡的"容人之量"不无关系。他明确提出"用干部"要搞"五湖四海"，不要搞小圈子。例如，对于犯过"左"倾错误的王明等人，在党的七大上很多人都不主张再选他们为中央委员。可是毛泽东仍然提议把他们选进中央委员会。在他看来，过去中央对陈独秀、李立三的处理是不妥的，后果是不好的。经过他做工作，王明选上了中央委员，但是王稼祥没有被选上。[②] 得知这一消息后，毛泽东非常吃惊。王稼祥与王明、博古等人同属留苏学生群体，在党内担任过重要领导职务。他是否当选，关系到能否很好地团结来自不同地方、不同部门的同志以及有过意见分歧甚至冲突

[①]（清）董诰等：《全唐文》（二），上海古籍出版社2002年版，第1279页。
[②] 郭德宏：《毛泽东的领导方法和艺术》，http://www.1921.cn/new/zjsq/guo-dehong/view.asp? id=251.

十、向毛泽东学知人善任

的同志。

为此，毛泽东向全体代表专门作了《关于第七届候补中央委员选举问题》的讲话。其中关于王稼祥落选的问题，讲得最多，也最着力。他说，王稼祥"虽然犯过路线错误，也有缺点，但他是有功的"，接着一件一件地列举了他的功劳，还特别提到了他在遵义会议和六届六中全会上所起的重要作用。最后，毛泽东非常肯定地指出："他是能够执行大会路线的，而且从过去看，在四中全会后第三次'左'倾路线正在高涨时，在遵义会议时，在六中全会时，也都可以证明这一点。"① 结果，王稼祥以第二高票当选。后来毛泽东曾说，如果他们选不上，大家心中都会不安的，一人向隅，满座为之不欢。② 王明、博古、张闻天、王稼祥等"二十八个半"布尔什维克，大都是让毛泽东吃过苦头的，而在毛泽东掌握领导权以后，仍能够从大局出发、不计前嫌，足见其"容人之量"。

毛泽东常说在用人问题上反对山头主义，同时在实际的人事安排中，又要照顾到山头。比如，对于来自不同根据地的、不同方面军的、不同部门的以及不同工作区域的干部，在任用时他常常注意平衡，避免一派独大，并强调要正确处理"外来干部和本地干部的关系，军队干部和地方干部的关系……老干部和新干部的关系"，还要"善于和非党干部共事"。③ 能不能处理好这些关系，关键就在于是否从党的事业出发，有"容人之量"。

---

① 《毛泽东文集》第3卷，人民出版社1996年版，第426页。
② 苏扬：《中国出了个毛泽东——中外名人的评说》，解放军出版社1991年版，第233页。
③ 《毛泽东选集》第3卷，人民出版社1991年版，第825页。

在他看来,"我们民族历史中从来就有两个对立的路线:一个是'任人唯贤'的路线,一个是'任人唯亲'的路线。前者是正派的路线,后者是不正派的路线"。而中国共产党的干部路线,就是任人唯贤的路线。① 他一再强调,所有干部都是"一个父母生的",是党的财富,不要分彼此;只要是愿意为革命事业出力的人,不管他来自什么地方,不管他是什么出身,即使是自己以前的仇人,与自己意见不一致的人,反对过自己反对错了的人,都要能够不记前仇,捐弃前嫌,团结任用。② 他十分警惕旧官场中"一人得道,鸡犬升天"的腐败现象,多次告诉秘书:我们共产党的章法,决不能像蒋介石他们一样搞裙带关系,一个人当了官,沾亲带故的人都可以升官发财。如果那样下去,就会脱离群众,就会和蒋介石一样早晚要垮台。为此他嘱咐身边的工作人员:"凡是要求到北京来看我的,现在一律不准来,来了也不见。凡是要求我给安排什么工作的,一律谢绝,我这里不介绍、不推荐、不说话、不写信。"③ 在中国这样一个具有重人情重血缘关系传统的国度,能够用人不分亲疏,只问贤愚,着实不易。

这一点蒋介石就做得不好,反而借鉴古代的江湖做法。比如他与冯玉祥、张学良等很多党政要人都拜过把子,结为所谓的"金兰之好"。但到头来,仍不免分崩离析。再如,他是依靠"黄埔系"起家的。从国民党授衔的将领来看,主要来自"日本士官系""保定系""黄埔系"。抗战胜利后,"黄埔系"势力达到了顶峰。此外,蒋介石

---

① 《毛泽东选集》第2卷,人民出版社1991年版,第527页。
② 孟继群:《毛泽东领导思想研究》,辽宁人民出版社1992年版,第306页。
③ 中国国家博物馆:《毛泽东——共和国领袖故事》,上海教育出版社2006年版,第161页。

十、向毛泽东学知人善任

用人还讲究同乡渊源。"浙江帮"横亘整个国民党权力系统。军事系统有胡宗南、陈诚、汤恩伯等,掌握了国民党武器最先进的军队;特务系统有戴笠、毛人凤,整个特务系统简直就是浙江人的天下;党务系统有陈果夫、陈立夫兄弟。①古代虽有"上阵父子兵,打仗亲兄弟"的说法,但是在经过五四反封建的中国,这已失去了号召力,而反映现代性的阶级、民族和国家观念逐渐演化为时代思潮。有意思的是,1935年蒋介石对新任内阁成员讲话的时候打过一个比喻,说为国家物色一个好的官吏就好比父母替女儿选女婿一样难。固然他是在说明选贤之不易,然而却无意中流露了他是以"家"的观念来谋国的。看来,毛泽东规定"共产党的章法"引他为戒,的确是有道理的。

毛泽东的"容人之量",还一度体现为对非党人才的任用上,比如新中国成立初期,在政府机构中有大量的非党干部:中央人民政府主席、副主席7人中,非中共人士3人(宋庆龄、李济深、张澜);中央人民政府委员56人中,非中共人士28人。政务院总理、副总理5人中,非中共人士2人(郭沫若、黄炎培);政务委员21人中,非中共人士11人;政务院下属30个部委主官中,非中共人士13人。全国政协主席、副主席6人中,非中共人士4人(李济深、沈钧儒、郭沫若、陈叔通);全国政协常委28人中,非中共人士17人。最高审判机关和检察机关主官2人中,非中共人士1人。②即使对于留下来的国民党党政要员,毛泽东也大都作了妥善的安排,有的还身居要职,比如先后担任全国人大常委会副委员长、国防委员会副主席的程潜、张治中;先后担任国防委员会副主席的龙云、卫立煌、蔡廷锴;担任政

---

① 参见何虎生:《毛泽东蒋介石用人之道比较》,《人民论坛》2011年第31期。
② 参见当时的领导人名录。

务院政务委员的黄绍竑；担任水利部部长的傅作义；担任林业部部长的刘文辉；1955年和解放军高级将领一道被授予上将军衔的陈明仁。"容人"的背后其实是一种自信，是一种"天下为公"的胸怀。

综上所述，可以看出，毛泽东提倡的"识人之智""用人之术""容人之量"，是"用干部"中的三个同时并举的不同侧面，亦可看作富有逻辑的三个环节，尽管他用来称赞武则天时使用的顺序并非如此。一般来说，只有"识人"，才能"用人"；只有在"用人"中才能看得出是否"容人"。不了解就不能很好地任用，知人善任，知人在先，善任在后，知人是善任的前提和基础，善任是知人的延伸和深化。自然，任用的过程中，有一个是否能"容人"的问题。"任人唯亲"还是"任人唯贤"就是判断的标准。

需要指出的是，领导者"用干部"并不是说不用自己。这一点，毛泽东也是值得学习的。党的历史上，有许多部署重大战斗、战役的电报和中央文件，都是他自己起草、批发的；党报上许多重要的社论、评论，不少也出自他的手笔。他说过："我的文章都是亲自写，文章要别人写，是危险的。"[1] 1958年1月，他还专门强调，领导干部不可以一切依赖秘书，或者"二排议员"；要以自己动手为主、别人帮助为辅。不要让秘书制度成为一般制度，不应当设秘书的人不许设秘书。一切依赖秘书，这是革命意志衰退的一种表现。[2] 很明显，在毛泽东的心目中，把用人和用己结合起来的，才是好的领导干部。否则，纵然能够知人善任，说话办事也不那么硬气，腰杆也不那么挺直！

---

[1] 罗定枫、洪淑英：《枫叶知秋》，沈阳出版社2006年版，第104页。
[2] 《毛泽东文集》第7卷，人民出版社1999年版，第359页。

十一

向毛泽东学廉洁奉公

一个执政党及其广大党员是否廉洁奉公，是关系到党和国家生死存亡的重大政治问题。毛泽东在其长期的革命和建设实践中都非常重视这一问题，并为此进行了毕生的探索，形成了丰富的反腐倡廉思想。他的廉政思想和实践是留给我们的一笔宝贵精神财富，需要认真研究并很好地继承。

廉洁自律的典范

打铁还需自身硬，己身正方能正人。毛泽东一生为民族求解放，为人民谋幸福，建立了不朽的丰功伟业，但他对自己的要求却非常严格。无论是在条件艰苦的革命战争年代，还是在解放后有条件享受的情况下，他在生活上从来不搞特殊化，并注意以身作则、率先垂范，用自己的行为教育全党。古人云：吏不畏我严而畏我廉，民不服我能而服我公，公则明，廉则威。时至今日，国内仍不断掀起"毛泽东热"，人们用各种形式来表达他们对毛泽东的敬仰之情，这在很大程度上正是出于对他这种崇高无私的人格力量的缅怀。

早在井冈山时期，毛泽东就毅然废除中国数千年旧军队官兵不平等的腐败恶习，在红军中带头实行官兵一致。他和红军战士一起吃红米饭、喝南瓜汤，粮食紧张时还带头吃野菜。战士们为此编了歌谣："毛委员带头吃野菜，艰苦作风传万代。"瑞金时期，身为中华苏维埃共和国主席的他，粮食定量却只及普通战士的3/4。在长征路上，毛泽东患有足疾，却常常把配给自己的担架和马匹让给伤病员，在"高原寒、炊断粮"的情况下，他同样和战士一起忍冻挨饿。有一次，警卫员为他多领了20个红辣椒，被他严令退还。他严肃指出："我们是红军，作为领袖怎么能搞特殊？"新中国成立后条件虽然好了些，但毛泽东从1952年到1962年没做过一件新衣服，线袜、毛巾、睡衣、被子都是补了又补，20世纪50年代穿的一件睡衣到1971年已补了73个补丁。仅有的一只手表，还是郭沫若解放前在重庆送给他的，一直戴到临终。

毛泽东一生粗茶淡饭，最好的伙食改善只不过是一碗红烧肉。三年困难时期，他为农民挨饿而流泪，带头实行"三不"：不吃肉、不吃蛋、吃粮不超量，8个月不吃一口肉，身体力行，坚持和人民群众同甘共苦，一起勒紧裤腰带、共渡难关。他嗜好抽烟，但从不抽公家烟。20世纪60年代，工作人员听说国外有种烟嘴能减少有害物质的吸入，便委托外交部买了两打。生活管理员想在招待费中报销这笔开支，毛泽东坚决反对，要求从自己的稿费中开支。他常说："中国不缺我毛泽东一个人吃的花的。可是，我要是生活上不检点，随随便便吃了拿了，那些部长们、省长们、市长们、县长们都可以吃了拿了。那这个国家还怎么治理呢？"

毛泽东以天下为己任，反对一切特权思想，尤其反感突出个人、脱离群众的做法。据他身边工作人员回忆，抗美援朝战争时期，中央机关的行政处长拿来一份图纸，要给毛泽东翻修房屋，他当即予以严厉批评："全国人民捐钱捐物支援前线，你为什么就不想想前线只想到我的房子？我在这里多点一盏灯都舍不得，你就敢花那么多？"1950年5月，沈阳市各界人民代表会议为纪念中华人民共和国成立，决定在市中心修建一座开国纪念塔，并拟在塔上铸毛泽东铜像。为此，市政府致函中央新闻摄影局请求代摄毛泽东全身像。毛泽东在来函"修建开国纪念塔"旁批："这是可以的"，在"铸毛泽东铜像"旁批："只有讽刺意义"，并在新闻摄影局的公函上正式批复："铸铜像影响不好，故不应铸"①。同年9月，毛泽东得知要在他的家乡建别墅、修公路的事后，立即给湖南省党政负责同志写信说："据说长沙地委和湘潭县委现正进行在我的家乡为我建筑一所房屋并修一条公路通我的家乡。如果属实，请令他们立即停止，一概不要修建，以免在人民中引起不良影响。是为至要。"②

作为全党和全国人民的领袖，毛泽东对封建社会那种"一人得道，鸡犬升天"和"封妻荫子"等腐朽做法十分厌恶，一直严格要求亲属故友真正做人民的公仆，不允许他们利用自己的权力和地位谋取任何私利。他对子女要求严格，勤加教诲。当年毛岸英从苏联回到延安后不久，毛泽东便送他到杨家岭拜劳动模范为师，去中国的"农业大学"接受再教育，要求他深入了解劳动人民的疾苦，以使他真正成为其中的一员。抗美援朝战争爆发后，他又毅然将毛岸英送往朝鲜前线。而当毛岸英牺牲后，他又决定将其遗骨与其他志愿军战士一同安葬在朝鲜。

---

① 《建国以来毛泽东文稿》第1册，中央文献出版社1987年版，第362页。
② 《建国以来毛泽东文稿》第1册，中央文献出版社1987年版，第529页。

向毛泽东学习（修订本）

李讷是毛泽东的小女儿，生于陕北，从小转战四方，受过不少苦。三年困难时期她正在上学，连饭也吃不饱，毛泽东的卫士长李银桥搞了一包饼干悄悄地送去，毛泽东知道后严肃批评他："三令五申，为什么还搞特殊化？"李银桥说："别的家长也有给孩子送东西的。"毛泽东把桌子一拍说："我的孩子一块饼干也不许送。"那时，有的卫士想让李讷经常回家和爸爸一起吃饭，毛泽东却坚持说："我是国家干部，国家按规定给我一定待遇。她是学生，按规定不该享受就不能享受。还是各守本分的好，我和我的孩子都不能搞特殊。"李讷住校路途较远，又是一个女孩子，李银桥担心路上不安全，星期六晚上用车接她。毛泽东又批评说："别人孩子能回家，我的孩子为什么就不行？""不许接，说过的要照办，让她自己骑车子回来。"

毛泽东对亲戚朋友严格要求、公私分明，从不用自己的职权为他们办私事。他处理亲友关系始终坚持"三不"原则：恋亲但不为亲徇私，念旧但不为旧谋利，济亲但不为亲撑腰。新中国成立后，毛泽东陆续接待了一些来自家乡的亲友。来的时候，他都热情款待；走的时候，常常给一些钱，解决他们的困难。这些招待和接济亲友的钱，都是从他的工资和稿费中支取的，从未用过公家的一分钱。当时，他母亲家的一些亲戚经常到北京看望他，有的人回乡后非常神气，摆架子，不把当地政府放在眼里。毛泽东知道这一情况后，给乡政府写信表明自己的态度："文家任何人，都要同乡里众人一样，服从党与政府的领导，勤耕守法，不应特殊。请你们不要因为文家是我的亲戚，觉得不好放手管理。我的态度是：第一，因为他们是劳动人民，又是我的亲戚，我是爱他们的。第二，因为我爱他们，我就希望他们进步，勤耕守法，参加互助合作组织，完全和众人一样，不能有任何特殊。如有落后行为,应受批评,不应因为他们是我的亲戚就不批评他们的缺点和错误。"① 这就保证了那些亲友无法利用与他的特殊关系作威作福,干些出格的事。

毛泽东有 8 个表兄弟,他们的关系很好。解放后,他曾多次给他们写信,寄钱寄物,并接他们上京做客。但当他们提出要毛泽东帮助谋职时,他都未答应。他说,这样做,人民会说话的。毛泽东二舅的三儿子文南松,1950 年写信请求毛泽东给胞兄文运昌介绍工作。毛泽东回信说:"运昌先生的工作,不宜由我推荐,宜由他自己在人民中有所表现,取得信任,便有机会参加工作。"毛泽东大舅的儿子文涧泉,与其感情甚笃。新中国成立后,他与毛泽东多次书信来往,并七次上京见面。但当他请毛泽东为其本家好友文凯在北京找一份工作时,毛泽东则回信:"文凯先生宜在湖南就近解决工作问题,不宜远游,弟亦未便直接为他作介,尚乞谅之。"解放初,杨开慧的哥哥杨开智欲进京工作。毛泽东得知后给时任湖南省委第一副书记的王首道去信说:"杨开智等不要来京,在湘按其能力分配适当工作,任何无理要求不应允许。"同时还写信给杨开智说:"希望你在湘听候中共湖南省委分配合乎你能力的工作,不要有任何奢望,不要来京。湖南省委派你什么工作就做什么工作,一切按正常规矩办理,不要使政府为难。"1950 年 5 月,毛泽覃夫人周文楠的侄子周起鹗致信毛泽东要求调换工作,毛泽东也回信说:"先生仍以在现地工作为好,虽不适意,犹胜于失职业者,尚希安心从事,然后徐图改进。"②

---

① 《建国以来毛泽东文稿》第 4 册,中央文献出版社 1990 年版,第 489 页。
② 《建国以来毛泽东文稿》第 1 册,中央文献出版社 1987 年版,第 341、325、32—33、356 页。

毛泽东投身革命几十年，领导过世界上最大的政党和最多的人口。但他深知他的权力是人民给的，作为党和人民的领袖，应为人民掌好权、用好权，所以他绝不利用权力谋取任何个人私利，不搞政治上、生活上的特殊化，他的子女、亲友中也没有一个人仰仗他的权势升官发财。在他身后，没有留下任何家产，他留给人民和子孙后代的是为人民无私奉献的精神和廉洁奉公的公仆形象。这是一笔最宝贵的精神遗产，值得我们今天的共产党人去继承并发扬光大。

雷厉风行反腐败

毛泽东一向主张要从严治党。他历来认为，同党内和政府内的各种消极现象和腐败行为作斗争要毫不留情地严厉惩处，绝不能心慈手软，要坚决把那些违法乱纪、以权谋私和贪污腐化分子从党内和国家政权机关中清除出去，特别是对其中那些位高权重和资深功高者更要严肃对待、从重惩处，以引起全党的警醒和全社会的重视。

早在瑞金时期，鉴于中央苏区开始出现腐败现象，毛泽东就亲自领导开展了历时两年的反贪污反浪费运动，这是中国共产党历史上第一次大规模的反腐运动。毛泽东反复告诫："腐败不除，苏维埃旗帜就打不下去，共产党就会失去威望和民心！与贪污腐化作斗争，是我们共产党人的天职"①，"应该使一切政府工作人员明白，贪污和浪费是极大的犯罪"②，"如果不把官僚作风、贪污浪费，甚至欺压群众的坏作风清除掉，我们的根据地就保不住，我们党的事业就有被夭折的

---

① 陈挥：《中国共产党反腐倡廉90年》，上海人民出版社2011年版，第16页。
② 《毛泽东选集》第1卷，人民出版社1991年版，第134页。

十一、向毛泽东学廉洁奉公

危险"。

1932年，瑞金县苏维埃政府裁判部收到一封群众的检举信，检举叶坪村苏维埃政府主席谢步升有严重的贪污犯罪行为。信中说："谢步升把吃大户（即打土豪）所得皮袄子和几斤上等毛线私自拿回家，分田时好田留给自己，还强行多占公田；去年，他用自家不满半岁的小牛，换取苏维埃政府送往灾区的大水牛两头。凡是有用值钱的东西，经过他的手就会少。他贪得无厌，弄到东西送给他的情妇。有一回借故去抢瑞林寨邱洛水的布匹和家中养的猪、鸭，还威胁邱洛水如果敢去告他，他就要邱的人头……"另有知情人检举：谢步升在1927年将南昌起义部队南下途中一名生病掉队的军医杀了，劫走其金戒指、毡毯等物；去年，他又偷盖苏维埃中央政府管理科的大印，伪造通行证等证件，私自贩运水牛到白区出售，每头牛获利大洋3元。后经查实，谢步升还犯有谋妇夺妻、掠取钱财、秘密杀害干部等罪行。1932年5月，中华苏维埃共和国临时最高法庭判决谢步升死刑。这是红色政权打响惩治腐败分子的第一枪，在苏区上下引起强烈反响，人们由此看到了共产党治理贪污腐败的决心。

1933年至1934年，中央苏区的各项事业都得到较大发展，但贪污浪费、侵吞公物的现象仍频繁出现，甚至呈现出某种扩张蔓延的态势。于都县在短短一年内，就发生了县苏维埃政府主席、县军事部长、县苏维埃政府财政部副部长等人贪污案件23起之多，贪污分子由县苏维埃政府主席至乡代表，几乎各级机关都有，贪污俨然形成一股风气。这些人采取吞没公款、涂改账目、销毁单据、造假凭证等各种手段进行贪污，有的还用赃款大做投机生意，倒卖苏区内最急需的物资、食盐和粮食，从中牟取暴利。如于都县苏维埃政府主席熊仙璧是第二届苏维埃政府中央执行委员会委员，却利用职权，强借公款50元做私人生意牟取私利。受其影响，于都县苏维埃和城关苏维埃大部分工作人员都私自参与经商，导致贪污挪用之风盛行。军事部长刘仕祥等人冒领总供给部发下的动员费410元，组织部长高兴赞拿公家保险金做生意，劳动部长贪污保险金，少共县委书记等贪污公款及群众捐助买飞机的100多元大吃大喝。与此同时，浪费现象也很严重，中央总务厅主要领导因官僚主义和玩忽职守，仅购置棉衣料一项，就因预算不实，浪费公款1万余元。从中央到县、乡的机关中，大手大脚、浪费公款公物的现象也屡见不鲜。这些问题的出现，严重破坏了党和苏维埃政府在群众中的威望，影响了各项工作的开展，给革命带来严重的危害。

鉴于以上情况，中央决定重拳出击，严厉惩处腐败分子。1933年，瑞金县苏维埃会计科长唐达仁因吞蚀各军政机关交来的余款、群众退回的公债及隐瞒地主罚款等共34项，合计大洋2000余元，毛泽东亲自主持中央政府人民委员会，会议决定，将唐达仁交法庭判处死刑。1934年，全苏大会工程处主任左祥云又因在筹建中央政府大礼堂和修建红军烈士纪念塔、红军检阅台的过程中贪污工程款246.7元，被最高法院判处死刑。对于都的系列腐败案件，经中央执行委员会批准，撤销了熊仙壁的于都县苏维埃主席及中央执行委员职务，并由最高法院判处监禁1年，期满后剥夺公民权1年，其他有关的贪污犯罪分子也依法受到了惩处。这些审判伸张了正义、打击了邪恶，深受苏区人民的衷心拥护。

到了延安时期，毛泽东又惩处了黄克功、肖玉璧等虽有战功但腐化堕落的干部。黄克功曾跟随毛泽东经历了井冈山斗争和二万五千里长征，有过赫赫战功。1937年10月，时任抗日军政大学第三期第六队队长的他因逼婚未遂，在延河畔枪杀了陕北公学女学员刘茜。事件发生后，中共中央、中央军委、边区政府高度重视，毛泽东亲自主持会议，决定将黄克功处以死刑。毛泽东还致信陕甘宁边区高等法院院长雷经天指出："黄克功过去斗争历史是光荣的。今天处以极刑，我及党中央的同志都是为之惋惜的。但他犯了不容赦免的大罪，以一个共产党员、红军干部而有如此卑鄙的，残忍的，失掉党的立场的，失掉革命立场的，失掉人的立场的行为，如为赦免，便无以教育红军，无以教育革命者，并无以教育做一个普通的人。因此中央与军委便不得不根据他的罪恶行为，根据党与红军的纪律，处他以极刑。正因为黄克功不同于一个普通人，正因为他是一个多年的共产党员，是一个多年的红军，所以不能不这样办。……一切共产党员，一切红军指战员，一切革命分子，都要以黄克功为前车之鉴。"[①]

肖玉璧也出身于红军战士，是个劳苦功高、体无完肤、身上有90多处伤疤的老红军。为让其恢复健康，毛泽东曾在供给上给予特别关照，特批一份牛奶证给他。但肖玉璧后来在任陕西清涧县张家畔税务所所长期间，居功自傲、无视法纪，利用职权贪污大洋3000多元，甚至把根据地奇缺的食油、面粉卖给了国民党的破坏队，导致边区重要物资流出。案发后，毛泽东执法如山，严令枪决。1942年1月5日的《解放日报》就此发表评论："在'廉洁政治'的地面上，不容许有一个'肖玉璧'式的莠草生长！有了，就拔掉它！"据陕甘宁边区政府主席林伯渠称，当时边区政府的腐败率是5%，肖犯一死，形势大变，边区的政风明显好转。

[①] 《毛泽东书信选集》，人民出版社1983年版，第110—111页。

新中国成立后，由于环境的变化，党和政府中的一些干部和机关工作人员经不起糖衣炮弹的进攻，陷入了贪污、浪费和官僚主义的泥坑。有鉴于此，毛泽东严肃地向全党指出："必须严重地注意干部被资产阶级腐蚀发生严重贪污行为这一事实，注意发现、揭露和惩处，并须当作一场大斗争来处理。"① 1952年12月，中共中央发出了毛泽东亲自起草的《关于反贪污斗争必须大张旗鼓进行的指示》，果断发起了以反贪污、反浪费和反官僚主义为主要内容的"三反"运动。在运动中，毛泽东要求各级党委发动群众、敢打"老虎"，将群众所痛恨的违法乱纪分子加快惩处和清除出党组织，"轻者批评教育，重者撤职、惩办、判处徒刑，直至枪毙一批最严重的贪污犯"②。据当年在中央主持"三反"运动常务工作、担任中央人民政府节约检查委员会主任的薄一波回忆："毛主席当年抓防腐蚀的斗争，真是雷厉风行，至今历历在目。他看准的事情，一旦下决心要抓，就抓得很紧，一抓到底，从不虎头蛇尾，从不走过场。他不仅提出方针，而且亲自督办；不仅提出任务，而且交待办法。在'三反'紧张的日子里，他几乎每天晚上都要听取汇报，甚至经常坐镇中节委，参加办公会议，亲自指点。"③

这一时期，刘青山、张子善案件的发生震动了全国，教育了全党。刘青山、张子善都是经历过长期革命斗争的领导干部，曾面对敌人的严刑逼供坚贞不屈，但在和平环境中却很快腐化堕落，成为人民的罪

---

① 《毛泽东文集》第6卷，人民出版社1999年版，第190—191页。
② 《毛泽东文集》第6卷，人民出版社1999年版，第191页。
③ 薄一波：《若干重大决策与事件的回顾》上卷，中共中央党校出版社1997年版，第142—143页。

十一、向毛泽东学廉洁奉公

人。1950年至1951年,他们在担任天津地区领导期间,假借经营机关生产的名义,勾结私商进行非法经营。他们利用职权,先后盗窃国家救灾粮、治河专款、干部家属救济粮、地方粮,克扣民工粮、机场建筑款,骗取国家银行贷款等,总计达170余亿元(旧币)。他们在获取非法暴利、大量贪污之后,任意挥霍,过着极度腐化的生活。案发后,毛泽东极为关注,亲自过问这一案件,下决心予以严惩。当时曾有人向毛泽东求情,希望考虑刘青山、张子善在战争年代曾出生入死,有过功劳,是否给他们一个改造的机会。毛泽东回答说:"正因为他们两人的地位高,功劳大,影响大,所以才要下决心处决他们。只有处决他们,才可能挽救二十个,二百个,二千个,二万个犯有各种不同程度错误的干部。"①

新中国成立初期的"三反"运动清除了一批腐败分子。据统计,1951年各级纪律检查部门共处理违纪党员干部48189人,其中省军级干部32人、地师级干部407人、县团级干部2711人。1952年上半年,又有6万左右的党员受到党纪与行政处分,2万左右的党员被开除党籍,其中仅县委以上受到撤职查办和逮捕法办的就有4029人。这就纯洁了党的肌体,对广大干部进行了一次廉洁奉公的教育,树立了崇尚廉洁、健康向上的社会风气,对防止干部的贪污腐败、保持干部队伍的清正廉洁有着深远的历史意义。尤其是对刘青山、张子善一案的严惩,充分反映了以毛泽东为首的党中央从高级干部抓起、敢于碰硬、从严治党的决心和魄力。可以毫不夸张地说,这个案件振聋发聩、扶正祛邪,教育了整整一代共产党人,起到极大的警示作用,使社会各

---

① 薄一波:《若干重大决策与事件的回顾》上卷,中共中央党校出版社1997年版,第152页。

界认识到，谁如果损害了人民的利益，不论其资格多老、前功多大、地位多高，都要受到党纪国法的严肃处理。这就使党和政府在新中国成立后较长的一段时期内保持了较为风清气正的良好局面，得到了广大人民群众的支持。对此，一位当年曾揭发刘、张罪行的老党员后来感慨地说：杀了两个人，管了几十年。

筑牢防腐的堤坝

在反腐倡廉问题上，毛泽东还十分注意防微杜渐，构筑防腐的堤坝，使广大党员干部保持廉政为民的本色，使党风、政风、民风一起得到了最大程度上的净化。

第一，教育为本，思想反腐。毛泽东认为腐败现象之所以会产生，首先是在思想上出问题，一名党员干部腐化变质，往往首先是从思想上蜕化变质开始的。因此，他特别注重对干部的廉政教育，从思想上纠正个人主义、享乐主义等非无产阶级思想。他一再强调："共产党员在政府工作中，应该是十分廉洁、不用私人、多做工作、少取报酬的模范"，"共产党员无论何时何地都不应以个人利益放在第一位，而应以个人利益服从于民族的和人民群众的利益。因此，自私自利，消极怠工，贪污腐化，风头主义等等，是最可鄙的；而大公无私，积极努力，克己奉公，埋头苦干的精神，才是可尊敬的"。[①] 实践证明，毛泽东在全党经常开展的廉政教育，对预防腐败起到了一定作用。

[①]《毛泽东选集》第 2 卷，人民出版社 1991 年版，第 522 页。

十一、向毛泽东学廉洁奉公

毛泽东还特别注意以史为鉴、未雨绸缪。历史知识渊博的他，十分重视总结历代王朝兴亡嬗替的规律，对李自成等农民起义的失败，他更是扼腕长叹，反复告诫全党引为鉴戒。抗战胜利前夕，他号召党员干部阅读郭沫若的《甲申三百年祭》，并让中宣部与中央军委总政治部联合下文指出："首先是高级领导同志，无论遇到何种有利形势与实际胜利，无论自己如何功在党国，德高望重，都必须保持清醒和学习的态度，千万不可冲昏头脑，忘其所以，重蹈李自成的覆辙。"而当全国革命即将胜利时，毛泽东又在中共七届二中全会上向全党敲响了警钟："可能有这样一些共产党人，他们是不曾被拿枪的敌人征服过的，他们在这些敌人面前不愧英雄的称号；但是经不起人们用糖衣裹着的炮弹的攻击，他们在糖弹面前要打败仗。我们必须预防这种情况。"由此，他要求党员干部做到两个"务必"，"务必使同志们继续地保持谦虚、谨慎、不骄、不躁的作风，务必使同志们继续地保持艰苦奋斗的作风"[①]。

第二，建章立制，以法反腐。就反腐败斗争而言，单靠思想教育是远远不够的，因此除了对党政干部从思想上进行教育外，毛泽东还建立和制定了一套较为完善的规章制度和法律法规，这是反腐倡廉建设取得实效的根本保障。早在瑞金时期，中华苏维埃就建立了一套严密的监察系统，从中央到地方都设有工农检察部，工农检察部下设控告局或检查委员会，通过采取巡回检查、设立控告箱、组织突击队等措施，确保反腐倡廉工作深入开展。全国执政地位确立后，党的纪律问题日益凸显。中共中央决定成立中央纪律检查委员会及各级纪律检

---

① 《毛泽东选集》第4卷，人民出版社1991年版，第1438—1439页。

查委员会,后来根据毛泽东的意见改为监察委员会。在中共八大通过的党章中,对党的监察委员会的组织形式以及职权范围又作了明确规定,赋予党员有根据地批评党的任何组织和党员,向党负责地揭发、检举党的任何组织和党员的违法乱纪行为的权利,并要求任何党员和党的组织必须接受自上而下和自下而上的监察。各级监察委员会的成立及其监察制度的建立,对于新中国成立初期有效预防、遏制腐败行为发挥了重要的作用。

毛泽东一生主持制定了数百件法律法规,其中不少是专为反腐倡廉制定的。井冈山时期,他就制定了《井冈山反腐败训令》。在瑞金时期,他又颁发了《关于惩治贪污浪费行为》的训令,规定"贪污公款在五百元以上者,处以死刑",以下者则分等判刑。这些训令的制定和颁布,对腐败分子产生了巨大的威慑作用,并使苏区政府的反腐败斗争有章可循、有法可依。新中国成立后,毛泽东又颁布了《中华人民共和国惩治贪污条例》《惩戒违法失职公务员暂行条例》等一系列法规,全面系统地规定了贪污贿赂罪名及量刑标准等,从而使反腐败斗争经常化、制度化和法规化。

第三,发扬民主,强化监督。民主与监督是解决腐败的主要途径。在毛泽东看来,仅靠思想教育克服利己之心、破除利禄之念是不够的,还必须走民主治腐的路子。1945年7月,黄炎培等6位国民参政员访问延安。在杨家岭的窑洞里,黄炎培向毛泽东提出了自己长期思索而没有能够解答出来的一个问题。他说:"我生六十多年,耳闻的不说,所亲眼看到的,真所谓'其兴也勃焉','其亡也忽焉',一人,一家,一团体,一地方,乃至一国,不少单位都没有能跳出这周期率的支配力","一部历史,'政怠宦成'的也有,'人亡政息'的也有,'求荣取辱'的也有。总之没有能跳出这周期率。"他希望中共诸君能"找出一条新路,来跳出这周期率的支配"。面对黄炎培的忧思,毛泽东充满自信地回答:"我们已经找到新路,我们能跳出这周期率。这条新路,就是民主。只有让人民来监督政府,政府才不敢松懈。只有人人起来负责,才不会人亡政息。"①

在各种监督中,毛泽东尤其注重群众监督。他反复强调权力来自于人民,必须注意人民的呼声。在1934年第二次全苏大会上,他郑重指出:"苏维埃必须吸引广大民众对于自己工作的监督与批评。每个革命民众都有揭发苏维埃工作人员的错误和缺点之权。当着国民党贪官污吏布满全国,人民敢怒而不敢言的时候,苏维埃制度之下绝对不容许此种现象。苏维埃工作人员中,如果发现了贪污腐化、消极怠工以及官僚主义分子,民众可以立即揭发这种人的错误,而苏维埃则立即惩办他们,决不姑息。"② 他甚至提出:"对于某些犯有重大错误的干部和党员,以及工农群众中的某些坏分子,必须进行批评和斗争。……应当宣布,群众不但有权对他们放手批评,而且有权在必要的时候将他们撤职,或建议撤职,或建议开除党籍,直至将其中最坏的分子送交人民法庭审处。"③

执掌全国政权后,毛泽东仍然非常注意人民群众的来信来访,要求各省市党政机关根据情况,设置和配备专门承办群众来信的机构和人员。他强调:"必须重视人民的通信,要给人民来信以恰当的处理,

---

① 黄炎培:《八十年来》,文史资料出版社1982年版,第149页。
② 江西省档案馆、中共江西省委党校党史教研室:《中央革命根据地史料选编》下册,江西人民出版社1982年版,第309页。
③ 《毛泽东选集》第4卷,人民出版社1991年版,第1272页。

满足群众的正当要求，要把这件事看成是共产党和人民政府加强和人民联系的一种方法，不要采取掉以轻心、置之不理的官僚主义的态度。"① 1953 年 1 月，毛泽东又起草了《中央关于反对官僚主义、反对命令主义、反对违法乱纪的指示》，要求各级党组织"从处理人民来信入手，检查一次官僚主义、命令主义和违法乱纪分子的情况，并向他们展开坚决的斗争"②。

毛泽东还非常注意发挥舆论的监督作用。早在中央苏区，中共中央机关报《红色中华》的"突击队""铁锤""警钟""工农通讯""党的生活""苏维埃的建设""社论""在节省战线上"等栏目，就毫不留情地抨击了中央苏区各级政府中出现的各种腐败现象。《红色中华》还不时地推出专论、专稿、专栏，集中力量抨击官僚主义和贪污浪费现象。新中国成立初期，中共中央又在 1950 年 4 月作出了《关于在报纸刊物上开展批评与自我批评的决定》，要求"在一切公开的场合，在人民群众中，特别在报纸刊物上展开对于我们工作中一切错误和缺点的批评与自我批评"。此后，《人民日报》等报刊几乎天天刊登读者来信，揭露基层干部中贪污浪费、投机倒把等不法行为，并刊登各级政府的处理意见。1953 年 1 月，毛泽东又提出："凡典型的官僚主义、命令主义和违法乱纪的事例，应在报纸上广为揭发。"③ 实践证明，他这种运用舆论工具进行监督的做法是行之有效的。

对于民主党派的监督，毛泽东同样也十分看重。1941 年 11 月，

---

① 董边、镡德山、曾自：《毛泽东和他的秘书田家英》，中央文献出版社 1990 年版，第 8 页。

② 《建国以来毛泽东文稿》第 4 册，中央文献出版社 1990 年版，第 10 页。

③ 《建国以来毛泽东文稿》第 4 册，中央文献出版社 1990 年版，第 10 页。

他在陕甘宁边区参议会演讲时就说:"国事是国家的公事,不是一党一派的私事。因此,共产党员只有对党外人士实行民主合作的义务,而无排斥别人垄断一切的权利","共产党员必须倾听党外人士的意见,给别人以说话的机会"。他还诚恳地表示:"共产党是真心实意想把国事办好的。但是我们的毛病还很多。我们不怕说出自己的毛病,我们一定要改正自己的毛病。我们要加强党内教育来清除这些毛病,我们还要经过和党外人士实行民主合作来消除这些毛病。这样的内外夹攻,才能把我们的毛病治好,才能把国事真正办好起来。"① 到了1956年中共八大前后,毛泽东又提出了与民主党派"长期共存,互相监督"的方针。他指出:"究竟是一个党好,还是几个党好?现在看来,恐怕是几个党好。不但过去如此,而且将来也可以如此,就是长期共存,互相监督。"② 并解释:"为什么要让民主党派监督共产党呢?这是因为一个党同一个人一样,耳朵很需要听到不同的声音。……有了民主党派,对我们更为有益。"③ 由此可见,毛泽东对民主党派的监督作用是相当重视的。

第四,整党整风,专项斗争。毛泽东对整党整风的形式非常赞赏,他认为这是执政党拒腐防变的重要途径和方法,希望能经常性地开展。新中国成立后,毛泽东发动领导了多次大规模的整党整风运动,虽然每次运动的内容因为党的中心工作不同而不尽相同,但他始终把反腐倡廉作为其中的一项重要内容,其主旨之一就是解决党政机关中存在的腐败问题。1950年5月,中共中央发出《关于整风的指示》。经过

---

① 《毛泽东选集》第3卷,人民出版社1991年版,第809—810页。
② 《毛泽东文集》第7卷,人民出版社1999年版,第34页。
③ 《毛泽东文集》第7卷,人民出版社1999年版,第235页。

半年多的整风，提高了干部的思想政策水平、改进了工作作风、密切了党群关系。1951年4月至1954年春，在整风基础上，中央又对党的基层组织进行了整顿，坚决清除腐败分子。在整党中，各级党组织严格按照党员标准，对党员进行登记、审查和处理，毫不迟疑地清除贪污蜕化变质分子和混入党内的各种坏分子。到1953年6月，被开除党籍的有23.8万多人，自愿退党或被劝退的有9万多人。这次吐故纳新的整党，既纯洁了党的组织，有效地清除了腐败变质现象，又深刻地教育了广大党员，大大改善了党的作风。在此期间，整党整风运动虽出现过一些失误，但也确实起到了反腐蚀、纯洁队伍的作用。

针对一段时间内积聚起来的腐败问题，毛泽东还主张及时发动群众，集中力量开展专项斗争。如在1932年至1934年中央苏区开展的反贪污反浪费运动中，党和苏维埃中央政府发动群众揭发检举党员干部的各种腐化行为，取得了明显成效。新中国成立初期，尽管从进城第一天起毛泽东就下大力气把反腐败作为日常重要工作来抓，但一年多来还是发生了种种腐败现象，其中日甚严重的是贪污、浪费和官僚主义，当时再仅把它们作为日常工作来抓已难收效。于是，毛泽东决定发起"三反"专项斗争。他在1951年11月30日给西南局第一书记邓小平并告各中央局的复电中强调："我们认为需要来一次全党的大清理，彻底揭露一切大中小贪污犯，而着重打击大贪污犯"，只有这样，"才能停止很多党员被资产阶级所腐蚀的极大危险现象，才能克服二中全会所早已料到的这种情况，并实现二中全会防止腐蚀的方针"①。

---

① 《建国以来毛泽东文稿》第2册，中央文献出版社1988年版，第524页。

为了打好这场反腐败歼灭战，毛泽东主张从中央到地方各级组织要层层发动群众，并加强对运动的领导。1951年12月，成立了一个相对独立的"三反"领导机构，即中央人民政府节约检查委员会。"中节委"下设由党政军民各主要机关负责人参加的办公机构，每周开三至四次办公会，指导督促全国的"三反"进程。毛泽东经常坐镇"中节委"，参加会议，提出方针任务，督办指点。通过一年多集中力量进行的"三反"专项斗争，卓有成效地遏止了当时的腐败势头。历史地看来，群众运动虽是一种随意性和副作用都很大的反腐败方式，而且不能从根本上清除腐败，尤其是后来的"文化大革命"更是造成了空前浩劫，但毛泽东这种依靠群众治腐的思想内核有其一定合理性。既然中国共产党开展的任何工作都要充分发动群众、走群众路线，那么廉政建设当然也不例外。

如今，我国正处于新旧体制转换的过程中，腐败现象不断滋生蔓延。这些腐败现象不仅严重败坏了党的形象、侵害了人民利益，而且削弱了党的凝聚力和战斗力，给党和国家的事业造成了巨大损失。因此，当前反腐败斗争的形势依然严峻。在这种情况下，我们就更应该很好地继承毛泽东廉洁奉公的优良传统和作风，在全党筑起反腐防变的思想堤坝，使我们的党永远不变质、我们的红色江山永远不变色。

十二
向毛泽东学百姓情怀

民族的独立、国家的强盛和百姓的幸福，是毛泽东毕生的理想与心愿。为此，他一生心系百姓、相信百姓、依靠百姓，百姓的苦与乐、悲与喜、荣与辱，都令他魂牵梦萦、鞠躬尽瘁、倾尽心血。作为党、国家、军队的主要缔造者和领导人，无论在新民主主义革命时期，还是社会主义革命与建设时期，他都站在劳苦大众的立场上，始终如一地践行着全心全意为人民服务的宗旨，时时刻刻体现着其扎根民众、情系百姓的历史情缘，依靠群众、以民为师的深邃智慧，立足苍生、鱼水情深的博大情怀，质朴无华、终生不变的百姓特质。

扎根民众，情系百姓

从出生到十六岁前，毛泽东一直生活在韶山这个山沟里，身边的人自然都是农民，发生的事也多是农事，加之母亲淳朴善良、同情贫弱的言传身教，使毛泽东从小就耳濡目染，受到潜移默化的影响。后来读书求学中的经历和认识，又使这种情缘变得更加浓厚。

作为一个农家长大的孩子，毛泽东从六岁起就开始做一些家务和

十二、向毛泽东学百姓情怀

农活，如砍柴、拾粪、拔草、放牛等。八岁开始读私塾时，他还要早晚放牛拾粪，农忙收割庄稼。特别是在十四到十五岁的大约两年时间里，他几乎天天跟家里的长工一起干活，所以犁、耙、栽、割等全套农活，样样在行。他常常跟长工们进行比赛，抢重活干，由此逐渐形成了山区百姓那种吃苦耐劳、勤快朴实的农家本色。

作为典型的普通农村妇女，毛泽东的母亲不仅平时虔诚地烧香拜佛，把"因果报应""积德行善"等理念灌输给孩子们，而且经常帮助和接济身边有困难的人，遇到灾荒年月，还不时背着丈夫送米给讨荒的人。[①] 母亲这种淳朴善良、同情贫弱的言传身教，同样深深地影响着年少的毛泽东。正因如此，他从小就对百姓的疾苦体会很深，对劳苦大众寄予无限同情。

一个名叫李南华的农民曾在毛泽东家做短工，还租种了他家的两亩地。一年秋收后，父亲叫毛泽东去李家收租谷，但那年庄稼长得并不好，并且李家人多粮少。看到这种情况后，毛泽东什么也没说就转身回家，到谷仓里把谷子堆得高高的，像是又增加了不少谷子似的。父亲看到高高的谷堆，以为收回的租谷已堆回谷仓，便不再追问。毛泽东不仅将这件事瞒过父亲，后来还一直关心着李南华一家，甚至劝说父亲把那两亩地转给李南华。

毛泽东家附近的一个农民，曾收下定金把自己的猪卖给了毛泽东的父亲。当几天后父亲派毛泽东去赶猪时，市场上的猪价却涨了，因此这个农民感叹自己的运气不好，还说少了几块钱对富人不打紧，对穷人家里却是个大空缺。毛泽东听后，随即就把这桩买卖退掉了。

[①] 《毛泽东自传》，中国青年出版社2001年版，第27页。

即便是素昧平生的陌生人，甚至乞丐，毛泽东也真心诚意地去帮助他们。有个叫毛乾吉的人，一年夏荒不得不全家外出乞讨。当毛乾吉带着弟弟和嫂子到了上屋场，毛泽东从屋里给他们端来米饭和菜，直到亲眼看着他们吃完后自己才回家吃饭。①

年少的毛泽东不仅同情、关心百姓，还极富正义感，敢于打抱不平。有一年，村里一个叫毛承文的贫苦农民，几次带领穷人"吃大户""闹平粜"，并揭发了族长在修祠堂时贪污公款的丑行。因此，族长恼羞成怒，给毛承文扣上了破坏族规的罪名，押进祠堂准备毒打。当时虽然很多人都愤愤不平，但却敢怒不敢言，唯有毛泽东毫无惧色，秉公直言，据理力争。族长见毛泽东是村里较富裕的毛顺生的儿子，加之众怒难犯，怕把事情闹大不好收拾，最后不得不放了毛承文。

不仅如此，后来的读书求学经历，使毛泽东这种扎根民众、情系百姓的情缘更加深重浓厚。少年时代，他偏爱阅读当时被称为杂书的《水浒传》《三国演义》《精忠岳传》等小说。后来他回忆说："有一天我忽然想到，这些小说有一件事很特别，就是里面没有种田的农民。所有的人物都是武将、文官、书生，从来没有一个农民做主人公。"作为农民的儿子，毛泽东对此纳闷了很久，后来终于发现小说里所颂扬的这些人都是老百姓的统治者，这些主人公"是不必种田的，因为土地归他们所有和控制，显然让农民替他们种田"。② 他认为这是不平等的。

1910年4月，发生了被毛泽东后来称为"影响了我一生"的事件——长沙饥民暴动。因为荒年粮价飞涨，有人全家投河自尽，饥民

---

① 张雪：《毛泽东的农民情怀》，《湘潮》2002年第9期。
② 〔美〕埃德加·斯诺：《红星照耀中国》，作家出版社2012年版，第88页。

们去衙门请愿却遭到枪击。饥民们在忍无可忍的情况下，放火烧了巡抚衙门，捣毁了外国洋行、轮船公司和税关。清政府遂派兵镇压，结果暴动惨遭失败，被捕的饥民不计其数，很多人被杀后头颅悬挂在长沙城的南门外示众。这件事使毛泽东的心情久久不能平静，他觉得那些参加暴动的饥民，也同自己的家里人一样是无辜的百姓，只是被逼得走投无路，所以才起来造反。百姓们的这种悲惨境遇，在少年毛泽东的心中打下了深深的烙印。

1910年秋，毛泽东离开韶山，开始走向外面的广阔世界。次年春，他考入长沙，并在此期间进行了被他称为"游学"的农村考察。1917年夏，毛泽东利用暑假与好友萧子升一起，用了一个多月，走了900多里路，先后考察了长沙、宁乡、安化、益阳、沅江五县的不少农村。他后来回忆说："我们走遍了这五个县，没有花一个铜板"，"农民给我们吃的，给我们地方睡觉"，"所到之处，都受到款待和欢迎"。[①] 次年春，他又与蔡和森沿洞庭湖南岸和东岸，用半个多月考察了湘阴、岳阳、平江、浏阳等几个县。游学途中，他们不名一文，靠着乞讨徒步考察了湖南的广大农村和一些城镇，走访了各地的农民、小手工业者、小商人、学士名流、地方官吏、寺庙方丈等社会各界人士，查阅了相关县志和典籍，了解到许多风土民情、社会政治、历史地理等书本上所没有的知识。这其中最重要的收获是深入接触了广大百姓的生存状况，对中国国情有了更直观、更全面、更深刻的理解和认识。他们在考察途中所写的"游学"笔记，被同学好友们争相传阅，并获称赞"身无分文，心忧天下"。毛泽东随后还把途中的见闻

---

① 〔美〕埃德加·斯诺：《红星照耀中国》，作家出版社2012年版，第99页。

和感受写成通讯,投寄到湖南的《通俗日报》发表,期待能引起各界对各种不平等的社会问题的关注。这些读书求学中的经历和认识,使毛泽东的百姓情怀更加浓厚,他也因此而立下了改造社会、造福人民的大志。

依靠群众,以民为师

"拜人民为师,这就灵了。"这是解放战争时期,毛泽东在接见国民党起义将领郑洞国时,就他"你的马列主义为什么学得这样好"的提问作出的回答。事实也的确如此。正因为毛泽东很早就认识到这一点,领悟到依靠群众、以民为师的深邃智慧,并在此基础上始终坚守着这一信念和做法,所以才有了后来的诸多胜利和辉煌成就。

在早年的私塾教育中,中国传统的民本思想就对毛泽东幼小的心灵产生了一定的影响。后来在长沙求学时,他曾讲道:"人心即天命,故曰天视自我民视。天命何?理也。能顺乎理,即不违乎人;得其人,斯得天矣。然而不成者,未之有也。"① 马克思主义传入中国后,他逐步树立起科学的世界观和方法论,并越来越深刻地认识到依靠群众、以民为师的重要性和必要性。1920年,毛泽东在他创办的传播马克思主义的刊物《湘江评论》发刊词中提出:"世界上什么力量最强,民众联合的力量最强!"此后,这一认识随着革命实践的发展而不断深化。土地革命战争时期,他提出:"真正的铜墙铁壁是什么?是群众,是千百万真心实意地拥护革命的群众","这是真正的铜墙铁壁,什么

---

① 《毛泽东早期文稿(1912.6—1920.11)》,湖南人民出版社1990年版,第588页。

十二、向毛泽东学百姓情怀

力量也打不破的，完全打不破的"。在此基础上，他认为："革命战争是群众的战争，只有动员群众才能进行战争，只有依靠群众才能进行战争。"①

抗战爆发后，他进一步指出："群众是真正的英雄，而我们自己则往往是幼稚可笑的"，因此"战争的伟力之最深厚的根源，存在于民众之中"，"依靠民众则一切困难能够克服，任何强敌能够战胜，离开民众则将一事无成"。所以，一方面"我们应该走到群众中间去，向群众学习，把他们的经验综合起来，成为更好的有条理的道理和办法"；另一方面，"只有坚决地广泛地发动全体的民众，方能在战争的一切需要上给以无穷无尽的供给"。经过一系列艰苦卓绝的斗争和长时间革命实践的检验后，毛泽东更加坚定地强调指出："人民，只有人民，才是创造世界历史的动力"，因此"在我党的一切实际工作中，凡属正确的领导，必须是从群众中来，到群众中去"，"这就是马克思主义的认识论"。②

1945年7月，他在同著名民主人士黄炎培讨论如何跳出"国家兴衰周期率"时，就再次展示了他的这种智慧和远见。当黄炎培询问共产党和人民政权，将如何避免"其兴也勃焉""其亡也忽焉"和"人亡政息"的历史现象时，毛泽东满怀信心地回答说："我们已经找到新路，我们能跳出这周期率。这条新路，就是民主。只有让人民来监督政府，政府才不敢松懈。只有人人起来负责，才不会人亡政息。"③他还强调说：只要"把党内、党外广大群众的积极性调动起来"，"我

---

① 《毛泽东选集》第1卷，人民出版社1991年版，第136页。
② 《毛泽东选集》第3卷，人民出版社1991年版，第899页。
③ 黄炎培：《延安归来》，重庆国讯书店1945年版，第65页。

们的工作就会越做越好，我们遇到的困难就会较快地得到克服，我们事业的发展就会顺利得多"。

新中国成立以后，毛泽东依然保持了这一信念和做法，强调人民群众在社会主义革命和建设中的主体地位。他曾用古希腊神话里安泰的故事来教育党员干部。安泰的母亲是大地，当安泰紧靠大地时，就能从母亲身上汲取无穷的力量从而战无不胜；但当他离开大地母亲后，就会被敌人打败并杀害。为此，他指出：共产党人好比安泰，人民群众就是大地母亲，共产党人一刻也不能脱离人民群众，否则就要丧失力量，遭到失败。正因这一深刻见解，他才在以往认识的基础上又提出：人民高于一切，重于一切，所以搞社会主义的关键就在于调动、发挥和保护人民群众的积极性，只要坚定地相信群众，依靠群众，充分调动广大人民的积极性、主动性、创造性，就一定能够把中国建设成一个强大的社会主义国家。为此，他明确告诉全党："群众中蕴藏了一种极大的社会主义的积极性"，他们"有无限的创造力"，而我们的责任就是要充分调动人民群众的积极性，发挥人民群众的创造性，"向一切可以发挥自己力量的地方和部门进军，向生产的深度和广度进军，替自己创造日益增多的福利事业"。①

毛泽东是这样说的，也是这样做的。如1941年他在介绍自己的社会调查经验时，就回顾说："我在湖南五县调查和井冈山两县调查，找的是各县中级负责干部；寻乌调查找的是一部分中级干部，一部分下级干部，一个穷秀才，一个破产了的商会会长，一个在知县衙门管钱粮的已经失了业的小官吏"，"他们都给了我很多闻所未闻的知识"。

---

① 中共中央办公厅：《中国农村的社会主义高潮》（中），人民出版社1956年版，第578页。

十二、向毛泽东学百姓情怀

此外,"使我第一次懂得中国监狱全部腐败情形的,是在湖南衡山县做调查时该县的一个小狱吏";类似地,"兴国调查和长冈、才溪两乡调查,找的是乡级工作同志和普通农民"。他从这些调查中归纳出的经验是,"这些干部、农民、秀才、狱吏、商人和钱粮师爷,就是我的可敬爱的先生,我给他们当学生是必须恭谨勤劳和采取同志态度的"。由此,他得出结论:"没有满腔的热忱,没有眼睛向下的决心,没有求知的渴望,没有放下臭架子、甘当小学生的精神,是一定不能做,也一定做不好的。"①

1955年1月,毛泽东在请李四光、钱三强给中央领导人讲课时说:"今天,我们这些人当小学生,就原子能有关问题,请你们来上一课。"1964年2月,他又请李四光、竺可桢、钱学森到他的住所谈科学。几位科学家坐在他的床边,和他共谈天文、地质、尖端科学,一谈就是三四个小时,如同坐在他们自己的家里。

1959年6月,毛泽东回到阔别32年的家乡时,特意邀请读私塾时的老师毛禹珠一起用餐。因当年的学生已今非昔比,所以老先生自感不胜荣幸。然而,席间毛泽东却亲自为老先生敬酒,毛禹珠十分感激地说:"主席敬酒,岂敢岂敢!"毛泽东则笑着回道:"敬老尊贤,应该应该。"在这次回乡期间,他还作了《七律·到韶山》一诗。完稿后,他虚心向湖北省委秘书长梅白征求意见。梅白看后建议将这首诗的首句——"别梦依稀哭逝川,故园三十二年前"中的"哭",改为"咒"。毛泽东听后连声称赞:"改得好,改得好。"并风趣地对梅白说:"你是我的半字师。"

---

① 《毛泽东选集》第3卷,人民出版社1991年版,第790页。

不仅如此，对收录在《毛泽东选集》中的那些高瞻远瞩、气势恢宏、独具匠心的雄文大作，毛泽东于1964年3月同薄一波谈话时曾说："《毛选》什么是我的！这是血的著作"，"《毛选》里的这些东西，是群众教给我们的，是付出了流血牺牲的代价的"。[①] 仔细考察中国革命史和中共党史后就不难发现，这些饱含深情的话并不是毛泽东的谦虚或作秀，而是实实在在和发自内心的。

1945年12月，当儿子毛岸英从苏联回到延安后，毛泽东就郑重地对他说："你在苏联的大学毕业了，可是你学的只是书本上的知识，你还没有上过中国的'劳动大学'，到农村去，拜农民为师。在这个大学里，可以学到许多书本上学不到的知识。"经过一段时间的劳动，当看见儿子手上磨出的血泡时，毛泽东说："农民手上有老茧，你手上却有血泡，说明你还没学好，等手上老茧厚了，才能说你在'劳动大学'毕业了。"这种"上劳动大学"和"拜农民为师"的做法，从另一个侧面体现了毛泽东依靠群众、以民为师的深邃智慧和深厚浓重的百姓情怀。

立足苍生，鱼水情深

毛泽东曾说：我这个人听不得穷困百姓的哭声，看到他们流泪我就忍不住掉泪；他们有困难，我就看不下去，愿意帮助他们。如果说他年少时的前述善举，有些是出于同情的话，那到了革命时期，这种感情就演变为一种真挚的关爱，他把群众视同亲人，想为他们做事，

[①] 董边、镡德山、曾自：《毛泽东和他的秘书田家英》（增订本），中央文献出版社1996年版，第44页。

十二、向毛泽东学百姓情怀

为他们服务，为他们奋斗。当然，这种感情是相互的，广大百姓也一样热爱着他，把他当作自己的家人。

事实上，《毛泽东选集》从《中国社会各阶级的分析》《湖南农民运动考察报告》等"社会调查"和"访贫问苦"的内容开篇，并非偶然。如前所述，他是在亲身体验和感受了广大百姓受压迫、受剥削的苦难生活与求翻身、盼解放的强烈愿望后，才义无反顾地走上革命道路的。他与孙中山等许多革命先行者的不同之处，就在于找到了革命真正应该依靠的力量——广大工农百姓，并在此基础上和他们融为一体，形成了立足苍生、鱼水情深的博大情怀。而这也正是中国共产党在建立不到30年的时间内，就能战胜强大的敌人，并给中国带来翻天覆地、焕然一新局面的根本原因。因此，怎样深入工农群众、关心百姓疾苦、切实为民服务，就成为毛泽东终生关注、思考、实践、探索的核心和焦点。

井冈山斗争时期，在战备异常紧张和条件非常困难的情况下，毛泽东仍高度关注着部队纪律和党群关系，时刻防止出现有损百姓利益的事情。1927年秋，当目睹了一些战士随便拔取老百姓的红薯充饥的情形后，他很快就做了语重心长的动员讲话：大家一定要和山上的群众搞好关系，没有群众的支持，根据地是建立不起来的。为此，他宣布了三条纪律：第一，行动听指挥；第二，打土豪筹款子要归公；第三，不拿农民一个红薯。次年初，当工农革命军进攻遂川县城时，又出现了部队将小商小贩的货物统统没收、错还睡觉的门板以及将铺草弄得遍地都是的新情况。毛泽东随即召开全体指战员大会，宣布了工农革命军的"六项注意"："一、上门板；二、捆禾草；三、说话要和气；四、买卖要公平；五、借东西要还；六、打烂东西要赔。"不久后，他将上述"纪律"和"注意"合二为一，正式颁布了"三大纪律、六项注意"，① 这即是后来"三大纪律八项注意"的前身。

1928年5月朱毛红军会师后，井冈山的部队人数激增，吃饭问题成为最棘手的问题。为了不使当地百姓的负担过重，毛泽东以身作则勒紧裤腰带节约开支。为了节省一滴油，他只用一根灯芯办公和写作。在生活如此困难的情况下，他却在寒冷的冬天把自己的棉衣送给农民。在他的号召和带领下，朱德与士兵们一道下山挑粮，亲自嚼烂草药给伤员敷伤口，与群众"有盐同咸，无盐同淡"；彭德怀送银元给群众帮助其重建家园；许多党员干部看到饭不够时便不声不响地走开，让战士们尽量吃饱。此类故事，在井冈山斗争期间不胜枚举。

中央苏区时期的1934年1月，毛泽东在第二次全国苏维埃代表大会上，明确提出"真心实意为群众谋利益"的问题。他说："要得到群众的拥护吗？要群众拿出他们的全力放到战线上去吗？那末，就得和群众在一起，就得去发动群众的积极性，就得关心群众的痛痒，就得真心实意为群众谋利益，解决群众的生产和生活的问题，盐的问题，米的问题，房子的问题，衣的问题，生小孩的问题，解决群众的一切问题。我们是这样做了么，广大群众就必定拥护我们。"他特别强调说："我郑重地向大会提出，我们应该深刻地注意群众生活的问题，从土地、劳动问题，到柴米油盐问题。妇女群众要学习犁耙，找什么人去教她们呢？小孩子要求读书，小学办起了没有呢？对面的木桥太小会跌倒行人，要不要修理一下呢？许多人生疮害病，想个什么办法呢？一切这些群众生活上的问题，都应该把它提到自己的议事日程上。

---

① 余伯流、陈钢：《井冈山革命根据地全史》，江西人民出版社1998年版，第151、133、188页。

十二、向毛泽东学百姓情怀

应该讨论，应该决定，应该实行，应该检查。要使广大群众认识我们是代表他们的利益的，是和他们呼吸相通的。"①

《为人民服务》一文，是延安时期毛泽东在因烧炭窑崩塌而牺牲的中共中央警卫团的一个普通战士——张思德的追悼会上的发言。姑且不说它鲜明地提出了"为人民服务"这个重大命题的历史意义，就拿这样一个事例本身来说：一个中国共产党的最高领导人，亲自参加一名普通战士的追悼会，并在会上做了一个具有历史意义的重要发言，这在中国以往历朝历代的帝王将相和西方国家的最高领导人中，是没有先例的，或者说，至少还没有见过这样的记载。然而，这样的事例还可以举出很多。

在延安的那些年里，不管工作有多忙，每年春节毛泽东都要到当地基层政府给民众拜年。他借这个特殊时机和特殊形式，一来可以加深同群众的感情，进一步密切与百姓的关系；二来可以深入调查研究，直接倾听百姓的意见和呼声，了解民心民情。1941年春节的前一天，毛泽东一大早就到枣园乡政府向大家拜年。落座后，毛泽东说："今天第一件事是给大家拜年，第二件事是征求大家对当前工作的意见和看法。"他特别强调说："大家要谈我们不足的地方，谈我们的缺点和错误。"当看到众人的顾忌和拘谨后，他解释道："我们共产党是真心实意为老百姓服务的，制定的各种规章制度和方针政策，都是要让大多数人开心满意，符合人民群众的利益，得到人民群众的拥护欢迎。"他诚恳地说："如果听不到你们的心里话，得不到你们的批评帮助，不知道你们在想什么，不了解你们的希望和要求，我们的工作就失去

---

① 《毛泽东选集》第1卷，人民出版社1991年版，第138—139页。

了方向和目标,我们的决策就会出现偏差和失误。你们说是不是这个道理呀?"① 毛泽东的这番话,使大家意识到:共产党与历史上的其他政权不一样,是真正代表人民群众的,所以才愿意聆听各种批评意见,并千方百计地从百姓的角度来考虑问题。

  杨步浩是延安时期和毛泽东来往最频繁的农民,他们之间的友情长达30余年。1942年,陕甘宁边区政府号召全体军民开展大生产运动,毛泽东等中央领导人也要交公粮。杨步浩得知后,觉得首长们工作那么忙,哪有时间种地交粮呢?于是决定代首长们耕地。毛泽东听说后,为杨步浩这一朴实而真诚的想法所感动,因此也就同意了。就这样,杨步浩开始了代耕。后来,当杨步浩将300多斤新粮送到中共中央办公厅时,毛泽东亲切接见了他,并倾听了他的苦难身世和代耕原委。从这以后,毛泽东和杨步浩成为了好朋友,并都将对方的事挂在了心上。杨步浩知道毛泽东喜欢吃辣椒,就自己种了些辣椒,时不时给毛泽东送去。毛泽东虽然从不给自己过生日,却很重视杨步浩的生日。1945年杨步浩40岁生日时,毛泽东就派专人到他家祝寿。一直到1947年3月中共中央撤离延安,两人才分开。即便如此,毛泽东后来也始终惦记着这位农民朋友。

  新中国成立后,毛泽东虽然更加繁忙,但依然关心着天下苍生和广大百姓的生活。在他众多的农民朋友中,有一位仅仅是偶然相识而成为朋友的——北京菜农李墨林。1952年秋,李墨林与其他几户菜农筹建了一个温室种植蔬菜的合作社。1954年冬,李墨林等人在温室摘完菜后,临时起意想给毛泽东送些蔬菜过去,于是就给毛泽东写了一

---

  ① 孟素:《鱼水情深——毛泽东在延安给群众拜年》,《世纪桥》2012年第2期。

十二、向毛泽东学百姓情怀

封信汇报了办社的经过,并随菜一起送到中南海。第二天他们就收到了来自中南海的回信,李墨林非常激动,工作更有了干劲,自己也成了全国劳动模范。1956年1月,在全国政协二届二次会议的开幕式上,李墨林作为农民代表登上主席台见到了毛泽东。当毛泽东得知他来自四季青蔬菜生产合作社后,立即说出了他的名字。会后毛泽东招待各位代表和劳模,当李墨林向毛泽东敬酒时,毛泽东又详细地询问了他们的生产情况。之后,毛泽东依然关心着李墨林和他的合作社,还托人捎话给李墨林,希望四季青合作社有更好的发展。

毛泽东立足苍生、鱼水情深的博大情怀,还体现在他缠绵的乡情和浓厚的乡谊中。1937年底,当接到表兄文运昌的信后,他就以"快慰莫名"的心情复信说:"我为全社会出一些力,是把我十分敬爱的外家及我家乡一切穷苦人包括在内的,我十分眷念我外家诸兄弟子侄,及一切穷苦同乡。""不知你知道韶山情形否?有便请通知我乡下亲友,如他们愿意和我通信,我是很喜欢的。"

当毛泽东成为开国领袖后,家乡韶山的百姓更是以此为莫大的殊荣,给他的信也明显多了起来,而他也几乎每信必复,信中饱含热爱桑梓的赤子之情。仅1949年至1965年,他给韶山的书信就多达百余封。毛泽东与亲友乡人的通信,不仅仅是联络乡情,还有了解社情民意和百姓疾苦的作用。如1950年4月,他在给同学毛森品的信中就直接问到乡间的情况,并请"尚祈随时惠示"。又如在给表兄文运昌的信中也说:"地方工作缺点甚多,应予纠正","乡间情形可来信告我"。事实上,这是他给亲友乡人的信中常常提及的要点。

除通信外,受他邀请或经他同意来北京做客的韶山乡亲,也有60余人次。每与乡亲相遇,他总是绵绵话旧,乐而忘倦。在此期间,就是再忙再累，他也不辞劳苦，亲自接待，临别时还要按照韶山的旧礼，给客人添置衣物，甚至拿钱接济困难的亲友。而这些开销都是从他的工资和稿酬中支付的。

毛泽东虽给亲友馈赠、寄款，但从不为他们介绍工作。他曾对秘书交代说："处理我的亲友的一般来信的原则是：凡是要求给安排什么工作的，一律谢绝，我这里不介绍，不推荐，不说话，不写信。"[①]他也曾向想进京的亲友乡人们捎过话：我毛泽东是中国共产党的主席，不是韶山毛家的主席，家乡亲友要勤耕守法，好自为之。凡会见来北京的亲友，他总要讲他的三条交往原则："恋亲，但不为亲徇私；念旧，但不为旧谋利；济亲，但不以公济私。"[②] 因此，毛泽东的亲友乡人们没有因他而升官发财、飞黄腾达、大富大贵的。他以立足苍生、鱼水情深的"大爱"和"无私"，来替代那种基于乡情和血缘的"小爱"与"自私"，他把对亲友乡人的关怀和挚爱化作了最严格的要求。

质朴无华，终生不变

毛泽东在不断开拓创新和锐意进取的同时，也保持着其质朴无华、终生不变的百姓特质，尤其在生活中，他始终保持着当年在农村时养成的种种习惯。他会在吃饭时旁若无人地打饱嗝，习惯穿着简单不修边幅，喜欢在喝完茶后再用手指把茶叶掏出来吃掉……他用最质朴的生活习惯提醒着人们：他是一个凡人，是一个极具百姓情怀的农民的儿子。

---

① 张家康：《毛泽东的乡情乡谊》，《党史纵览》2010 年第 1 期。
② 文霞：《毛泽东回绝文家十五个人的请求》，《新湘评论》2011 年第 16 期。

十二、向毛泽东学百姓情怀

毛泽东的诸多百姓特质中，饮食习惯最为明显。他"食不厌粗，菜不厌辣"，不喜欢山珍海味，只喜欢家常便饭。他的保健医生王鹤滨就曾回忆说："主席的饮食习惯就是农民的生活习惯。"而这其中尤以辣椒为甚。他会把辣椒夹在馒头里下饭，会拿辣椒煮汤御寒，会干嚼辣椒当零嘴。不管在战火纷飞的年代，还是在和平建设时期，辣椒始终陪伴着他。1931年5月第二次反"围剿"时，毛泽东邀彭德怀吃饭。虽是请吃饭，菜却只有辣椒。彭德怀大吃一口，辣得直冒汗，却还说"越辣越好"。贺子珍听后笑着问他："老彭啊，不晓得蒋介石吃不吃辣？"彭德怀笑道："他啊，只吃甜的，给他点辣的尝尝，他就喘不上气了。"毛泽东也笑着说："游击战是青椒炒肉，溜到肚子里辣。运动战是爆烤朝天椒，进口就呛人，从头辣到尾。"彭德怀听后马上明白毛泽东是要他把这次反"围剿"从游击战转入运动战。通过这一"辣椒宴"的部署，红军痛快淋漓地打破了国民党的第二次"围剿"企图。

韶山毛泽东故居的厨房墙壁上挂着一个小竹筒，那是当年毛泽东全家装牙粉用的。后来，毛泽东一生都保持着在家乡养成的使用牙粉的习惯。20世纪60年代后，牙膏已大量面世，牙粉逐渐被取代，市面上出售的牙粉也越来越少，于是工作人员便不得不多为他储存一些。有一次毛泽东在卫生间洗漱完毕后，卫士长李银桥劝他说："主席，现在已经很少有人使用牙粉了，您以后也使用牙膏吧？"毛泽东则说："我不反对你们用牙膏，用高级牙膏，生产出来就是为了用的么。都不用生产还能发展吗？不过牙粉也可以用嘛，我在延安就是用的牙粉，已经习惯了噢！"后来工作人员问他，如果以后牙粉不生产了，他是否会用牙膏时，毛泽东笑着说："牙粉还是会生产的，因为还有人用嘛。至于我么，今后如果每一个中国人都用上牙膏了，我就不再用牙粉了。"①

毛泽东曾说："人生几乎有一半时间是在床上度过的，至于我更是比一般人在床上度过的时间多。因此，我的床一定要舒服一些。"这并不是说他睡觉的时间比别人长，而是因为他习惯于在床上读报看书、批阅文件。床对他来说，不只是睡觉休息的工具，更是办公学习的场所。而他说的舒服一些的床，其实就是指在农村普遍使用的木板床。1949年3月，毛泽东入住香山双清别墅，刚进卧室他就有些生气，因为里面摆着一张弹簧床。为此，他坚持要等有了木板床再休息。这可把工作人员急坏了，相关同志只得赶紧找来木匠，连夜为他赶制了一张木板床，毛泽东见到木板床后才满意地去睡觉。几个月后，他搬进了中南海丰泽园，而这张床也一起搬了过去，随后还进行了改造。经改造后的床更宽了，可以放很多书，同时还有了倾斜，高的那边用来休息，低的那边用来放书。对此，毛泽东非常满意，之后就一直睡在这种木板床上。

保健医生王鹤滨曾回忆说："毛主席的一生，无论到哪里，即使是接见外宾、外国首脑，也都是非常随意、朴素的穿着"，甚至"衣服有时候很皱巴"，脚上穿的也"都是布鞋"。② 毛泽东喜欢穿长筒袜，而这是当年农民们的普遍穿着。20世纪60年代初，国内开始流行尼龙短袜，于是工作人员便给他买了几双。结果他试穿后觉得像是脚在发烧，所以就继续穿他的长筒袜。然而，长筒袜弹性不大，穿久了袜口便会变松，袜子也自然就沿着小腿滑下来。1959年6月，毛泽东在

---

① 张雪：《毛泽东的农民情怀》，《湘潮》2012年第9期。
② 《保健医生诠释毛泽东的农民生活方式》，《报刊荟萃》2011年第1期。

家乡韶山同邻里乡亲交谈时,曾在故居前坪留下一张合影,在这张照片上,他的长筒袜就"松松地掉到了脚踝上"。1962年斯诺在中南海再次见到毛泽东时的场景,也令这位中国人民的老朋友印象深刻,因为毛泽东"一双纱袜松松地掉到了脚踝上"。他的这种质朴,使身为美国合众社和伦敦《泰晤士报》记者的哈里森·福尔曼,在其《来自红色中国的报道》(又译为《北行漫记》)中禁不住感叹:中国共产党的领袖保持着劳动者的本色,毛泽东朴实得和普通的老百姓并无两样!

正因为毛泽东心中装着人民群众,并且为民族独立、国家富强和百姓幸福付出了毕生的精力和心血,所以广大百姓也衷心地爱戴和拥护他。也正因如此,"东方红,太阳升,中国出了个毛泽东,他为人民谋幸福,他是人民的大救星",才能唱遍神州大地。

毛泽东的一生,是为人民福祉不懈探索、追求与奋斗的一生。他那博大深沉的百姓情怀,不仅继承了中华民族"以民为本"的传统思想道德,更释放着马克思主义唯物史观和党的群众路线的灿烂光辉。

十二
向毛泽东学写诗作文

毛泽东不仅是伟大的政治家、军事家、思想家，也是杰出的文学家、诗人。其从少年到投身于中华民族独立、人民解放的革命斗争，再到领导新中国的社会主义革命和建设，每个时期都留下了灿烂的著作和诗篇。

博 学 于 文

毛泽东喜欢读书，临逝世前几分钟还在听书，真正做到了嗜书如命。要有好的写诗作文的功底，除了接受规范的学校教育，更主要的还是要靠自己广泛阅读各种图书，增长知识，开阔思维。

毛泽东从小就十分喜欢读书，为了不让父亲发现，晚上甚至躲在被子里读书。考入湖南第四师范学校（后并入湖南第一师范学校）后，他更加系统地读了大量的书籍，其中有涉及诗词方面的。根据他所做笔记《讲堂录》残存的1913年10月至12月部分之统计，主要有《楚辞》等。其中仅《离骚》《九歌》二篇，毛泽东就用了11页的篇幅，用毛笔工工整整地抄录于笔记之首，可见他对浪漫主义诗歌鼻祖屈原的推崇。

《讲堂录》是毛泽东自己手工制作的一个本子，上面记录了古代著名的诗歌辞赋家或文学家：庄子、贾谊、司马迁、司马相如、班固、曹操、诸葛亮、左思、刘孝标、李白、杜甫、韩愈、柳宗元、欧阳修、司马光、苏轼、范仲淹、程颐、朱熹、王阳明、顾炎武、黄宗羲、吴伟业、王夫之、曾国藩等。从这一长串的名单中可以看出毛泽东读书涉猎之广。

听课读书过程中，毛泽东随时在《讲堂录》中写下自己对诗文的观点以及对诗人的评价，兹摘录如下，大家可窥一斑：

诗者，有美感的性质。

性情识见俱到，可与言诗矣。

绝诗者，律诗之半也。或截首而留尾，或截尾而留首，或截首尾而留中联，或截中联而留首尾，故绝本于律也。惟是识见必高，气脉必贯，乃能无缝焉。

王又旦，字幼华，陕西舍阳人。前清进士，善诗。

王士祯，字贻上，号阮亭，山东新城人。诗为前清一代正宗。吴、王并称。天下事物，万变不穷。

文以理胜，诗以情胜。

有感而后有情，有情而后著之于诗，始美且雅。

储雄文，字氾文，江苏宜兴人。清康熙进士，善诗文。

无论诗文，切者斯美。

诗则须包三者而有之：虚渺、古事、实理。随其时地而著之可也。

列题贵有笔势。（诗）。

题须简要，故善诗者不必观其诗，即于其列题焉观之，必有不同者矣。

吴伟业之诗，雄于一时。

吴以官清故，每对苍雪（王瀚），若有痛惭者然，其意常于其往来诗中见之。然吴亦有所逼耳，母老一也，清法严二也。始盖与苍雪约同玩者。

欢愉之词难好，哀怨之词易工。（穷愁著书良有以也。）

题视窍，窍得则用神入内，奇理自辟。

…………

农事不理则不知稼穑之艰难，休其蚕织则不知衣服之所自。《豳风》陈王业之本，《七月》八章只曲详衣食二字。

著书存者，以其实也。无用而存，以其精，韩柳杜之诗是也。不然，浩如烟海塞天地矣。[1]

为了了解时局、增长知识，在湖南一师学习的5年间，毛泽东宁可省吃俭用，也要花钱订购书报。他在整个学习期间，总共花了160块钱左右，大约有1/3用在订阅报刊和买书上面。他每天花许多时间读报纸，为了掌握得准确详细，他还随身带着字典、地图和笔记本。

参加革命后，在战火纷飞的紧张气氛中，毛泽东也是忙里偷闲，坚持读书。在中央苏区时期，尽管条件十分艰苦，但他仍尽一切努力，利用各种可能的机会找到书籍报刊，甚至在受到不公正待遇的时候也

---

[1] 龙剑宇、胡国强：《毛泽东的诗词人生》，中央文献出版社2011年版，第59—60页。

丝毫不受干扰。1932年红军攻占漳州时找到一些书籍，毛泽东利用受博古等错误打击排挤后"靠边站"的时间，认真学习研究。几十年后他说："1932年（秋）开始，我没有工作，就从漳州以及其他地方搜集来的书籍中，把有关马恩列斯的书通通找了出来，不全不够的就向一些同志借。我就埋头读马列著作，差不多整天看，读了这本，又看那本，有时还交替着看，扎扎实实下功夫，硬是读了两年书。"①

到达延安后，更是这样，利用抗日战争相持阶段边区难得的稳定时期，大量阅读，下功夫研究马克思列宁主义经典著作，主要有：《资本论》《社会主义从空想到科学的发展》《列宁选集》《国家与革命》《马恩论艺术》《两个策略》《共产主义运动中的"左"派幼稚病》等。对于学习马克思主义理论的好处，1939年1月28日毛泽东在八路军延安总兵站检查工作会议总结时的讲话中说："有了学问，好比站在山上，可以看到很远很多东西；没有学问，如在暗沟里走路，摸索不着，那会苦煞人。"②

新中国成立后，作为党和国家领导人，毛泽东要考虑处理各种党务和政务，但他仍然坚持读书，并且提倡各级领导干部要多读书。1958年3月，在四川成都召开中央工作会议期间，毛泽东编了《诗词若干首（唐宋人写的有关四川的一些诗和词)》与《诗词若干首（明人写的有关四川的一些诗)》两本书，印发给与会者。毛泽东讲，我们的中央工作会议，不要一开会汇报就说粮食产量，也要务点虚，要务虚和务实相结合。我们可以解决钢铁的问题、煤的问题，同时也要

---

① 《缅怀毛泽东》编辑组：《缅怀毛泽东》上册，中央文献出版社1993年版，第401页。

② 《毛泽东传》第二册，中央文献出版社2011年版，第500页。

花一点时间谈谈哲学,谈谈文学。①

《古文辞类纂》是毛泽东终身喜欢的书,新中国成立后,这本书从北京图书馆"借了还,还了借,他不知道看过多少遍"。② 由此可见,毛泽东写诗作文,也是靠勤奋刻苦、读书钻研得来的。

从天下国家万事万物而学之

毛泽东主张写诗作文,除了要读万卷书,还要行万里路。他说:"闭门求学,其学无用。欲从天下国家万事万物而学之,则汗漫九垓,遍游四宇尚已。……"他还结合自己的体会说:"游之为益大矣哉!登祝融之峰,一览众山小;泛黄渤之海,启瞬江湖失;马迁览潇湘,泛西湖,历昆仑,周览名山大川,而其襟怀乃益广。"③

还在湖南第一师范学校读书的时候,毛泽东就十分喜欢深入社会,读无字之书。1917年暑期,毛泽东和他的朋友萧子升历时一个多月,徒步900余里,足迹遍及长沙、宁乡、安化、益阳、沅江五个县的不少乡镇,进行"打秋千"的游学社会活动。1918年春,毛泽东和蔡和森沿洞庭湖南岸和东岸,经湘阴、岳阳、平江、浏阳几县,到好友陈昌、陈绍休、罗章龙的家乡去游学考察,游历了半个多月。为了多了解社会,1920年4月11日,毛泽东在从北京赴上海途中,特意下车去游览了孔子的故乡——曲阜,还登了泰山。无论是孔子,还是泰山,

---

① 北京市委讲师团、宣讲家网站、《大讲堂》编辑部:《智慧的宣讲:2012〈大讲堂〉精选集》,中国人民大学出版社2013年版,第283页。
② 周宏让:《跟毛泽东学文》,红旗出版社2002年版,第252页。
③ 龙剑宇、胡国强:《毛泽东的诗词人生》,中央文献出版社2011年版,第61页。

其文化影响对青年毛泽东来讲，都是深刻的。

走上革命道路之后，毛泽东就更加主动地从事社会调查。大革命后期，"为了答复当时党内党外对于农民革命斗争的责难"①，从1927年1月4日开始，至2月5日，共32天，毛泽东身着蓝布长衫，脚穿草鞋，手拿雨伞，考察了湘潭、湘乡、衡山、醴陵、长沙五县，行程700公里。在考察中，他亲眼看到许多过去闻所未闻、见所未见的奇事。于是，"他看到了一个新的天地，对农民运动的认识更清楚了"，形成了著名的《湖南农民运动考察报告》。这份调查首先得到中共湖南区委和省农协的认可，于是纠正他们在农运工作中的错误偏向。这一建议及其带来的实际结果，为几个月后大规模的秋收起义和湘南暴动打下了很好的群众基础。② 在土地革命时期，毛泽东对中央苏区一些地方进行了详细深入的社会调查，写出许多著名的调查报告，如《永新调查》《宁冈调查》《寻乌调查》《兴国调查》《才溪乡调查》等。

通过深入了解社会生活，不仅能够"接地气"，不说白话，为革命活动制定正确的政策和策略准备了坚实、准确的依据，同时也为毛泽东写诗做文章提供了信手拈来的素材，而且通过读社会这本书，可以培养自己对社会和民众的感情。因此，无论是游历名山大川，还是有目的的社会调查研究，都对写诗作文很有帮助：积累了素材，培养了情感，提高了认识。这样写诗作文就会如鱼得水，材料信手拈来，感情表达也真实感人。

为了提高自己的思想认识水平，交流对社会的认识，增长见识，毛泽东还注意广交朋友。在湖南一师读书期间，毛泽东以"二十八画

---

① 《毛泽东选集》第1卷，人民出版社1991年版，第12页。
② 《毛泽东传（1893—1949）》，中央文献出版社2004年版，第129—131页。

生"的笔名，在长沙征求志同道合的朋友。参加革命以后，尤其是成为党的领导人后，毛泽东更是努力贯彻落实党的统一战线政策和策略，广交各界朋友。这一方面是革命事业的需要，另一方面，从毛泽东个人来讲，也能从方方面面的人士那里得到各种资讯，这也是收集题材和积累资料的过程。这一点，从毛泽东的诗歌和其他题材作品涉及的内容之广泛可以得到证明。

文章须蓄势

毛泽东主张写诗作文要有气势，要像黄河冲出峡谷一样，气势磅礴、摄人心魄。他说："文章须蓄势。河出龙门，一泻至潼关。东屈，又一泻至铜瓦。再东北屈，一泻斯入海。当其出伏而转注也，千里不止，是谓大屈折。行文亦然。"写诗做文章还要做到文理交融、情文并茂，他说："词少而意多，字少而理多，斯为妙文矣"，"故其文词清典雅，文质相宣，矩矱有余，而精义不乏"，"魏伯子曰：大家之文，其奇处在至平，其密处在至宽，至曲折周翔断续转换者在直，其味在平淡，其腴丽资致在朴"。[①]

少年毛泽东就显示出与同龄孩子不一样的胆识和气魄，这一点，可以从他第一次离开家乡的心情看出来。1910年秋天，毛泽东要离开闭塞的韶山，到离韶山50里的湘乡县立东山小学堂读书，走向外面更加广阔的世界。一直没有离开过家乡的少年毛泽东十分激动，心里充满着对外面世界的好奇。更何况，此行还是经过艰苦努力争取得到的。

[①] 龙剑宇、胡国强：《毛泽东的诗词人生》，中央文献出版社2011年版，第61页。

十三、向毛泽东学写诗作文

本来，毛泽东的父亲毛顺生打算让儿子去湘潭县城一家米店当学徒，学做生意，可是毛泽东迫切想到外面继续求学，在听了表兄文运昌介绍东山小学堂讲授新学的消息后，他就更加心动了。但毛泽东也知道，要说服父亲支持自己去上学，是很难的，于是他就想到请八舅文玉钦、堂叔毛麓钟和表哥王季范去做父亲的思想工作。在众亲友的劝说下，一向固执的毛顺生觉得儿子进洋学堂也许是件好事，也就同意了。临行时，毛泽东将日本人西乡隆盛的诗改写后，放在父亲每天必看的账簿里，好让父亲看到，诗的内容是：

孩儿立志出乡关，

学不成名誓不还。

埋骨何须桑梓地，

人生无处不青山。

西乡隆盛（1827—1877年），日本明治维新时期的政治家、军事家，生于鹿儿岛加治屋町下级武士家庭。1867年12月9日，与大久保等倒幕派发动政变，组织新政府。1868年被任命为陆海军负责人。1872年任陆军元帅兼近卫军都督，与大久保、木户一起被誉为"维新三杰"。从少年毛泽东对西乡隆盛诗歌的熟悉，可见其对这位日本英雄人物的推崇，并从中也可见少年毛泽东立志之高远。

1918年4月毛泽东送别同学罗章龙（纵宇一郎为其化名）东赴日本，作了一首七言古诗《七古·送纵宇一郎东行》：

云开衡岳积阴止，天马凤凰春树里。

> 年少峥嵘屈贾才，山川奇气曾钟此。
> 君行吾为发浩歌，鲲鹏击浪从兹始。
> 洞庭湘水涨连天，艟艨巨舰直东指。
> 无端散出一天愁，幸被东风吹万里。
> 丈夫何事足萦怀，要将宇宙看稊米。
> 沧海横流安足虑，世事纷纭从君理。
> 管却自家身与心，胸中日月常新美。
> 名世于今五百年，诸公碌碌皆余子。
> 平浪宫前友谊多，崇明对马衣带水。
> 东瀛濯剑有书还，我返自崖君去矣。

  这首诗最早非正式地发表在 1979 年的《党史研究资料》。罗章龙和毛泽东是同学，并且同是新民学会会员。当时新民学会会员大部分面临着毕业后的去向问题，由于日本曾是辛亥革命的策源地，又是东西方科学文化的桥梁，所以国内赴日本留学之风颇盛。罗章龙赴日本留学由新民学会资助，1918 年春，新民学会在长沙北门外的平浪宫聚餐，为他饯行。毛泽东还到码头送行，当面交给他一封信，说内有诗一首相赠，就是这首《送纵宇一郎东行》。诗作以叙述友情为主，表达了其学生时代就探索人生、追求真理的伟大抱负。以年少峥嵘、风华正茂之气，为同学浩歌壮行。这是一首七言古风，写来如行云流水，立意高远，用词、用典平实准确，寓礼于情，将平易与典雅高度统一起来。

  1935 年 10 月中央红军主力到达陕北吴起镇时，宁夏马鸿逵、马鸿宾的骑兵跟了上来，毛泽东和彭德怀拟写了一份电报，主张给马家骑兵一个打击，以防把敌人带进根据地，电文有"山高路远沟深"句。击败马家骑兵后，毛泽东写了这首诗《给彭德怀同志》：

　　山高路远坑深，
　　大军纵横驰奔。
　　谁敢横刀立马？
　　惟我彭大将军！

彭德怀（1898—1974年），湖南湘潭人，1928年4月参加中国共产党。1935年9月红军长征到达甘肃迭部县俄界时，中共中央召开政治局扩大会议，决定红一方面军主力和军委纵队整编为中国工农红军陕甘支队，毛泽东兼任政委，彭德怀任司令员。这首诗生动地描述了红军将领"彭大将军"的英雄气概，用语不多，人物形象栩栩如生，表现了红军战士英勇顽强、所向无敌的气势。全诗豪迈壮丽，如擂战鼓，催人奋进。

最能体现毛泽东诗词气势磅礴风格的作品，则是1936年（丙子年）2月在山西省石楼县留村创作的《沁园春·雪》：

　　北国风光，千里冰封，万里雪飘。
　　望长城内外，惟余莽莽；
　　大河上下，顿失滔滔。
　　山舞银蛇，原驰蜡象，欲与天公试比高。
　　须晴日，看红装素裹，分外妖娆。
　　江山如此多娇，引无数英雄竞折腰。

惜秦皇汉武，略输文采；

唐宗宋祖，稍逊风骚。

一代天骄，成吉思汗，只识弯弓射大雕。

俱往矣，数风流人物，还看今朝。

1945年10月，毛泽东赴重庆与国民党谈判，将诗作抄录送给诗人柳亚子，随后刊登在重庆各大报纸，广为流传。诗词分上下两阕，上阕描写乍暖还寒的北国雪景，展现伟大祖国的壮丽山河；下阕由对祖国山河的壮丽而感叹，并引出秦皇汉武等英雄人物，纵论历代英雄人物，抒发作者伟大的抱负及胸怀。诗词气势豪迈，充满革命者豪迈的英雄主义气概，正如一位研究者所评论的，该诗为"登峰造极，炉火纯青，扫空万古，横绝六合之作"[1]。

要有真情实感

诗歌是表达思想情感的文学载体，作为革命家的毛泽东，内心世界是很丰富的，对亲人、朋友、战友和人民群众有着浓厚的感情，这一点我们可以从他的诗歌作品中强烈地感受到。

1919年10月5日，毛泽东的母亲病逝，终年53岁。与母亲感情深厚的毛泽东日夜兼程赶回韶山，为母亲守灵，料理母亲的后事，并和泪写下了情义深长、让人读了荡气回肠的四言古诗《祭母文》：

---

[1] 张素华、边彦军、吴晓梅：《说不尽的毛泽东》（上），辽宁人民出版社1993年版，第135—136页。

十三、向毛泽东学写诗作文

呜呼吾母,遽然而死。寿五十三,生有七子。七子余三,即东民覃。其他不育,二女二男。育吾兄弟,艰辛备历。摧折作磨,因此遘疾。中间万万,皆伤心史。不忍卒书,待徐温吐。今则欲言,只有两端:一则盛德,一则恨偏。吾母高风,首推博爱。远近亲疏,一皆覆载。恺恻慈祥,感动庶汇。爱力所及,原本真诚。不作诳言,不存欺心。整饬成性,一丝不诡。手泽所经,皆有条理。头脑精密,劈理分情。事无遗算,物无遁形。洁净之风,传遍戚里。不染一尘,身心表里。五德荦荦,乃其大端。合其人格,如在上焉。恨偏所在,三纲之末。有志未伸,有求不获。精神痛苦,以此为卓。天乎人欤,倾地一角。次则儿辈,育之成行。如果未熟,介在青黄。病时揽手,酸心结肠。但呼儿辈,各务为良。又次所怀,好亲至爱。或属素恩,或多劳瘁。大小亲疏,均待报赍。总兹所述,盛德所辉。必秉悃忱,则效不违。致于所恨,必补遗缺。念兹在兹,此心不越。养育深恩,春晖朝霭。报之何时,精禽大海。呜呼吾母!母终未死。躯壳虽隳,灵则万古。有生一日,皆报恩时。有生一日,皆伴亲时。今也言长,时则苦短。惟挈大端,置其粗浅。此时家奠,尽此一觞。后有言陈,与日俱长。尚飨!

毛泽东对母亲极为孝顺,母亲的高尚品德对毛泽东影响深远。在少年毛泽东的记忆中,母亲淳朴善良、富有同情心,常常送米给逃荒乞讨的人。全诗如泣如诉、感人肺腑,让人真切地感受到作者的悲切之情。

毛泽东逝世13年后的1989年,《湖南广播电视报》第一次发表了青年毛泽东写给杨开慧的词。当时该报发表的原文是:堆来枕上愁何状,江海翻波浪。夜长天色总难明,无奈披衣起坐薄寒中;晓来百念皆灰烬,倦极身无恁。一钩残月向西流,对此不抛眼泪也无由。说此词是赠开慧之作,大约起于此际。1994年12月26日《人民日报》又正式将此词发表。这是经过中共中央文献研究室编辑校订过的稿子,全文如下:

虞美人·枕上(1921年)

堆来枕上愁何状,江海翻波浪。

夜长天色总难明,寂寞披衣起坐数寒星。

晓来百念都灰尽,剩有离人影。

一钩残月向西流,对此不抛眼泪也无由。

这首词大概写于1921年。1920年冬毛泽东与杨开慧结婚,翌年春夏间毛泽东外出考察,此词写的是新婚初别的愁绪,抒写离别,歌咏爱情,在毛泽东的诗词中是弥足珍贵的。诗贵情,情贵真,没有感情的诗篇,就等于没有诗魂,也就失去了打动人心的力量。这首词在语言方面并没有过多的藻饰,但句句如感慨之言,发自肺腑,情真意切。这种纯真质朴的情感,读后动人心肠、令人难忘。

对亲人充满真情实感,对老百姓呢?毛泽东更加关怀挂念。人民群众的疾苦喜乐都牵挂着毛泽东的心,尤其是在新中国成立后。

1958年7月1日凌晨,毛泽东一口气写了《七律二首·送瘟神》:

一

绿水青山枉自多,华佗无奈小虫何!

千村薜荔人遗矢，万户萧疏鬼唱歌。
坐地日行八万里，巡天遥看一千河。
牛郎欲问瘟神事，一样悲欢逐逝波。

二

春风杨柳万千条，六亿神州尽舜尧。
红雨随心翻作浪，青山着意化为桥。
天连五岭银锄落，地动三河铁臂摇。
借问瘟君欲何往，纸船明烛照天烧。

哪里突然来了写诗的冲动与激情呢？根据诗歌的注脚内容，原来是毛泽东看"六月三十日《人民日报》，余江县消灭了血吸虫。浮想联翩，夜不能寐。微风拂煦，旭日临窗。遥望南天，欣然命笔"。这些文字足以让读者感受到毛泽东作为党和国家领导人对人民疾苦的关心牵挂，真正是与人民的心连在一起，与人民同呼吸、共命运。

任何一个游子心中都会永远记得家乡，对家乡的山山水水充满感情。1959年6月，毛泽东回到阔别32年之久的家乡韶山，不禁感慨万千，对家乡的情感如山泉一样，汩汩流淌，澎湃于心，于是，毛泽东写下了《七律·到韶山》：

别梦依稀咒逝川，故园三十二年前。
红旗卷起农奴戟，黑手高悬霸主鞭。
为有牺牲多壮志，敢教日月换新天。
喜看稻菽千重浪，遍地英雄下夕烟。

青年毛泽东以救国救民的担当精神离开家乡，终于创建了新中国。年逾花甲的毛泽东重回韶山之时，他已是党和国家的领袖，他的心里装着整个中国和世界，因而，当他重归故里而不是乍出乡关、回首往事，他的诗显得那样的深沉和厚实。他对故乡的深情，不在于对亲人和往事的留恋，也不在于仅对故乡风土人情的颂美，而在于对 32 年来故乡人民火热的斗争生活的重温和赞扬。这首七律诗鲜明地体现着他那高远的思想境界。

1963 年 12 月 16 日，罗荣桓逝世，终年 61 岁。噩耗传来，举国悲恸。消息传到中央政治局常委会上，正在中南海颐年堂主持会议的毛泽东心情非常沉重，他中断会议，领头起立默哀。他说："一个人数十年如一日，忠于党的事业，很不容易啊！"这是对罗荣桓一生的高度评价。12 月 19 日，毛泽东、刘少奇、朱德、邓小平等党和国家领导人来到北京医院，向覆盖着中国共产党党旗的罗荣桓的遗体告别。几天后，十分悲痛的毛泽东讲话很少，像是若有所思。有一天，毛泽东服了大量的安眠药后仍然睡不着，躺在床上时而闭着眼睛不停地独自吟着，继而写下了《七律·吊罗荣桓同志》这首哀悼诗，这是毛泽东唯一的悼念元帅诗。诗云：

记得当年草上飞，红军队里每相违。
长征不是难堪日，战锦方为大问题。
斥鷃每闻欺大鸟，昆鸡长笑老鹰非。
君今不幸离人世，国有疑难可问谁？

"国有疑难可问谁？"充满了对老战友的深刻怀念，感情凝重。毛泽东与罗荣桓从井冈山时期起一路走来，战友之情、同志之谊十分深厚。尤其是罗荣桓的高尚品格和作风，更是党内和军队内难得的。正是这样，毛泽东对这位老战友的逝世充满了深切的哀悼。

诗贵自然

诗歌等文学作品要有真情实感，要自然朴实，绝对不能无病呻吟，有明显的斧凿痕迹，否则将大大影响作品的感染力。诗贵自然，即"天然去雕饰"，如"出水芙蓉"。

写于1925年的《沁园春·长沙》一诗，全文流利顺畅，真正是满怀青春志气来"激扬文字"，表达了一个青年革命家的思想境界：

独立寒秋，湘江北去，橘子洲头。

看万山红遍，层林尽染；

漫江碧透，百舸争流。

鹰击长空，鱼翔浅底，万类霜天竞自由。

怅寥廓，问苍茫大地，谁主沉浮？

携来百侣曾游，忆往昔峥嵘岁月稠。

恰同学少年，风华正茂；

书生意气，挥斥方遒。

指点江山，激扬文字，粪土当年万户侯。

曾记否，到中流击水，浪遏飞舟？

此诗是在毛泽东离开湖南前往当时革命活动的中心广州时所写的，

毛泽东从 1911 年到 1925 年曾数度在长沙学习、工作和从事革命活动。在这峥嵘岁月里，毛泽东和他的同学蔡和森、何叔衡等立志救国的青年，正值青春年少，神采飞扬，才华横溢，意气风发，热情奔放，面对万山红遍的美景，他们既赞叹锦绣河山的壮美，又悲愤大好河山的沉沦。于是，发表激浊扬清的文章，抨击黑暗，宣扬真理，鄙视当时的"万户侯"——军阀如粪土，这一段描写形象地概括了青年时期的毛泽东和其战友雄姿英发的战斗风貌和豪迈气概。全诗没有雕琢的痕迹，一气呵成，自然流畅。

1930 年 10 月，蒋介石发起第一次大"围剿"，纠集了 10 万兵力。12 月，他任命江西省政府主席鲁涤平兼任陆海空军总司令南昌行营主任，即"围剿"军总司令，开始进犯中央革命根据地。红军诱敌深入，集中优势兵力，在 12 月 30 日乘雾对进入龙冈包围圈内的敌军主力张辉瓒第十八师发起总攻，激战至晚，把敌军全部歼灭，俘获张辉瓒以下官兵 9000 余人。接着乘胜追击逃至东韶的敌军另一主力谭道源第五十师，又歼灭其一半兵力。两仗共歼敌 1.5 万余人，缴枪 1 万余支，余敌纷纷逃窜。第一次反"围剿"胜利结束。为纪念第一次反"围剿"的胜利，1931 年春，毛泽东写了《渔家傲·反第一次大"围剿"》：

> 万木霜天红烂漫，天兵怒气冲霄汉。
>
> 雾满龙冈千嶂暗，齐声唤，前头捉了张辉瓒。
>
> 二十万军重入赣，风烟滚滚来天半。
>
> 唤起工农千百万，同心干，不周山下红旗乱。

1931 年 5 月，红军集结隐蔽在江西东固地区，等待敌人王金钰师进入伏击圈，16日围歼了王金钰、公秉藩两个师。17日向东横扫。30日歼刘和鼎师于福建的建宁。红军从江西的东固、富田一直打到福建的建宁，屡战屡胜，歼敌3万余人，粉碎了第二次"围剿"。为了纪念这次胜利，1931年夏，毛泽东写了《渔家傲·反第二次大"围剿"》：

> 白云山头云欲立，白云山下呼声急，枯木朽株齐努力。
> 枪林逼，飞将军自重霄入。
> 七百里驱十五日，赣水苍茫闽山碧，横扫千军如卷席。
> 有人泣，为营步步嗟何及！

这两首诗歌很有"史诗"的味道，再现了当时红军在战场上消灭敌人的场面，没有华丽的辞藻，用的是写实的笔法，简洁明畅，干净利落。

毛泽东于1934年夏在中共粤赣省委所在地会昌进行调查研究和指导工作时创作了《清平乐·会昌》。会昌在江西省东南部，东连福建省，南经寻乌县通广东省。早在1929年，毛泽东为开辟赣南根据地，就率领红军到过会昌，以后又多次居住和途经这里。当时，毛泽东正在会昌县城东门外的文武坝参加粤赣省委扩大会议。会议期间的一天拂晓，毛泽东会同中共粤赣省委几位干部，从文武坝出发，渡过绵水，登上会昌山。夏日的会昌山满目葱茏、生机勃勃。极目远眺，宏伟壮丽的江山引人遐想。在会昌城外的高峰，眼见红军战士守卫在各个山头，与战士们交谈后，目睹眼前群山晨景，想到当前危急形势，毛泽东顿生感慨，于是吟诵了初稿，回到文武坝住处挥笔写下了《清平乐·会昌》：

> 东方欲晓，莫道君行早。
> 踏遍青山人未老，风景这边独好。
> 会昌城外高峰，颠连直接东溟。
> 战士指看南粤，更加郁郁葱葱。

诗歌中的"人"和"君"，都是指作者自己。全诗完全是作者心情的直接表达，虽然当时形势危急，但诗歌给人以希望，对革命前途充满信心。

对于毛泽东的诗歌风格，著名诗人臧克家曾经评论指出："毛主席写诗，学古不泥古，富于创造性，不是都说毛主席喜欢三李吗？他喜欢李商隐的缠绵，李白的浪漫，李贺的丰富想象力。这三种风格，在毛主席的诗词里都体现出来了。但是他有创造性，不像学院派旧体诗作者那样，刻意讲求典雅。毛主席用典很少，也不完全受格律的限制。"[①] 这说明毛泽东诗歌作品的清丽风格。比如1935年2月写的《忆秦娥·娄山关》：

> 西风烈，长空雁叫霜晨月。
> 霜晨月，马蹄声碎，喇叭声咽。
> 雄关漫道真如铁，而今迈步从头越。
> 从头越，苍山如海，残阳如血。

---

① 张素华、边彦军、吴晓梅：《说不尽的毛泽东》（上），辽宁人民出版社1993年版，第127页。

该诗词是当时战场场面的一幅油画，只不过是用文字表达而已。

那么，是不是不要修改呢？1963 年冬天，毛泽东同莫桑比克解放阵线外事兼组织书记、34 岁的诗人桑托斯谈起写诗，毛泽东说："有些诗写好后，不能马上用，要经过修改，写文章和写诗，不经过修改是很少的。为什么要经过修改？甚至还要从头写？就是因为文字不正确，或思想好，但文字表现不好。你写过不要修改的诗吗？"在得到桑托斯回答"很少"之后，毛泽东接着说："我要修改，有时还要征求别人的意见。别人有不同意见，我就要想一想。"毛泽东还幽默地补充了一句："不征求敌人的意见，只征求朋友的意见。"[①]

毛泽东是这么说的，也是这么做的，他的很多诗词作品就虚心地向许多名家和战友同志请教切磋过。仅在 1961 年，毛泽东就给著名诗人臧克家写过三封信：4 月下旬，他在杭州致信臧克家说："我颇有一些事想同你谈谈。"11 月 30 日又致信臧克家："明年 1 月内我看找得出一个时间，和你及郭沫若同志一同谈一会儿。"12 月上旬，毛泽东第三次致信臧克家："所谈之事，很想谈谈。无奈有些忙，抽不出时间来；而且我对于诗的问题，需要加以研究，才有发言权。"[②] 由此可见，毛泽东多么愿意与别人切磋讨论自己的作品，以便修改提高。

主题要鲜明

写诗作文一定要主题鲜明。主题是一篇作品的灵魂，正如一面旗帜。毛泽东说过，主义譬如旗子，旗子立起来了，大家才有所指望，

[①] 周宏让：《跟毛泽东学文》，红旗出版社 2002 年版，第 165 页。
[②] 周宏让：《跟毛泽东学文》，红旗出版社 2002 年版，第 175—176 页。

才知所趋赴。主题的作用，就如主义与旗子，因此，确立主题、突出中心思想，对于写诗作文十分重要。

先来看看毛泽东的诗歌作品，学习一下他的诗歌中是如何强调突出主题的。1935年9月29日清晨，毛泽东随林彪一纵队向通渭县城进发，傍晚进入通渭县城。在通渭县城文庙街小学接见林彪一纵队先锋连全体指战员时，毛泽东首次朗诵了气势磅礴的《七律·长征》诗：

红军不怕远征难，万水千山只等闲。

五岭逶迤腾细浪，乌蒙磅礴走泥丸。

金沙水拍云崖暖，大渡桥横铁索寒。

更喜岷山千里雪，三军过后尽开颜。

党中央和中央红军经过1年的艰苦跋涉，战胜千难万阻，终于到达陕北，找到了革命的落脚点。诗人此时回顾这1年的历史，没有诉苦、没有怨气，全诗主题充满着革命的积极乐观主义、让人振奋。这就把长征的主题凸显出来了，成为可以不断激励我们战胜苦难、赢得辉煌的精神动力。

1935年10月5日至7日，党中央和陕甘支队以"不到长城非好汉"的英雄气概，越过了六盘山。诗人毛泽东欣然写下《清平乐·六盘山》：

天高云淡，望断南飞雁。

不到长城非好汉，屈指行程二万。

十三、向毛泽东学写诗作文

六盘山上高峰，红旗漫卷西风。

今日长缨在手，何时缚住苍龙？

毛泽东率领中央红军经历了千难万险，走过了二万五千里长征路，来到了宁夏回族自治区南部固原县西南的六盘山，这里是六盘山山脉的主峰，险窄的山路要盘旋多重才能到达峰顶。翻过六盘山，马上就要到达目的地——陕北革命根据地了。毛泽东一边和身边随行人员谈古论今，一边观赏着六盘山的风光。一种胜利在望的喜悦、一种苦尽甘来的激动、一种历尽艰辛的轻松、一种大局在握的豪情回荡心中。

1949年4月20日，国民党拒绝在和平协定上签字。当夜，解放军在东起江苏江阴、西讫江西湖口的千里长江上，分三路强行渡江。1949年4月21日，毛泽东主席和朱德总司令发出"向全国进军"的命令，号令全军坚决、彻底、全部地歼灭中国境内一切抵抗共产党的国民党反动派，解放全中国。由总前委书记邓小平等统一指挥的人民解放军第二、第三野战军的百万大军，即在西起江西湖口、东至江苏江阴的1000余里的战线上强渡长江，并于4月23日晚，由东路陈毅的第三野战军占领南京。在北平香山双清别墅的毛泽东听到这个消息，非常高兴，心潮澎湃，挥笔写下《七律·人民解放军占领南京》：

钟山风雨起苍黄，百万雄师过大江。

虎踞龙盘今胜昔，天翻地覆慨而慷。

宜将胜勇追穷寇，不可沽名学霸王。

天若有情天亦老，人间正道是沧桑。

这首诗不仅描述了人民解放军占领南京这一伟大的历史事件,揭示了它的重大意义,不只是穷尽了理、事、情;而且还显示了诗人的高瞻远瞩、破格创新、挥洒自如、神旺气足,表现了诗人的才、胆、识、力,体现了人民解放军势如破竹的力量,以及对胜利在望的十分把握。

诗歌如此,其他题材的作品也是这样,主题突出鲜明,决不模棱两可。比如1944年9月8日毛泽东在中共中央直属机关追悼张思德大会上的演讲《为人民服务》。当时由于抗日根据地财政、经济和军民生活面临严重困难,中国共产党为了战胜困难,号召全体军民开展大生产运动。张思德响应党的号召,带头报名到陕北安塞县深山烧炭,1944年9月5日因炭窑崩塌,不幸光荣牺牲。毛泽东为了追悼这位平凡而伟大的战士,作了《为人民服务》的演讲。文章主题鲜明:人总是要死的,但死的意义有不同。为人民利益而死,就比泰山还重;替法西斯卖力,替剥削人民和压迫人民的人去死,就比鸿毛还轻。张思德同志是为人民利益而死的,他的死是比泰山还要重的。从而得出了一个结论:为人民服务是我们党的根本宗旨,是我们党一切活动的出发点和归宿。从此,"为人民服务"成为一面具有感召力的精神旗帜,激励广大党员干部和全国人民,投身于各项建设事业之中。

再来看《纪念白求恩》一文。白求恩即诺尔曼·白求恩(1890—1939年),加拿大共产党党员,著名的医生。1936年德意法西斯侵犯西班牙时,他曾经亲赴前线为反法西斯的西班牙人民服务。1937年中国的抗日战争爆发,他率领加拿大美国医疗队1938年初来中国,3月底到达延安,不久赴晋察冀边区,在那里工作了1年多。他的牺牲精神、工作热忱、责任心均可称典范。由于在一次为伤员施行急救手术时受感染，1939年11月12日，白求恩在河北省唐县逝世。文章中始终贯穿一条主线——学习白求恩毫不利己、专门利人的精神。文章结尾说："我们大家要学习他毫无自私自利之心的精神。从这点出发，就可以变为大有利于人民的人。一个人能力有大小，但只要有这点精神，就是一个高尚的人，一个纯粹的人，一个有道德的人，一个脱离了低级趣味的人，一个有益于人民的人。"使主题得到升华，感染力极强。

要朴实活泼生动

毛泽东指出："学风和文风也都是党的作风，都是党风。"党风决定着文风，文风体现出党风。人们从文风状况中可以判断党的作风，评价党的形象。

对于党八股的危害和表现，毛泽东曾经进行了辛辣的讽刺，在《整顿党的作风》中他指出："党八股是藏垢纳污的东西，是主观主义和宗派主义的一种表现形式。"[1] 1942年2月8日，毛泽东在延安干部会上发表了《反对党八股》的演讲，历数了党八股的八大罪状，并指出其危害："党八股这个形式，不但不便于表现革命精神，而且非常容易使革命精神窒息。要使革命精神获得发展，必须抛弃党八股，采取生动活泼新鲜有力的马克思列宁主义的文风。"[2]

对于毛泽东的优良文风，1938年1月24日，斯诺在《红星照耀

---

[1] 《毛泽东选集》第3卷，人民出版社1991年版，第827页。
[2] 《毛泽东选集》第3卷，人民出版社1991年版，第840页。

中国》的中文译本的序言中这样回忆描述道:"毛泽东、彭德怀等人所作的长篇谈话,用春水一般清澈的言辞,解释中国革命的原因和目的。"①

毛泽东作报告讲话善于联系中国社会和中国革命实际,用生活中浅显的例子来说明抽象的哲学道理,语言朴素生动,非常受大家欢迎。何长工回忆说:"1927年9月19日晚,前敌委员会在文家市里仁学校里的一个大教室开会。我和杨立三作为会议工作人员,有机会了解一些会议情况。会开了一整夜,争论得很激烈。余洒度等人坚持打长沙,他认为不打长沙就没有出路。毛泽东同志不同意,他坚决反对打长沙,主张将部队转向山区和农村。他分析了形势后说,情况变了,我们的计划也要变,不变就要吃亏。他从学校借来一张地图,指着罗霄山脉中段说:我们要到眉毛画得最浓的地方去当'山大王'。当时有些人不同意毛泽东的意见,觉得革命革命,革到山上做大王去了,叫什么革命。毛泽东同志耐心地说服大家。他说:我们这个山大王,是特殊的山大王,是共产党领导的有主义、有政策、有办法的山大王,是代表人民利益的工农武装。中国政治不统一,经济发展不平衡,矛盾很多,我们要找敌人统治薄弱的地方。毛泽东同志的话,通俗易懂,包含着极其丰富而深刻的真理。"②终于说服大家,带领队伍奔向井冈山,找到了中国革命的正确道路。10月3日,毛泽东在三湾的大樟树下对刚刚进行了改编的部队全体指战员做动员,他说:敌人在我们后面放冷枪,没有什么了不起。大家

---

① 〔美〕埃德加·斯诺:《西行漫记》,生活·读书·新知三联书店1979年版,"1938年中译本作者序"第7页。
② 《井冈山革命根据地》,中共党史出版社1987年版,第111页。

都是娘生的，敌人有两只脚，我们也有两只脚。贺龙同志两把菜刀起家，现在当军长，带了一军人。我们现在不只两把菜刀，我们有两营人，七百多条枪，还怕干不起来吗？① 朴实的动员，树立了全体指战员、战士的革命信心。

毛泽东作报告讲话善于联系中国社会和中国革命实际，用生活中浅显的例子来说明抽象的哲学道理，非常受大家欢迎。比如讲感性认识到理性认识的飞跃时，毛泽东说，延安西北菜馆里有个老师傅，50多岁了，炒菜炒了三四十年，人家总愿意到那里去吃，因为他的菜炒得非常香。他炒的菜为什么这样受人欢迎呢？他开始也是没有经验，盐放多了就咸，放少了就淡，大家提意见。可他在长期的实践中慢慢地摸索，不断总结经验，提高炒菜技术，今天你们叫他讲，他能讲出一大套道理，这就是由感性认识提高到理性认识，就是人们对客观事物的认识过程。又比如讲矛盾这个词时，毛泽东举例说，矛盾就是打架。世界上一切事物都在打架。你要战胜我，我要战胜你。这时，他讲课的房顶上瓦匠正在修房，敲得叮叮当当一阵乱响。毛泽东说，我们就在和瓦匠"打架"。我们上课需要安静的环境，他却要修房顶，这样一来就发生了矛盾。又比如讲实践论，毛泽东结合自己的亲身经历说，我在师范上学，当教员出身，从来没想到自己去搞军事，去打仗。后来自己带起队伍打起仗来，上了井冈山。在山上先打了一个小胜仗，接着又打了两个大败仗。于是我们总结经验教训，才产生了打游击的十六字诀。②

---

① 《毛泽东传（1893—1949）》，中央文献出版社2004年版，第163页。
② 张志清、孙立、白均堂：《延安整风前后》，江苏文艺出版社1994年版，第42—43页。

向毛泽东学习（修订本）

毛泽东思想有许多关于对中国革命和建设的正确的理论原则和经验总结的精辟论断，而且这些论断的表现形式非常通俗、生动、活泼。比如农村包围城市、枪杆子里面出政权、打土豪分田地、三大纪律八项注意、自己动手丰衣足食、为人民服务、愚公移山、领导干部要学会弹钢琴、统筹兼顾等，用的都是大众化的语言。对于那些故意玩弄高深的人，毛泽东批评道："有些天天喊大众化的人，连三句老百姓的话都讲不来，可见他就没有下过决心跟老百姓学，实在他的意思仍是小众化。"①

这里再举几个例子，来看看毛泽东是怎样使用民间俚语的。比如说要给群众看得见的利益，毛泽东形象地说，你要叫唤一只鸡，手里还得捏把米，它才会听你的呢！在谈到如何对待山头主义时，毛泽东对薄一波说，农村两个孩子打架，做父母的总得先把自己的孩子骂几句，甚至打几下，然后安慰对方的孩子，才能平息纠纷，老百姓都懂得怎样来处理"山头"问题。说得人茅塞顿开。② 1962年七千人大会召开前，成立了大会报告起草委员会，在最后审议报告时，毛泽东召开常委会。他用湖南话说，叫"寡妇生崽，众人出力"，就是说这个报告是集体创作，我们还没有用过这个办法，在七大的时候，我用了一个整夜，改出七大论联合政府的报告，现在这么多人，集中讨论，写出这个报告是一个新的创造。然后，常委会委托刘少奇在会议上就报告作一个说明，于是刘少奇先离开会场，毛主席说，我们也是"聋

---

① 《毛泽东选集》第3卷，人民出版社1991年版，第841页。
② 《领袖·元帅·战友》，中共中央党校出版社1989年版，第9—10页。

子放炮——散了"。我们也走了。少奇同志一个去奋斗了。①

文章一定要自己写

毛泽东说过这么一句大家耳熟能详的话:"没有调查就没有发言权",其实还有一句话更准确一些:"没有正确的调查,就没有发言权。"这个结论是毛泽东于1930年5月花巨大的精力,通过深入细致的调查研究得来的,十分不容易!在这篇著名的调查报告《反对本本主义》的结尾,毛泽东这样写道:"要自己做记录。调查不但要自己当主席,适当地指挥调查会的到会人,而且要自己做记录,把调查的结果记下来。假手于人是不行的。"②

1962年8月20日,毛泽东曾对人说:"我的文件都是自己写。只是有病的时候,我口讲,别人给我写。一九四七年写《目前形势和我们的任务》,就是我讲,江青写。她写后,我修改。我修改后,又找恩来、弼时他们来谈,再改。大家再看了以后,广播。文章要别人写是很危险的。那时批判国民党的许多文章,新华社发的,都是我自己写的。"③

即使不是自己写的,毛泽东也会坦率地告诉大家。1956年9月15日,毛泽东作八大开幕词,很短,2000多字,被34次热烈的掌声打断。其中有一段经常被引用:"国无论大小,都各有长处和短处,即

---

① 中共中央文献研究室第二编研部:《话说刘少奇——知情者访谈录》,中央文献出版社2000年版,第326—327页。
② 《毛泽东选集》第1卷,人民出版社1991年版,第118页。
③ 《毛泽东传(1949—1976)》(上),中央文献出版社2003年版,第144页。

使我们的工作得到了极其伟大的成绩,也没有任何骄傲自大的理由。虚心使人进步,骄傲使人落后,我们应当永远记住这个真理。"代表们开始以为这个完全是毛主席风格的讲话,肯定是毛主席自己写的。面对代表们的赞扬,毛主席却坦诚地说:"这不是我写的,是一个少壮派,叫田家英,是我的秘书。"[1]

今天党内存在的享乐主义之风,不只是吃好的、穿名牌衣服、戴名表首饰等,其实还有一种享乐主义一般人们不关注,或者忽略了,就是享受别人的劳动成果,由秘书或者有关人员写好稿子,照着去念,甚至拿去发表。为什么不自己写呢?一些官员会理直气壮地回答:忙啊!其实这是借口,你还能比战争年代里毛泽东、刘少奇、周恩来、朱德、任弼时等同志忙?我们来看一看统计数字:《毛泽东选集》四卷共159篇文章,其中122篇写于延安;《毛泽东文集》八卷共收集802篇文章,其中385篇写于延安[2]。因此,学习毛泽东写诗作文,更要学习他们那一代共产党人的优良传统与作风。

文风关乎党风,文章是不是自己写,直接影响着党内风气。以毛泽东为代表的那个时代的中国共产党和军队的领导人都是自己动手写文章、起草电报、下达命令。这种作风体现了党风,甚至反映了一个党的命运前途。有一个事例很能反映共产党和国民党的区别。据说1947年12月25日,毛泽东在陕北米脂县杨家沟召开的中共中央扩大会议(史称十二月会议)上,作了《目前形势和我们的任务》的讲话,不久这篇讲话公开发表,传到蒋介石手里。认真阅读之后,蒋介石对自己的秘书陈布雷感慨地说:"你看人家的文章写得多好啊!"

---

[1] 叶永烈:《田家英夫人董边忆田家英》,《党政干部文摘》2008年第2期。
[2] 延安革命纪念馆展览解说词。

（意思是你陈布雷就写不出这么好的文章来！）书生气十足的陈布雷冷不丁顶了蒋介石一句说："人家毛泽东的文章都是自己写的！"（意思是你蒋介石自己写写看！）这也许是历史故事，但说明了那一代中国共产党人各方面的本领和优良作风。

十四
向毛泽东学人格魅力

习近平总书记在纪念毛泽东同志诞辰 120 周年座谈会上的讲话中指出:"在为中国人民不懈奋斗的光辉一生中,毛泽东同志表现出一个伟大革命领袖高瞻远瞩的政治远见、坚定不移的革命信念、勇于开拓的非凡魄力、炉火纯青的斗争艺术、杰出高超的领导才能。他思想博大深邃、胸怀坦荡宽广,文韬武略兼备、领导艺术高超,心系人民群众、终生艰苦奋斗,为中华民族和中国人民建立了不朽功勋。"[①] 这里讲到的"高瞻远瞩的政治远见、坚定不移的革命信念、勇于开拓的非凡魄力、炉火纯青的斗争艺术、杰出高超的领导才能""思想博大深邃、胸怀坦荡宽广,文韬武略兼备、领导艺术高超,心系人民群众、终生艰苦奋斗",实际都包含和体现着毛泽东的人格魅力。

信仰坚定,理想崇高

古往今来,凡是对人类作出卓越贡献的人,无不具有崇高的理想

[①] 习近平:《在纪念毛泽东同志诞辰 120 周年座谈会上的讲话》,《人民日报》2013 年 12 月 27 日。

十四、向毛泽东学人格魅力

和坚定的信仰。这也是毛泽东人格魅力之所在。

信仰坚定,理想崇高,直接体现在主体志向的远大。毛泽东从少年时代就明确而牢固地树立了远大的理想和崇高的信念。对于志向问题,少年时代毛泽东曾说:"真欲立志,不能如是容易,必先研究哲学、伦理学,以其所得真理,奉以为己身言动之准,立之为前途之鹄,在择其合于此鹄之事,尽力为之,以为达到之方,始谓之有志也。""十年未得真理,即十年无志;终身未得,即终身无志。"① 毛泽东崇尚"大本大源""宇宙之真理",同时将其与自己的人格理想和救国理想紧密地结合起来,想从"根本上变换全国之思想",唤醒民众,改造社会。1917年8月,他在给黎锦熙的信中说:"夫本源者,宇宙之真理。天下之生民,各为宇宙之一体,即宇宙之真理,各具于人人之心中,虽有偏全之不同,而总有几分之存在。今吾以大本大源为号召,天下之心岂有不动者乎?天下之心皆动,天下之事有不能为者乎?天下之事可为,国家有不富强幸福者乎?"② 这是他走上革命道路的一个内在的精神动力。

1918年,毛泽东与蔡和森等发起组织新民学会,确定"以革新学术,砥砺品行,改良人心风俗为宗旨",并与同仁一道"指点江山,激扬文字,粪土当年万户侯",体现了毛泽东救世济民的伟大抱负。他号召青年学子以天下与国家为己任,并大声呐喊:"天下者我们的天下。国家者我们的国家。社会者我们的社会。我们不说,谁说?我们不干,谁干?"③ 体现了高度的历史责任感和爱国情怀。毛泽东1936

---

① 《毛泽东早期文稿(1912.6—1920.11)》,湖南人民出版社1990年版,第86—87页。
② 《毛泽东早期文稿(1912.6—1920.11)》,湖南人民出版社1990年版,第85—86页。
③ 《毛泽东早期文稿(1912.6—1920.11)》,湖南人民出版社1990年版,第390页。

年同斯诺谈话时有自白，说在当时他们这个年龄的男青年，议论女人的姿色通常占有重要的位置，可是他和同伴们不但不这样做，而且连日常生活中的普通事情也拒绝谈论。有一次他到一位青年家里去，这位青年对他说起要买些肉，而且当着他的面把用人叫来，同用人谈买肉的事，然后吩咐她去买。青年毛泽东感到恼火，以后再也不同这个家伙见面了。

信仰坚定、理想崇高，体现在为主义和真理而奋斗的过程中。毛泽东重视对主义和真理的追求，在 1920 年 11 月 25 日，他给罗章龙的信中指出："主义譬如一面旗子，旗子立起了，大家才有所指望，才知所趋赴。"[①] 毛泽东在对各种主义思想的追求中，选择了马克思主义，信仰社会主义，立志为人民大众的幸福而奋斗不已。新民学会成立之时，他立志以"改造中国、改造世界"为终生奋斗目标，未尝一日稍懈，至死不渝。他在面临失败与困境时依然执着信念。"星星之火，可以燎原"，是他对革命和无产阶级事业乐观的写照。大革命失败后，他上井冈山与革命同志一起开创独特的中国革命道路；第五次反"围剿"失败后，在世界罕见的长征途中，他依然乐观前瞻革命胜利。抗日战争爆发后，有人退缩甚至投降，有人太过乐观，他以理性和求实态度写下《论持久战》，一面鼓励人们不要悲观失望，一面又教人们时刻为战争的最终胜利准备条件和积蓄力量。新中国成立后，毛泽东为人民大众描绘出未来世界的理想蓝图，重新构建新的社会价值信仰系统。

理想坚定、信仰崇高，要在革命和建设的具体实践过程中，经受

[①] 《毛泽东早期文稿（1912.6—1920.11）》，湖南人民出版社 1990 年版，第 554 页。

十四、向毛泽东学人格魅力

困难乃至牺牲的锤炼，才能愈见其价值与光华。青少年时代的毛泽东离开家乡时，抱定为理想和信仰而献身的志向，以诗言志："孩儿立志出乡关，学不成名誓不还。埋骨何须桑梓地，人生无处不青山。"中年毛泽东指挥千军万马，指点万里江山，"当年鏖战急，弹洞前村壁"；"红军不怕远征难，万水千山只等闲"；"虎踞龙盘今胜昔，天翻地覆慨而慷"。晚年毛泽东回首革命岁月，瞻望建设前程："为有牺牲多壮志，敢教日月换新天"；"独有英雄驱虎豹，更无豪杰怕熊罴"；"太平世界，环球同此凉热"。为了共产主义理想，为了革命事业，毛泽东一家前前后后牺牲了六个人，包括他的妻子杨开慧、弟弟毛泽民和毛泽覃、儿子毛岸英、堂妹毛泽建、侄子毛楚雄，还丢了几个儿子和女儿。抗美援朝战争爆发后，他的长子毛岸英是第一个报名的志愿军战士。别人劝说毛主席不能让岸英去，毛主席则说，谁让他是毛泽东的儿子，他不去谁去！毛岸英入朝不到一个月就牺牲在朝鲜战场。当人们谈起这些，毛泽东却说："打仗总是要死人的嘛！中国人民志愿军已经献出了那么多指战员的生命。岸英是一个普通的战士，不要因为是我的儿子，就当成一件大事。"像每一个父亲一样，毛泽东爱儿子毛岸英，在他身上寄托着厚望。但毛泽东不把毛岸英看成只属于他自己的，而是属于党、属于人民，他应当报效祖国。

意志坚强，独立自主

坚强的意志力是实现伟大理想须臾不可离开的燃动剂。坚强的意志力也是毛泽东人格魅力中的一个极为重要的素质。

在湖南一师学习期间，毛泽东通过阅读古代陆九渊等思想家的著作和接受杨昌济等进步教师的观点，对培养意志的重要性有了十分明确的认识。在《讲堂录》的笔记中，他写道："拿得定，见得透，事无不成"，"不为浮誉所惑，则所以养其力者厚；不与流俗相竞，则所以制其气者重"。除了从读书学习过程中得到提升意志品质的重要动力之外，毛泽东还非常强调体育锻炼的重要作用。他认为，体育锻炼是成就事业的重要条件，体育之大效尤在"足以强意志"。"夫体育之主旨，武勇也。武勇之目，若猛烈，若不畏，若敢为，若耐久，皆意志之事。"把体育锻炼与个人意志的磨炼有机结合起来，"意志也者，固人生事业之先驱也"，① 为了锻炼不受外界干扰的本领，毛泽东有时只身到学校后山的高峰上读书，所谓"静中求学"；有时故意到人声嘈杂、车水马龙的长沙城门口去看书，所谓闹中求静，以此来锻炼意志。

坚强的意志力在毛泽东的革命生涯中发挥了不可估量的作用。在毛泽东一生中，他经历了无数次的惊涛骇浪，做出过千百次的大小决策，除了深入的调查研究和细致的科学分析，无一不需要胆略和意志，无一不是体力和毅力的锻炼。就行军来说，毛泽东足迹遍及大半个中国，青少年时期，他两上北京、三下上海，足迹遍及三湘两湖；在中央苏区湘赣闽数省的崇山沟壑，为了创建根据地，粉碎敌人对根据地的"围剿"，毛泽东率领红军进行南北转战；二万五千里长征，纵横十一个省，上有敌机轰炸，下有敌军围堵，毛泽东和普通红军一样，硬是凭着自己的一双脚走了下来。

在革命的征途中，毛泽东经受了各种各样的挫折和考验。最使毛

---

① 《毛泽东早期文稿（1912.6—1920.11）》，湖南人民出版社1990年版，第71—72页。

十四、向毛泽东学人格魅力

泽东痛苦的要数有时得不到自己同志的理解——这是对一个人意志力的最大考验。毛泽东在这种考验面前交出了一份漂亮的答卷。

毛泽东在其革命生涯中多次受到排挤和打击。在井冈山创立革命根据地和在中央苏区时期，部分"左"倾负责人不顾根据地实际情况，一味服从中共中央和湖南省委的指示，指责排斥毛泽东，使他一度成为"党外人士"。1931年11月，中央代表团在瑞金主持召开的中央苏区党组织第一次代表大会（赣南会议），把毛泽东排除在中央苏区红军领导班子之外。1932年10月召开的宁都会议，解除了毛泽东在红军中的领导职务，迫使他暂时离开红军。新中国成立后，毛泽东总结历史说，三次"左"倾路线时期给他的各种处分、打击，包括"开除党籍"、开除政治局候补委员、赶出红军等，有多少次呢？记得起来的有20多次。虽然受到了排挤，但是毛泽东都是以积极的心态对待每一个挫折和打击，仍然以巨大的热情做好自己的本职工作。在主持临时中央政府工作期间，他领导中央苏区的经济建设、政权建设和查田运动，取得了很好的成绩。

美国前国务卿基辛格就曾深为毛泽东的意志力所叹服，他说："我从来没有遇见过一个人像他具有如此高度集中的、不加掩饰的意志力。""他身上发出一种几乎可以感觉到的压倒一切的魄力。""没有任何外在的装饰物可以解释毛泽东所焕发的力量感。我的孩子们谈到流行唱片艺术家身上有一种'颤流'，我得承认自己对此完全感觉不到。但是毛泽东却的确发出力量、权力和意志的颤流。"[①] 研究毛泽东

[①]〔美〕亨利·基辛格著，范益世、殷汶祖译，裘克安、程镇球、邱应觉校：《白宫岁月——基辛格回忆录（全四册）》第四册，世界知识出版社1980年版，第13、14页。

的美国专家梅斯纳，曾称毛泽东是个十足的唯意志论者。他认为，毛泽东强调唯物史观，坚持走群众路线，但在如何实现理想问题上，他仍相信意志论作用。在很多著作中，他都强调精神和意志在战胜困难时的重大甚至决定性作用。①

毛泽东是从逆境中造就出来的伟人。他不仅要同党内的错误倾向作斗争，还要同国内外的反动势力作斗争。没有钢铁般的意志，就不可能战胜国内外的强大敌人，不可能抵制和克服党内及国际共产主义运动中的错误，不可能开辟出中国革命和建设的新路，更不可能在国际政治舞台上敢于反对大国主义和霸权主义。

意志坚定反映出主体的独立自主态度与立场。毛泽东自少年时代起，就显示出独立自主、敢想敢干的品质和强烈的自尊、自信。在湖南一师求学时，他在《讲堂录》中写道："圣人之所为，人不知之，曲弥高和弥寡也，人恒毁之，不合乎众也。"他专注寻求守持人格的独立。"独立不惧，遁世不闷。狂澜滔滔，一柱屹立。醉乡梦梦，灵台昭然。泰山崩于前而色不动，猛虎蹲于后而魂不惊，独立不惧之谓也。"②

独立自主和自信是密切联系在一起的。毛泽东1910年秋作的《咏蛙》诗："独坐池塘如虎踞，绿杨树下养精神。春来我不先开口，哪个虫儿敢做声？"显现出少年毛泽东的独立与自信。1917年，他豪迈地宣称："自信人生二百年，会当水击三千里。"秋收起义失败后，他

---

① 〔美〕莫里斯·梅斯纳著，张瑛等译：《毛泽东的中国及其发展——中华人民共和国史》，社会科学文献出版社1992年版，第240页。

② 《毛泽东早期文稿（1912.6—1920.11）》，湖南人民出版社1990年版，第593—594页。

又率部上井冈山，从"山重水复疑无路"中走出"柳暗花明又一村"；长征途中，有人对革命前途悲观失望，而他却豪迈地呐喊"雄关漫道真如铁，而今迈步从头越"；面对日寇的入侵，毛泽东坚定地指出，"我们中华民族有同自己的敌人血战到底的气概，有在自力更生的基础上光复旧物的决心，有自立于世界民族之林的能力"。[①] 新中国成立后面对苏联赫鲁晓夫大国沙文主义的压迫，毛泽东视之为"有几个苍蝇碰壁"，"蚂蚁缘槐夸大国，蚍蜉撼树谈何易"。当林彪想夺政权的阴谋暴露乘飞机叛逃时，好多人都主张用导弹打下来，而他却一句"天要下雨，娘要嫁人，由他去吧"。

独立自主是与反对强权压迫、珍视权力联系在一起的。毛泽东出生的独特家庭环境和所处的特殊社会历史和现实条件，使他一生都充满敢于斗争、善于斗争、藐视强权、敢于胜利的精神。在幼年时，毛泽东就反抗父亲粗暴的管教方式。多次冲突的结果使他认识到，用公开反抗的办法来保卫自己权利的时候，他的父亲便软下来，由此开启他反抗斗争的自信。在家乡私塾堂读书时，他的反抗性格得到进一步体现。他反对私塾老师的旧思想旧观念，讨厌死记硬背那些四书五经，常常背着老师读了许多所谓的"闲书"，如《水浒传》《西游记》《三国演义》《精忠岳传》《隋唐演义》等。特别是《水浒传》里那些"关于造反的故事"，使他体验到"造反有理""逼上梁山"的革命道理。由于善于接触社会、爱打抱不平，毛泽东的反抗性格慢慢对准旧社会、旧势力、旧制度。他欢呼与支持造反和革命活动，还参加过半年革命军，边读书边参加社会实践活动。

---

① 《毛泽东选集》第 1 卷，人民出版社 1991 年版，第 161 页。

在接受马克思主义参加革命后，特别是在创建革命根据地的过程中，毛泽东的反抗性格与斗争精神得以淋漓尽致的发挥。1934年在中央革命根据地瑞金，从上海来的冯雪峰告诉毛泽东说，鲁迅看了毛泽东写的几首诗词后，认为有一种"大王"气概，毛泽东听后，不禁开怀大笑。在抗日战争时期，与国民党进行第二次国共合作时，毛泽东总结第一次合作的经验教训，坚持统一战线中的独立自主原则，与国民党建立既联合又斗争的抗日路线。在解放战争时期，甚至连斯大林也不支持他进行国内战争，劝说他应与蒋介石联合建国，但随着斗争和形势的发展，他果断提出"将革命进行到底"的号召。

新中国成立后不久，美国便发动侵略朝鲜的战争，在是否参战问题上，当时国内和国际上有很多人在观望，毛泽东再三权衡，坚定了抗美援朝的决心。抗美援朝战争的胜利，雄辩地证明，一个觉醒了的、敢于为祖国光荣、独立和安全而奋起战斗的民族是不可战胜的。在国际环境十分恶劣的情况下，以毛泽东为首的中国共产党人领导中国人民不畏强权，坚决维护国家和民族独立，始终坚持独立自主的外交方针，首倡"互相尊重主权和领土完整、互不侵犯、互不干涉内政、平等互利、和平共处"五项基本原则，使中国逐步成为一个在国际上有地位、有尊严、受尊重和负责任的大国而巍然屹立于世界民族之林。

到20世纪50年代中期，苏联模式的弊端日益显露，加上后来与苏联关系的恶化，以及不认同不接受苏联为控制中国等国家提出的"国际分工"，毛泽东适时地提出了"以苏为戒"、独立自主、自力更生的经济建设方针和独立探索适合中国国情的社会主义建设道路的主张。在1956年苏共二十大之后和中共八大前后，毛泽东反复强调，要以苏为鉴，走出一条自己的建设道路来。在独立自主、自力更生的方针指引下，新中国逐步建立了独立的、比较完整的工业体系和国民经济体系，它不仅使中国在赢得政治上的独立之后又赢得了经济上的独立，使社会主义制度得到了强有力的经济支撑，为增强国防力量和维护国家安全提供了条件，改善了人民生活，而且为之后中国的经济发展和社会进步奠定了牢固的物质技术基础，积累了社会主义建设的宝贵经验。

勤奋好学，务实重行

毛泽东是中等师范毕业，论学历，只是个中专生，但他读的书之多、知识之渊博，却是无与伦比的！他之所以能成为马克思主义理论家、革命家、战略家、军事家、哲学家、史学家、书法家和诗人，既与他勤奋学习、广纳古人智慧有关，更与他一切从实际出发、务实重行做事有关。

毛泽东从幼年起就勤奋好学、酷爱读书。幼时喜欢读历史小说，稍长后对时事新闻、国家的前途产生极大兴趣。19岁那年他曾在湖南省立图书馆自修半年，废寝忘食地阅读古今中外的各种书籍。他主张先博而后约，"庇千山之材而为一台，汇百家之说而成一学，取精用宏，根茂实盛"[1]。其和老师、同学的通信与交流，都离不开谈读书、谈形势。凡是别人读过或提到的书，只要有益，他都想办法读到用来提高自己。在1935年的遵义会议上，当时的中央宣传部部长指着毛泽东的鼻子讲："你毛泽东打仗的方法不高明，是照着两本书去打的，

---

[1] 《毛泽东早期文稿（1912.6—1920.11）》，湖南人民出版社1990年版，第82页。

向毛泽东学习（修订本）

一本是《三国演义》，另一本是《孙子兵法》。"1962 年 1 月，毛泽东在会见日本人时谈到这件事说："打仗的事，怎么照书本去打？那时，这两本书我只看过一本——《三国演义》。另一本《孙子兵法》，当时我并没有看过。那个同志硬说我看过。我问他《孙子兵法》共有几篇？第一篇的题目叫什么？他答不上来。其实他也没有看过。从那以后，倒是逼使我翻了翻《孙子兵法》。"[1] 这就是毛泽东的高明之处。

正因为如此，毛泽东要求身边的工作人员知识面要宽一些。新中国成立后，他曾提出要把商务印书馆和中华书局在新中国成立前出版的所有图书都给他配置起来。到他逝世时，他的藏书已近十万册，其中批注、圈画过的达 4000 余册。毛泽东阅读的范围从社会科学到自然科学，从马列主义著作到西方资产阶级著作，从古代的到近代的，从中国的到外国的，包括哲学、经济学、政治、军事、文学、历史、地理、自然科学、技术科学等方面的书籍以及各种杂志。其中，毛泽东尤为重视《二十四史》，这部书记载了从传说中的黄帝时代到明崇祯十七年长达 4000 年的历史，约 4000 万字，是一部史料极为丰富的历史巨著。毛泽东以顽强的毅力通读了这部巨著。有许多部分则反复阅读，看过 5 遍以上。《资治通鉴》是毛泽东颇感兴趣、百读不厌的另一部历史巨著。全书从东周到五代十国，记录了 15 个朝代的兴衰成败，贯穿 1362 年的历史，总计 294 卷。毛泽东一生阅读、圈点 17 遍，并多次向人推荐。[2] 毛泽东读书多，但不做书的奴隶，而是让书为其所用。他的过人之处就在于能够驾驭和运用所学的知识，古为今用、

---

[1]《毛泽东传（1893—1949）》，中央文献出版社 1996 年版，第 342 页。
[2] 王青、王西庆：《毛泽东的成功之道》，《世纪风采》2007 年第 12 期。

十四、向毛泽东学人格魅力

洋为中用。所以，不论是外国政要还是中外学者，一般来说都被他的渊博学识所征服。

有些人总觉得自己事务性工作相当多，没有时间读书。但如果与毛泽东相比，都不敢说比毛泽东还"忙"。毛泽东日理万机，却没有影响读书学习。毛泽东嗜书如命，他总是能够抓住一切点滴的时间读书。长征路上，毛泽东因患病躺在担架上行军，但在摇摇晃晃的担架上他还读马列的书。当年在长征路上同毛泽东一起行军的刘英有一段这样的记忆："毛主席在长征路上读马列书很起劲。看书的时候，别人不能打扰他，他不说话，专心阅读……有时通宵地读。红军到了毛儿盖，没有东西吃，肚子饿，但他读马列书仍不间断，有《两个策略》《'左派'幼稚病》《国家与革命》等。有一次，主席对我说：'刘英，实在饿，炒点麦粒吃吧！'毛主席就一边躺着看书，一边从口袋里抓麦粒吃。"① 毛泽东外出开会或考察时，在飞机上读书，在火车上读书，每到一地，先要借地方志来读。1959年毛泽东外出时，携带上百种图书。读书已成为毛泽东的一种生活方式。所以，对于毛泽东来说，最怕的是没有书读。当年在井冈山上，由于敌人的封锁，曾有几个月看不到报纸，非常痛苦。1929年春毛泽东领兵来到赣南闽西，看到了南京、上海等地的报纸，给中央写信说："真是拨云雾见青天，快乐真不可名状。"② 此后他多次给中央、给朋友写信购书。

"读书是学习，使用也是学习，而且是更重要的学习。"这是1936年12月毛泽东在《中国革命战争的战略问题》一文中讲的。毛泽东

---

① 龚育之、逄先知、石仲泉：《毛泽东的读书生活》，生活·读书·新知三联书店1986年版，第23页。
② 《毛泽东文集》第1卷，人民出版社1993年版，第62页。

喜欢读书，但他不唯书，特别注意把理论与实践结合起来。

毛泽东书读得很多，但在一段时期内对于马列的书，他的确没有从莫斯科回来的同志读得多。为了说服这些同志重视中国的实际情况，注意从中国的实际出发，毛泽东首先充实自己的理论头脑。在长征路上，他恶补马列著作；在陕北和延安的窑洞里，他发愤读书。初到陕北时，书很少，毛泽东见到几本哲学新书，就立刻如饥似渴地阅读，斯诺在《西行漫记》中记载说："在这期间，他似乎是什么都不管了。"这一时期，毛泽东批阅的哲学著作有十几种。他摘录艾思奇的《哲学与生活》后，把他抄录的内容，送请艾看一看是否有抄错的，其中有一个问题略有疑点，还要当面讨教。[①] 学习的态度虔诚到如此认真的地步。经过几年发奋读书，他将读书的理论所得，结合中国革命的实践经验，写出了《中国革命战争的战略问题》《实践论》《矛盾论》《战争和战略问题》《〈共产党人〉发刊词》《中国革命和中国共产党》《新民主主义论》等一批合乎中国革命需要且具有创造性的理论著作，全面阐述和回答了当时人们普遍关心的中国向何处去等一系列问题。1945年毛泽东去重庆谈判，在重庆发表的《沁园春·雪》更是好评如潮，不少文化名人被毛泽东的魅力所征服。毛泽东儒雅的风度、深厚的文化功底不仅使他个人的魅力大大增强，也为共产党赢得了许多支持。

除了勤奋读书学习，毛泽东还注重向社会学习、向实践学习。

受湖湘文化力戒空谈虚浮、主张务实践履、倡导实事求是的学风的影响，从青少年时代起，毛泽东的思想性格就表现出浓郁的实践色

[①] 《毛泽东书信选集》，人民出版社1983年版，第112页。

彩。在求学期间，受老师杨昌济、方维夏、徐特立等影响，毛泽东就立下"不说大话，不好虚名，不行架空之事，不谈过高之理"[①]的誓言，对"古者为学，重在行事"[②]表示赞同，并身体力行以"游学"形式，步行900多里对湖南农村进行社会调查，因而在同学朋友中得了"实践家"的美名。毕业之后，他更强调要"读社会这本大书"，"踏着人生社会的实际说话"，"引入实际去研究事实和真理"[③]。他积极致力于改造社会的各种实践：成立新民学会，试验建立"新村"，筹备留法勤工俭学，领导湖南自治运动、驱张运动，主编《湘江评论》，创办"文化书社"，建立工人夜校，建立湖南共产主义小组和社会主义青年团等。从对出国留学的看法中，也可窥见毛泽东务实重行的人生信条。1918年，他组织新民学会成员留法勤工俭学，但他自己不去，留在国内。理由是，作为一个中国人，"如果要在现今的世界稍为尽一点力，当然脱不开'中国'这个地盘。关于这地盘内的情形，似不可不加以实地的调查及研究"[④]。

务实重行的毛泽东，开创了中国共产党特有的调查研究的工作方法。中国共产党成立初期，毛泽东的足迹已不限于农村，他曾多次深入安源煤矿和长沙的泥木工人中间去，走到工地、宿舍，与工人师傅促膝谈心，实地调查工人的劳动生活状况，组织发动工人运动。在第

[①] 《毛泽东早期文稿（1912.6—1920.11）》，湖南人民出版社1990年版，第581页。
[②] 《毛泽东早期文稿（1912.6—1920.11）》，湖南人民出版社1990年版，第586页。
[③] 《毛泽东早期文稿（1912.6—1920.11）》，湖南人民出版社1990年版，第363页。
[④] 《毛泽东早期文稿（1912.6—1920.11）》，湖南人民出版社1990年版，第474页。

一次国内革命战争时期，他深入农村调查中国农村的阶级关系，考察农民运动，写出了《中国社会各阶级的分析》《湖南农民运动考察报告》等著作，为新民主主义革命时期的总路线初步奠定了理论基础。毛泽东上了井冈山以后，调查研究更是没有间断。他一面指挥打仗，一面调查研究、掌握实际情况，开展土地革命。为了进一步了解农村的阶级关系，他亲自做了永新调查、宁冈调查、寻乌调查、兴国调查、长冈乡调查、才溪乡调查等。在延安时期，面对白区的封锁，根据地财政经济困难。1941年6月，陕甘宁边区政府召开县长联席会议，讨论征粮问题，那天正好下大雨，会议室突然遭到雷击，延川县代县长李彩云被电击死。事后，一个农民便说，老天爷咋不睁眼，咋不打死毛泽东？这话引起毛泽东的深思，他没有追究那个农民，而是作了调查研究，反省了党的政策，感到征收公粮太多，要改变这一政策。1945年他在党的七大上谈到这件事时说："1941年边区要老百姓出二十万石公粮，还要运输公盐，负担很重，他们哇哇地叫。那年边区政府开会时打雷，垮塌一声把李县长打死了，有人就说，哎呀，雷公为什么没有把毛泽东打死呢？我调查了一番，其原因只有一个，就是公粮太多，有些老百姓不高兴。那时确实公粮太多。要不要反省一下研究研究政策呢？要！"[①] 通过调查研究改变政策，毛泽东与广大人民群众的心贴得更近了。

新中国成立后，他在日理万机、工作十分繁忙的情况下，也没有忘记亲自调查研究、掌握第一手材料。他多次到全国各地视察，足迹踏遍大江南北、黄河上下。为了寻找适合中国国情的社会主义建设道

[①] 《毛泽东在七大的报告和讲话集》，中央文献出版社1990年版，第143、144页。

路，从1955年11月至1956年4月，他先后对农业、工业问题进行了调查研究，找了华北9省的省委书记和中央、国务院35个部长，听取了工作汇报，并查阅了大量有关资料。在此基础上，反复进行了研究、思考，形成了《论十大关系》这篇重要报告，提出了探索适合中国国情的社会主义建设道路的任务。1960年6月，毛泽东在《十年总结》一文中说，对于社会主义时期的革命和建设，还有一个很大的未被认识的必然王国，要以十年时间去调查研究它。1961年1月，在八届九中全会上，毛泽东强调要恢复实事求是的优良传统，号召大兴调查研究之风。并建议1961年要成为调查研究年，搞一个实事求是年。

可以说，如果毛泽东不喜欢读书、写字，缺乏深厚的文化功底，他即使有再多的革命实践经验、调研成果，也很难写成《实践论》《矛盾论》《新民主主义论》等科学著作，来指导全党全军的工作，至多只能是一个实干家；如果毛泽东没有丰富的实践经验和实事求是的调研精神，他喜欢读书写字积累的文化功底，也很难转化为能够指导中国革命实践的科学著作。① 既喜欢读书写字，又善于调查研究，还勇于实践，这三大特点集于毛泽东一身，使他登上了时代的最高峰，成就了一生的伟业。

虚怀若谷，胸襟博大

毛泽东身居高位、厥功至伟，但却虚怀若谷，把群众看成真正的英雄，虚心向人民群众请教。在《为人民服务》这篇文章里，毛泽东

---

① 张素华：《论毛泽东的学习能力》，《毛泽东思想研究》2011年第3期。

指出:"我们的共产党和共产党所领导的八路军、新四军,是革命的队伍。我们这个队伍完全是为着解放人民的,是彻底地为人民的利益工作的。"毛泽东终生践言,把"完全""彻底"当作一切工作的出发点和归宿。

全心全意为人民服务,是毛泽东巨大人格魅力的根本所在。1945年6月,毛泽东在党的七大致闭幕词时,引用"愚公移山"的寓言作比喻,指出人民就是"上帝"。只要中国共产党感动了"上帝","上帝"就会帮助我们搬走压在中国人民头上的帝国主义、封建主义两座大山。新中国成立后,他又在不同的时间和场合,作了进一步的发挥,提出了"上帝"不能惹,谁惹怒了"上帝",谁就必定要垮台的论断。

毛泽东有深深的"群众情结",他始终关注干群关系并紧抓不放。他向来认为,融洽的干群关系,首先应当做到的就是"平等","人与人的关系应是民主的和平等的"①。领导干部必须尊重群众、平等待人。

毛泽东厌恶"高贵""特权",喜欢"普通""平等"。毛泽东将这种平等的干群关系,建立在克服"官僚主义"作风、铲除"贵族阶层"之上,使广大领导干部始终保持艰苦奋斗、密切联系群众的优良传统,进而保证党和国家的长治久安。1956年11月在中共八届二中全会上,毛泽东语重心长地告诫与会者:"县委以上的干部有几十万,国家的命运就掌握在他们手里。如果不搞好,脱离群众,不是艰苦奋斗,那末,工人、农民、学生就有理由不赞成他们。我们一定要警惕,不要滋长官僚主义作风,不要形成一个脱离人民的贵族阶层。谁犯了

---

① 《毛泽东读文史古籍批语集》,中央文献出版社1993年版,第82—83页。

官僚主义，不去解决群众的问题，骂群众，压群众，总是不改，群众就有理由把他革掉。"

20世纪60年代，毛泽东大力倡导各级干部参加生产劳动、将军下连队当兵等制度。他认为，实行这样的措施，"是使无产阶级能够和广大劳动群众联合起来，实行民主专政的可靠保证"。"使我们的干部成为既懂政治、又懂业务、又红又专，不是浮在上面、做官当老爷、脱离群众，而是同群众打成一片、受群众拥护的真正好干部。"在当时的环境下，确实存在毛泽东过度估计社会形势、主张"以阶级斗争为纲"的情况，但从中也能看出他对于切实解决干群关系问题的异常关注和焦虑。即便在"文化大革命"时期，毛泽东仍十分注意并反复提醒这个问题。他要求领导干部"很好地解决上下级关系问题，搞好干部和群众的关系。以后干部要分别到下面去走一走，看一看，遇事多和群众商量，做群众的小学生。在某种意义上说，最聪明、最有才能的，是最有实践经验的战士"。"群众是真正的英雄，而我们却是幼稚可笑的，包括我。往往是下级水平高于上级，群众高于领导，领导不及普通劳动者，因为他们脱离群众，没有实践经验。""共产党基本的一条，就是直接依靠广大革命人民群众。"

虚怀若谷体现出的是一种博大的胸襟。这种博大的胸襟不仅不避细微，反而通过细微的琐事、"小事"而映射出来。人之大爱，首先由家庭之爱而始。

毛泽东对家人有着深厚的感情。1919年春，母亲得了淋巴腺炎，毛泽东闻讯，把母亲接到长沙医治，母子短聚一个时期。其间，毛泽东和弟弟泽民、泽覃搀扶着母亲到照相馆合影留念。母亲下半年病情加重，中秋节前三天溘然而逝，毛泽东突闻噩耗赶回家，母亲已入棺，毛泽东抚棺痛哭，并用颤抖的双手写下了哀恻动人的《祭母文》。无论在戎马倥偬的战争环境，还是在日理万机的党和国家的高位上，毛泽东始终没有淡漠对父母的深情。1936年在延安，他接受斯诺的采访时，深情地称赞母亲的仁慈、为人慷慨厚道。新中国成立后，毛泽东得知杨开慧的母亲还健在十分高兴，立即发电报向杨老夫人"敬致祝贺"。他托人给老夫人捎去一件皮袄，同时给杨开慧的哥嫂带去两块布料。1950年杨老夫人八十大寿，毛泽东派毛岸英专程回湖南看望外婆，又带去两根人参，给老人补养身体，同时给杨开慧扫墓。1962年毛岸青结婚，毛泽东又要他和妻子邵华一同回湖南看望外婆。毛泽东长期按月从自己的工资中拿出钱来赡养杨老夫人，直到老人仙逝。1959年6月，毛泽东回到阔别32年的家乡韶山。第二天清早，毛泽东径直朝附近的小山走去。随从人员不知道他要到哪里去，紧跟而行。顺着一条小道，毛泽东来到了父母的墓前。身边工作人员将采自路边的一束松枝递给他。他接过来，神情肃穆，敬送到父母墓前，深深地鞠了三个躬，轻声地说："前人辛苦，后人幸福。"言语中满含着无限思念和感慨。当地干部问他，要不要把坟修一下。他说："不要了，添一下土就行了。"① 随后，毛泽东对随行人员说："我们共产党人，是彻底的唯物主义者，不迷信什么鬼神。但生我者父母，教我者党、同志、老师、朋友也，还得承认。我下次回来，还要去看看他们两位。"

毛泽东虚怀若谷、胸襟博大的人格，还表现在对师长前贤的谦卑敬重。

毛泽东对于曾经在湖南省立第一师范学校教导过他的徐特立，一

---

① 《毛泽东传（1949—1976）》（下），中央文献出版社2003年版，第954—956页。

十四、向毛泽东学人格魅力

直是很尊敬的。毛泽东一直反对别人为他做寿，但对于徐特立的60、70、80寿辰，都是热烈祝贺的。1937年1月30日，他给徐特立60寿辰的祝信中，一开头就说："你是我二十年前的先生，你现在仍然是我的先生，你将来必定还是我的先生。"称徐特立"革命第一，工作第一，他人第一"，并表示："所有这些方面我都是佩服你的，愿意继续地学习你的，也愿意全党同志学习你。"① 毛泽东这种对人尊重、虚心向徐老学习的精神，也只是他之所以伟大的一个普通例子。

毛泽东和程潜的交往也广为人传颂。1911年武昌起义爆发后，毛泽东参加革命军，成为湖南新军的一名普通列兵。当时，程潜是湘军都督府的参谋长、军事厅长，是毛泽东的"顶头上司"。1949年目睹国民党贪污腐败，时任国民党湖南省主席的程潜知道国民党败局已定，便与第一兵团司令陈明仁领衔发出和平起义通电。8月下旬，程潜应中共中央和毛泽东邀请，赴北平参加中国人民政治协商会议第一届全体会议。抵平时，毛泽东、周恩来等亲自到车站迎接。程潜见到毛泽东，激动地说："主席，您那么忙，怎么来了？"毛泽东风趣地说："我再忙也要来的！我们是老乡，您又是我的老上司，不来岂不是失礼了吗？"毛泽东对于程潜起义后的政治地位和生活问题的安排，考虑得非常周到。1963年12月26日，在毛泽东70岁生日时，程潜一反过去很少写律诗的习惯，一连写了十二首七律，表示对毛泽东的感激和崇敬之意。《毛泽东主席七十大寿祝诗》曰："灵椿长寿不言寿，至德安仁亦利仁。道大为公天可则，物穷其极理皆真。鹓雏振翼鸮生妒，海若回潮水共亲。远届八荒齐拜手，堂堂赤制有传薪。"

---

① 《毛泽东文集》第1卷，人民出版社1993年版，第477—478页。

对蓝公武的关心与尊重也显示了毛泽东礼贤下士的胸襟与品格。蓝公武（1887—1957年），江苏吴江人，早年赴日留学，毕业于东京帝国大学，回国后师从梁启超。1917年后任《国民公报》社长、《晨报》董事、北洋政府国会议员，先后参加了辛亥革命和护国、护法运动。他在《国民公报》《晨报》上发表的文章，吸引了求知若渴的青年毛泽东。30个春秋之后，毛泽东终于有机会与蓝公武面对面地交流。这是毛泽东在百忙之中主动发出的邀请。1945年秋，蓝公武到达晋察冀解放区，任察哈尔省人民政府教育厅厅长、北岳行署民政厅厅长。1948年4月27日，毛泽东听说蓝公武的消息后，立即给蓝公武写去一封信，意邀其来城南庄一叙："公武先生：三十年前，拜读先生在《晨报》及《国民公报》上的崇论宏议，现闻先生居所距此不远，甚思一晤，借聆教益。兹派车迎候，倘蒙拨冗枉驾，无任欢迎。敬颂大安！"[1] 据蓝公武的后人回忆，蓝公武在城南庄住了七天，毛泽东对他礼遇甚隆，每天同他一起用餐。临别时毛泽东对蓝公武说，离此四五里有个温塘村，有温泉，蓝老可以泡一泡。接着又叮咛道，水温在五六十摄氏度，上年纪的人不宜多泡。池塘台阶很滑，要警卫员左右搀扶才能下池。蓝公武怕台阶滑没洗温泉，但对毛泽东的关怀一直铭记在心。他曾对他的子女说，一生经历过几个朝代，接触过各类执政者，没有一位像毛泽东那样崇高伟大、礼贤下士，中国有了希望。

艰苦朴素，严于律己

无论是战争年代，还是和平建设时期，毛泽东始终保持艰苦奋斗

---

[1] 《毛泽东书信选集》，人民出版社1983年版，第300页。

十四、向毛泽东学人格魅力

的作风，对人民毫无索取、勤恳奉献，终生不辍。

毛泽东始终扎根于人民群众之中，保持着原有的农家本色。他不仅外表上具有极为典型的中国农民气质，保持着一个普通农民的生活习惯，而且始终把自己当作普通群众的一员，与人民群众保持着声息相通的真挚感情。1944年6月，身为美国合众社、伦敦《泰晤士报》记者的哈里森·福尔曼随中外记者参观团到达延安及华北抗日根据地进行战地采访。其间，他采访了毛泽东。在福尔曼眼里，毛泽东朴实得和普通的老百姓并无两样，他的会客室是一个有着简单砖地、白墙壁，有着笨重粗糙家具的窑洞。在暗夜的窑洞里，唯一照明的火光，是一支安在翻转杆子上的蜡烛。招待客人的是淡茶、土制糖果和香烟。福尔曼描写道："毛泽东不断地吸着他的可怕的延安香烟。小孩子则在大人们谈话的全部时间中进进出出。他们会立下来，怔视客人几分钟，随后抢了一块糖，飞跑出去。毛泽东对他们不加注意。"[①]

毛泽东告诫子女，只有学习工作与人民利益一致，才会有进步。1947年7月，毛泽东在给毛岸英的一封信中说："一个人无论学什么或作什么，只要有热情，有恒心，不要那种无着落的与人民利益不相符合的个人主义的虚荣心，总是会有进步的。"他不仅在革命战争年代过着同普通群众一样的生活，就是在全国解放以后，也始终保持着一个普通农民的生活本色。据毛泽东女儿李敏回忆："我们家的伙食和一般家庭没有两样。比如早餐，不过是稀粥、馒头加小咸菜。"[②] 所以斯诺说："他有着中国农民的质朴纯真的性格，颇有幽默感，喜欢

---

① 〔美〕哈里森·福尔曼著，陶岱译：《北行漫记》，新华出版社1988年版，第198页。

② 《领袖家人说家风》，《人民日报》2003年12月26日。

憨笑……他说话平易,生活简朴,有些人可能以为他有点粗俗。然而他把天真质朴的奇怪品质同锐利的机智和老练的世故结合了起来。"①

在毛泽东看来,利用地位、权力为亲朋谋取私利,是与共产党的宗旨和人民的利益背道而驰的。在1949年3月召开的七届二中全会上,毛泽东告诫即将取得全国政权的中国共产党人:"务必使同志们继续地保持谦虚、谨慎、不骄、不躁的作风,务必使同志们继续地保持艰苦奋斗的作风。"他身体力行、率先垂范。作为党和国家最高领导人,毛泽东衣着朴素、绝无奢华。他没有一套高档服装,所有的衣服都是旧的,有的衣服补丁摞补丁。毛泽东食不求精,从不吃补品和山珍海味,最奢侈的食物不过是一碗"红烧肉"。1976年农历除夕之夜,毛泽东在病榻上吃了几口他喜欢吃的武昌鱼和一点米饭。这就是开国领袖的最后一次年饭。毛泽东居不求奢,长年睡木板床,床上铺垫着他长征时用过的毛毯,他以此提醒自己革命成功来之不易。进城以后他就没有棉被。天热一个床单,春秋天两床毛巾被,冬天3床毛巾被,叠在一起,睡觉时一拉。他的毛巾几乎每一条上都有补丁。

他经常对身边的工作人员说:"要注意勤俭节约,处处爱护公物,注意节约水电","一粥一饭都是来之不易,一针一线也不应该浪费,这都是来自人民,是劳动人民流血流汗生产的果实,如果浪费了,就是白白丢了人民的劳动果实和自己手里的财富,影响我们国家财富的积累,万万不可这样做","几颗小麦做一个馒头?几株稻子做一碗米饭?有谁算过这笔账?"又说:"我们的国家是一个大国,人口众多,如果一个人一天浪费一粒米,一年就要浪费掉365粒米。这样,八亿

---

① 《斯诺文集》第2卷,新华出版社1984年版,第66页。

人民一年浪费的粮食积累起来,就能救济很多灾民。如果八亿人民每人每天再节约一粒米,其数量不就可观了吗?实行勤俭节约,反对浪费,能够使我们的国家富强了再富强,使人民生活水平提高了再提高。"他说:"只要大家注意,处处都可以节俭,积少成多嘛!节约也是建设社会主义重要的一条。"

毛泽东从不收礼。"不收礼"是七届二中全会作出的六条规定之一,毛泽东严格遵守。1965年秋,甘肃省天水县花牛寨生产大队的社员们给毛泽东寄去一箱他们自己产的苹果,让领袖与自己一起分享丰收的喜悦。不久,他们便收到中央办公厅的一封信,还有44.82元钱。钱是毛泽东亲自交代寄的。信中说:"中央早有不收受群众礼物的规定,请你们以后不要再送,现汇去人民币44元8角2分,请查收。"后来,这封信被花牛寨人刻成了碑,高高地竖在村口,以教育子孙后代铭记这件事。对于外宾送的礼物,毛泽东也是如数让工作人员登记上交,从不留一件。对此,身边工作人员曾劝说毛泽东:"反正这些礼品是送给您的,您吃了用了都是应该的。"毛泽东说:"这个问题不是那么简单,党有纪律。这些礼物不是送给我个人的,是送给中国人民的。中国不缺我毛泽东一个人吃的花的。可是,我要是生活上不检点,随随便便吃了拿了,那些部长们、省长们、市长们、县长们都可以拿了,那这个国家还怎么治理呢?"[①]

毛泽东一直用自己的工资或稿费招待来北京的亲友和家乡客人;孩子因事派公车,他必须要付车费;招待民主人士、故旧老友的饭费、车费、住宿费、医药费等,甚至身边工作人员的医药费与出差补助,

---

① 向贤彪:《伟大的人格魅力》,《解放军报》2003年12月29日。

都是毛泽东自掏腰包。所有礼品一律交公。毛泽东一生坚持勤俭、廉洁作风，给人民，尤其给领导干部树立了一个崇高的形象。

毛泽东严于律己，从不利用手中的权力为家属亲友谋个人私利。新中国成立后，有些亲戚故旧以为毛泽东是国家主席了，大权在握，求他安排工作，希望给个一官半职，都被毛泽东婉言相劝予以拒绝。还有些亲戚给他写信，反映生活困难，要求政府照顾，他除了有的从自己工资中拨款予以接济外，都劝告对方不能以毛泽东的亲戚为由要求特殊。

毛泽东的童年，大部分时间都在外祖父家的"棠佳阁"度过，他得到了舅舅、舅母等亲戚无微不至的关怀和照顾，也与表兄弟表姊妹结下了深厚的情谊。他的表兄文运昌，是毛泽东八舅文玉钦的次子，比毛泽东长9岁，早年毕业于湘乡东山高等小学堂和湘乡县立师范学校，是当时湘乡亲戚中文化程度最高的人，他不仅极力帮助毛泽东走出风气闭塞的韶山冲到湘乡东山学校就读新学，而且多方寻找各种新书报供毛泽东阅读学习，用新知识开阔毛泽东的眼界。毛泽东青年时期与文运昌交往非常密切，对这位表兄一直是心存感激的。毛泽东1925年曾以"养病"为名，回韶山发动组织农民运动，与文运昌在一次聚会时险遭逮捕，反动军阀派兵来抓毛泽东，文运昌长得有些像毛泽东，结果他掩护毛泽东脱险，自己被捕，经多方营救才获保释。

文运昌与毛泽东这一别，直到1951年才得以重逢。文运昌认为，情同手足的表弟毛泽东当上了中央人民政府的主席，一句话就可以解决亲戚们的工作、学习问题。于是他提笔给毛泽东写信，信中列举毛泽东外婆家15个人请求照顾的个人情况：文泽湘，17岁，初小；彭述英，女，17岁，高小，系赐生之子媳；文仙山，14岁，高小；文星

十四、向毛泽东学人格魅力

山，12岁，高小；周力仁，女，17岁，高小，系砥兰之子媳；文商山，12岁，初小，系南松之孙；文期深，16岁，高小；文上国，17岁，高小；文上禹，15岁，高小；文上元，14岁，高小；文葭知，女，15岁，高小，系墓冲伯外公的子孙；文锡祥，15岁，初小；文爱兰，15岁，高小；文美秀，16岁，初小；文杰娥，15岁，初小，系西头叔外公的子孙。

文运昌说："以上14名（实为15个人）均是高小生，体格强壮，可为技工学徒，内商山一名可入育才学校，葭知和爱兰二女子'最优'等，可深造。均请田秘书设法培植一下并候指示祗遵。"信中提到的这些人有一定文化、身体健康，并没有要官要权的非分之想，只是想离开家乡外出工作、学习，谋得一条生活路子，现在看来也不算太过分的要求。这封信转送到毛泽东手里，他在信的页眉批示了一行字："许多人介绍工作，不能办，人们会说话的。"[①]

"人们会说话的"，简简单单的六个字，体现出一位人民领袖对人民话语权的敬畏与尊重。

这样的拒绝并非个案。韶山毛泽东同志纪念馆与中央文献研究室于1996年出版的《毛泽东致韶山亲友书信集》，收录毛泽东写给韶山亲友的书信95封，其中新中国成立后88封，有19封的主要内容就是回答家乡亲友提出要解决工作的问题。1950年8月23日，毛泽东给原配罗氏的堂兄罗石泉的信要求他："在地方上做些有益于人民的工作较为适宜。"1953年9月8日，给表兄文涧泉回信："赵某求学事，我不便介绍，应另想法。"1954年3月31日，给少年时代的朋友彭石麟

---

① 文霞：《毛泽东回绝文家十五个人的请求》，《新湘评论》2011年第16期。

的信中提道："我不大愿意为乡里亲友形诸荐牍，间或也有，但极少。""先生生计困难，可以告我，在费用方面，我再助先生若干，是不难的。"1956年12月13日，毛泽东给族姑毛春秀回信："调你儿子做财经工作一事我不能办，要在当地所属机关自己申请。乞谅为荷！"毛泽东给少年时的同窗好友毛森品回信中说："吾兄出任工作极为赞成，其步骤似宜就群众利益方面有所赞助表现，为人所重，自然而然参加进去，不宜由弟推荐，反而有累清德，不知以为然否？"①

新中国成立初期，毛泽东和周恩来商量，筹建一个国家文史研究馆。当时，杨开慧的朋友、柳直荀烈士的遗孀李淑一托人找到毛泽东，也想到北京去当文史馆的研究员。李淑一大概没有想到，她给毛泽东出了一个难题。1954年3月2日，毛泽东就这件事专门给秘书田家英写了一封信说："李淑一女士、长沙柳直荀同志（烈士）的未亡人，教书为业，年长课繁，难乎为继。有人求我将她荐到北京文史馆为馆员，文史馆资格颇严，我荐了几人，没有录取，未便再荐。拟以我的稿费若干为助，解决这个问题。"②

认真读毛泽东的这些书信，不由得让我们感慨万千。毛泽东以他的大爱和无私来替代那种基于血缘和亲情、乡情的"小爱"与"自私"，他把对家乡亲友的关怀和挚爱化作最严格的要求。

总之，信仰坚定，理想崇高；意志坚强，独立自主；勤奋好学，务实重行；虚怀若谷，胸襟博大；艰苦朴素，严于律己，这些构成了毛泽东伟大的人格魅力的主要内容。这一总结归纳难免挂一漏万，却也能管窥一斑。

---

① 《毛泽东书信选集》，人民出版社1983年版，第356页。
② 《毛泽东书信选集》，人民出版社1983年版，第475页。

后　　记

本书的编写工作由谢春涛主持。参与者基本上都是中共中央党校的中共党史研究专家。沈传亮负责编写向毛泽东学哲学头脑、向毛泽东学调查研究和向毛泽东学读书学习；张太原负责编写向毛泽东学工作方法和向毛泽东学知人善任；韩晓青负责编写向毛泽东学战略思维和向毛泽东学统战艺术；董洁负责编写向毛泽东学世界眼光；高中华负责编写向毛泽东学政策策略；李择栖负责编写向毛泽东学军事才能；卢毅负责编写向毛泽东学廉洁奉公；任志江负责编写向毛泽东学百姓情怀；祝彦负责编写向毛泽东学写诗作文；李庆刚负责编写向毛泽东学人格魅力。中共中央党校出版社各位同志在本书出版过程中，付出了辛勤的劳动，特此表示感谢！

编　者